신경재활음악치료

Music Therapy in Neurorehabilitation: mechanism and practice

원리와 실제

김수지 저

학지사

머리말

음악치료가 학문으로서 대학원 교육과정에 자리 잡고 성장을 도모해 온 지 25년의 시간이 지났습니다. 그동안 융복합기반의 학문으로서 음악치료 세부 분야 전문성의 확장이 지속적으로 이루어지고 있습니다. 이 중 신경재활음악치료는 음악과 인간 사이의 객관적 · 과학적 연관성을 바탕으로 음악치료학의 성장동력을 제공하는 분야입니다. 재활의 개념은 좁게는 기능의 회복을 의미하지만 넓게는 개인의 삶에서 가장 기본적인 일상의 유지를 의미하기도 합니다. 따라서 신경재활음악치료는 신경손상이라는 돌이킬 수 없는 어려움을 겪는 사람들에게 음악경험을 통한 일상으로의 회복을 제공한다는 점에서 의미 있고 중요한 분야입니다.

이 책의 가장 큰 특징은 10여 년간의 교육현장에서 학생들과 주고받은 다양한 피드백과 임상 및 연구를 통해 얻은 이해와 실제를 녹여 낸 것으로, 무엇보다도 음악치료사가 현장에서 임상전문성을 갖추고, 음악치료 적용안을 구성하고 실행할 수 있도록 기능영역을 중심으로 음악치료의 원리와 적용을 연결하였다는 것입니다. 특히 학생이나 음악치료사들에게 생소한 용어나 개념들을 최대한 상세히 설명하기 위해 노력하였고, 신경학적 근거 및 기제에 관한 정보들을 포괄적으로 제공하고 있습니다. 이에 음악치료학을 전공하는 학생뿐 아니라 관련 분야의 학생 및 연구자, 치료사들에게도 음악의 치료적 적용에 대한 중요한 지식을 제공하고 있습니다.

이 책의 주된 관심사는 재활이라는 포괄적 영역 안에서 음악이 인간행동에 미치는 영향에 대한 연구 결과와 이론들을 소개하고, 음악치료 문헌에 소개된 음악치료 중재 내용과 임상현장에서 필요로 하는 적용점을 연결하여 신경재활음악치료 분야의 특징과 연구 방향을 명확히 하는 것이었습니다. 이를 위해 제1장에서는 신경재활음악치료의 정체성을 이해할 수 있도록 기본 틀과 주요 개념 그리고 신경학적 음악치료와의 차이점 등을 기술하였고, 제2장과 제3장은 음악치료 분야에서 비교적 친숙하면서도 꼭 필요한 신경해부와 신경학적 질환과 그에 따른 장애를 설명하였습니다. 이후 제4장부터 제6장까지는 운동 · 언어 · 인지재활 영역별 음악 적용의 원리와 주요 적용방안 등을 기술하였고, 이 과정에서 기존의 신경학적 음악치료에서 제시된 기법 중 임상현장에서의 적용성이 높은 기법을 선택하여 설명하였습니다. 이때 적용방법은 실제 임상에서의 적용경험을 바탕으로 실제 적용성에 초점을 맞춰 기술하였습니다. 특히 언어재활의 경우 말장애 환자들의 개선을 말 산출 과정에 따라 내담자의 어려움에 초점을 맞춰 적용안을 구성할 수 있도록 방법을 제안하였으며, 인지재활은 기존의 신경학적 음악치료에서 제시하는 음악청각자극 중심의 기법들보다는 주의 · 기억 · 집행 기능과 같은 주요 인지기능영역의 음악 적용 원리에 기반한 실제 적용방안을 설명하였습니다. 이후 마지막 제7장은 그동안 저자가 이화여자대학교 음악재활센터에서 발표한 연구 결과들을 대략적으로 소개하고 신경재활음악치료 분야에서의 임상과 연구의 연계성을 강조하였습니다.

임상학문으로서 음악치료의 발전에서 이론을 확립하고 이에 대한 적용기술을 연계하는 것은 모든 음악치료 분야 내 전문가들의 책임일 것입니다. 이 책의 저술 과정을 통해 음악의 치료적 역할과 발전 방향이 더 명료해짐을 경험하였습니다. 신경재활음악치료의 첫 저술서로서 이 책이 신경과학원리기반 음악치료학문 발전의 도화선이 되기를 희망합니다. 이는 한 개인의 출생부터 죽음에 이르기까지 긴 생의 여정에서 음악이 여러 가지 형태로 삶에 영향을 주고, 또 개인에 의해 다양한 형태로 재생산되는 하나의 선순환을 확장하는 방안이 될 것입니다.

마지막으로 이 책이 마무리되기까지 도움을 주신 많은 분께 진심으로 감사드립니다. 우선 첫 저서로서 부족한 점이 많음에도 불구하고 기꺼이 출판을 맡아 주신 학지사의 김진환 대표님, 정승철 상무님, 이영민 과장님 그리고 편집과 교정 및 그림 작업에 도움을 주신 관계자 여러분께 감사드립니다. 또한 신경재활음악치료 분야가 학문적으로 자리 잡는 데 지혜를 모아 주고 있는 이화음악재활센터의 모든 연구원과 인턴생 그리고 리더로서 역할을 다해 주고 있는 여명선 박사와 긴 시간 동안 음악치료 연구동료로 함께해 준 유가을 교수에게 감사의 마음을 전합니다. 마음에만 담겨 있던 저술 작업의 열정을 출판이라는 실제로 이끌어 준 정현주 교수님께도 깊이 감사드립니다. 음악치료의 길로 인도해 주신 하나님께 감사드리고, 학문의 시작부터 지혜와 사랑으로 함께해 주신 부모님과 맡은 역할에 집중할 수 있도록 지지해 주시는 시부모님 그리고 무한한 이해와 인내로 집필 과정을 격려해 주고 지지해 준 나성원 교수와 정우, 유진이에게 사랑의 마음을 전합니다.

2022년 9월

김수지

차례

제2장

신경해부의 이해 • 41

제3장

신경재활음악치료 대상군의 이해 • 69

제4장
운동재활에서 음악의 치료적 적용 • 115

제5장
언어재활에서 음악의 치료적 적용 • 159

제1장

신경재활음악치료의 개요

1 신경재활음악치료의 이해

1. 음악 만들기의 과학적 도전

융복합 학문인 음악치료는 음악이라는 예술매체가 갖는 고유성과 치료라는 객관적이고 과학적인 절차가 하나의 학문영역에서 결합되어 인간행동의 긍정적인 변화를 유도하기 위해 음악이 체계적으로 적용되는 전문 분야이다. 음악치료의 시작점은 개인경험으로서의 음악이 정서, 감각운동, 인지 등 다양한 측면에서 인간기능과 어떻게 연결되는지에 대한 궁금증을 기반으로 한다. 다시 말해서, 음악경험을 통해 내담자들의 기능 개선에 도움을 주고자 하는 시도에서 출발하였다. 이에 따라 추상적인 하나의 음악경험이 아닌 보다 구체화된 음악행동 수준에서 개인의 기능영역과 연관성을 살펴보고, 음악감상과 같은 수용적 음악경험뿐 아니라 악기연주와 같은 표현적 음악경험을 통해 치료목표로 설정된 기능영역의 변화를 유도하는 과학적이고 체계적인 기법들이 발전되어 왔다. 특히 1990년대 말과 2000년대 초반에 걸쳐 인간행동에 대한 음악의 영향이 다학제적으로 연구되고, 그에 따라 과학적 연구결과가 집중적으로 보고되면서 음악을 통한 인간의 변화에 대한 관심은 더욱 확대되었다. 이에 음악치료에서도 치료목표영역에 따라 음악요소 단위, 혹은 음악행동의 신경과학적 원리들을 기반으로 기법의 전문화가 이루어지고 있다.

기본적으로 내담자의 삶의 질 향상과 기능의 긍정적 변화가 음악치료의 지향점이다. 음악을 치료적으로 적용한다는 것은 결국 내담자가 치료 회기 안에서 경험하는 음악이 변화를 유도하는 주 도구가 된다는 것을 의미한다. 따라서 음악치료사에게 음악의 치료적 적용에 대한 이해와 음악적 역량은 치료의 근간이며, 이를 위한 다양한 기초연구와 응용연구를 활발히 진행하고 있다. 연구 범위의 확장과 연구방법의 발전은 궁극적으로 임상근거기반 음악치료를 구현하는 기반을 제공한다. 또한 음악은 내담자 내면의 변화 혹은 행동/기능의 변화에 영향을 미친다.

음악 만들기(music-making)는 악기연주나 노래 만들기와 같은 음악의 표현적 경험을 유도하는 음악행동의 총칭으로, 음악을 만들어 가는 과정에서 개인의 기능영역들이 서로 상호적으로 작용하게 만드는 특징이 있다. 음악치료에서 음악 만들기는 어떤 기능영역을 치료목표로 설정하는가에 따라 다양하게 활용할 수 있는 복합적 음악경험으로 다양한 뇌영역 전반에 걸쳐 신경활성화가 일어난다(Särkämo et al., 2015, [그림 1-1] 참조). 신경재활에서의 음악 만들기는 이러한 복합적인 음악경험이 궁극적으로 뇌가소성, 즉 악기를 연주하는 경험이 반복적으로 이루어져 뇌 안의 신경학적 연결들에 변화를 만들어 낸다(Chatterjee et al., 2021). 악기연주의 경우 악기를 다루는 과정의 운동적 측면, 소리를 만들고 다시 듣는 청각-운동 피드백 그리고 음악을 표현하는 과정에서의 다양한 뇌영역의 활성화가 이루어지며, 이러한 음악 만들기 과정에서 다감각을 활용하게 되고 개인의 심리정서적 동기나 미적 경험 그리고 신체, 인지 등의 세부기능영역을 모두 활용하게 하는 광범위한 뇌활성화가 이루어진다(Altenmüller & Schlaug, 2015).

이처럼 음악은 인간행동과 신경학적 연관성이 높고 그로 인한 혜택이 광범위하다. 음악치료는 대뇌 전반에 자극을 제공하는 동시에 지속적이고 반복적인 치료 과정에 보다 적극적으로 참여하게 하는 가장 효율적인 접근법이라 할 수 있다. 이러한 이유로 음악치료에서 치료목표 영역의 문제와 연결되는 음악과 비음악적인 인간행동 간의 상호 연관성을 이해하고, 음악을 치료적으로 적용하기 위해 구성하는 치료사의 전문성이 매우 중요하다.

특히 최근에는 코로나19 발생으로 인해 대면 중심의 음악치료 프로그램이 비대면 음악치료 프로그램으로 전환되는 등 치료환경에 많은 변화가 일어나고 있고, 테크놀로지 음악을 비롯하여 변화된 치료환경에 요구되는 새로운 음악매체 구성에 대한 논의가 활발히 이루어지고 있다. 이러한 변화 과정에

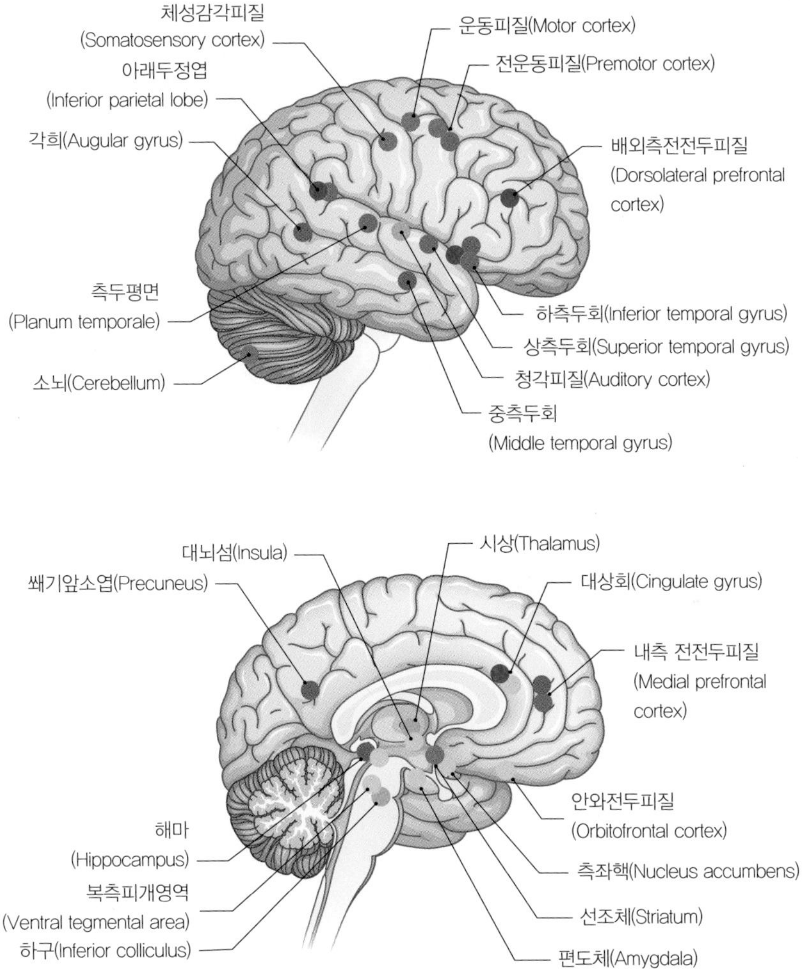

- 음악의 기본 특성을 지각함(예: 주파수, 음 길이, 음량 등)
- 상위 순서로 처리되는 음악 특성을 지각함(예: 화성, 음간격, 리듬)
- 음악이 가진 시간적 특성에 집중하고 지속적으로 따라감(예: 주의, 작업기억)
- 음악을 인지하고 관련된 기억들을 떠올림(예: 일화기억)
- 악기 연주하기, 노래하기, 음악에 맞춰 움직이기(예: 운동기능)
- 음악에 의한 감정반응과 즐거움, 보상경험 등

[그림 1-1] 뇌영상 연구를 통해 밝혀진 음악정보처리 과정에서 활성화되는 영역들

출처: Särkämö, Tervaniemi, & Huotilainen (2015).

서 음악치료의 본질을 고려한다면 여전히 음악은 인간 개인의 고유한 경험이며 시간에 기반한 청각예술매체이므로, 내담자가 음악을 어떻게 경험하고 어떻게 행동으로 수행되는지에 대한 진지한 논의가 필요한 시점이다.

2. 신경재활음악치료

신경재활음악치료가 내포하는 재활환경 내 음악치료에 대한 학문적 범위는 재활이 필요로 하는 환자들을 대상으로 음악을 치료적 근거하에 체계적으로 적용하는 것이다. 음악치료 접근법의 구분에서 '의료현장 음악치료'에 공통적으로 포함되고 '신경학적 음악치료'와 동일한 개념으로 사용되기도 한다. 임상현장에서 음악을 재활치료 목적으로 적용하는 다양한 연구 결과가 소개되면서, 신경재활음악치료는 기능 변화를 유도하는 재활치료원리와 음악이 뇌반응에 미치는 영향들을 기반으로 통합적으로 적용하는 음악치료의 실제적 활용 분야로 자리잡았다.

이 책에서 사용하는 신경재활음악치료라는 용어는 기존 연구에서 신경재활 환자를 대상으로 각 치료목표에 따라 적용된 기법을 위주로 설명하던 학문적 정의의 범주를 확장하였다. 다시 말해서 음악치료사가 치료전문성을

[그림 1-2] 음악 만들기 과정에서의 다양한 기능영역의 활용

바탕으로 기존 음악치료원리와 치료매체로서 음악의 고유성 그리고 적용방법에서 다양한 재활원리를 음악치료 회기의 계획, 실행 및 평가 과정에서 반영하는 하나의 음악치료 접근영역의 개념으로 사용하고자 한다. 재활의 고유 속성이 다학제적 팀 접근에 기반하고, 치료 과정이 지속적이고 반복적이기 때문에 음악경험이 직접적인 변화를 유도하고 다차원적인 혜택을 제공할 수 있다. 따라서 기존에 제시된 신경학적 음악치료, 의료환경 내 재활 환자 대상 음악치료 등에서 제시된 다양한 음악치료 접근을 통합적인 시각으로 접근하고자 이 책의 제목을 신경재활음악치료로 정하였다. 이는 신경과학적 원리에 기반한 음악의 사용에 대하여 치료 적용 시 음악 사용의 응용과 범위의 확장에 초점을 두고 궁극적으로 재활환경 내 내담자의 필요에 맞추기 위한 넓은 의미를 내포하고 있다.

3. 신경학적 음악치료

신경학적 음악치료(Neurologic music therapy)는 신경손상 환자들의 운동, 언어, 인지기능의 재활 및 개선을 목적으로 시행되는 신경과학적 원리를 기반으로 한 음악치료 전문기법이다(Thaut, 2005). 신경학적 음악치료의 주요 특성은 크게 세 가지로 정리될 수 있다. 첫째는 음악의 다양한 요소 중 리듬을 중심으로 적용한다는 점, 둘째는 음악에 대한 인간행동 반응 연구 결과를 기반으로 구성되었다는 점, 셋째는 재활원리를 기반으로 적용되었기 때문에 뇌손상으로 인한 기능문제에 대응할 수 있도록 프로토콜화되었다는 점이다.

신경재활 내담자들은 뇌손상으로 소실된 기능의 재활이라는 맥락에서 기능의 문제발생 원인이 유사한 집단이기 때문에 프로토콜 구성을 통한 음악치료 중재가 타 음악치료영역에 비해 활발히 이루어진다. 따라서 신경학적 음악치료에서는 기본 원리를 이해하고 이를 바탕으로 제시된 다양한 프로토콜을 적용하는 것이 중요하다.

신경학적 음악치료의 주 대상군인 신경손상 환자는 뇌손상에 의해 관련기능에 손상을 입은 환자들로, '뇌손상'이라는 단어의 의미에는 특정하게 개별화된 문제라기보다는 통합적이고 복합적인 문제를 내포하고 있다. 하나의 기능을 수행하기 위해 여러 부위의 뇌영역이 함께 작용하는데, 특히 뇌손상 환자의 경우 여러 뇌 부위 사이를 연결하는 신경망 등을 작동하도록 유도함으로써, 특정 부분의 손상이 있어도 재활이라는 과정을 통해 어느 정도 기능 회복이 가능하다.

신경학적 음악치료에서 의미하는 음악은 기존의 음악치료에서 치료의 주 매개체로 사용되는 음악과 동일하다. 음악치료 중재안은 음악활동을 수행하는 데 관여하는 악기연주, 노래 부르기, 음악감상, 음악 만들기 등의 여러 음악행동들과 직간접적으로 연결된 기능영역을 주 목표로 구성되며, 참여 과정에서의 음악경험과 행동 수행의 결과물로 산출되는 음악을 치료목표영역에 맞추어 사용하게 된다. (내담자에게) 필요한 기능적 움직임을 도모하기 위해 재활원리에 따라 운동, 인지, 언어 등 목표영역에 맞춰 음악행동을 구성하게 되는데, 뇌손상에 기인한 문제들임을 고려하여 자극 입력 후 반응으로 도출되는 과정에서의 음악요소들의 선택과 구성이 이루어진다. 이때 음악 적용 방법은 임상기초실험연구 및 반응연구 결과를 기반으로 한다.

4. 신경재활 환자 대상 음악치료 용어의 혼재

신경재활 환자를 대상으로 한 음악치료 문헌들을 살펴보면 신경학적 음악치료, 신경재활음악치료 등의 용어가 혼용되고 있는 것을 볼 수 있다. 신경학적 음악치료의 정의는 "신경과학연구를 기반으로 구성된 표준화된 음악치료 기법"(Thaut, 2005)으로 신경학적 질환을 가진 환자의 인지, 언어, 운동 등 목표영역별 기능 향상을 위해 음악치료 적용방법을 체계적으로 제시한 음악치료 내 전문기법이다. 각 기법은 프로토콜화되어 일련의 치료 과정을 제시하기 때문에 기법명에 따라 어떤 수준의 음악과제를 어떻게 수행하게 할 것인지에 대한 공통된 이해를 바탕으로 시행된다. 반면에 신경재활음악치료는 보다 넓은 범위에서 신경재활을 필요로 하는 환자들을 대상으로 제공되는 음악치료를 의미하며, 신경학적 음악치료를 포함하여 대상군의 임상적 특징과 문제점에 대응하기 위해 임상근거에 기반하여 음악을 치료적으로 적용하는 과정이다.

이러한 명칭상의 유사성 때문에 용어가 혼용되고 있고, 재활환자를 대상으로 음악치료를 시행한 임상연구가들이 동일한 원리를 적용한 음악치료 중재에 새로운 이름을 붙이면서, 현재 임상현장과 연구에서 다소 비일관적인 개념 및 용어의 사용이 빈번하다. 예를 들면, 상지기능 향상을 위한 악기연주를 적용한 음악치료 중재연구에서 치료적 악기연주(Therapeutic Instrumental Music Performance: TIMP)라는 기법명을 사용하였음에도 실제 시행 내용은 원리기반이라기보다는 내담자가 원하는 악기를 선택해서 음악반주에 맞춰 타악기를 연주하는 회기를 하는 경우가 있거나, 신경학적 음악치료원리에 기반하여 시행하였으나 연구자가 기법명을 새로 명명(예: Music-supported Therapy 등)하는 등 여러 가지 명칭이 혼재된 상황을 확인할 수 있다. 이는 재활의 과정에 음악을 적용하였을 때 얻을 수 있는 효과성에 대한 관심이 높아지면서 많은 치료 및 의학 분야의 연구가 증가하는 반면, 음악치료 학문에 대한 이해나 음악치료기법의 전문성에 대한 이해가 충분히 이루어지지 않은 상황을 반영하는 것으로 사료된다.

저자는 신경재활음악치료를 신경손상으로 인해 재활이 필요한 내담자들에게 임상근거에 기반한 음악치료를 구성하는 것으로 규정하고, 신경재활음악치료에 포함되는 Thaut 박사 연구팀에서 제시한 신경학적 음악치료 기법의 원리와 기법을 소개하고, 임상현장에서 보다 효율적으로 적용할 수 있는 실제에 초점을 맞춰 다양한 중재방안을 소개하고자 한다. 지난 10여 년간 연구와 임상현장에서 신경학적 음악치료 기법들을 적용해 보고 이론과 실제의 연결점을 모색해 본 결과, 제시된 기법의 원리가 제시된 프로토콜에 따라 그대로 적용되기도 하나, 신경재활 현장에서 임상적으로 적용하기에는 한계점들도 확인되었다. 이에 임상현장의 효용성을 높이기 위한 수정·보완과 응용 · 확대가 필요함을 실감하였다. 따라서 국내 임상현장에서 보다 효율적으로 적용할 수 있는 보편타당한 음악치료 기법으로서의 재해석을 바탕으로 신경재활음악치료 내용을 구성하였으며, 향후 임상과 연구 현장에서의 개념의 정확도와 분야의 전문성을 높이고자 한다.

2 신경학적 음악치료 모델

신경학적 음악치료에서 소개된 임상근거기반 모델들을 이해하는 것은 신경재활 환자를 대상으로 하는 음악치료 전반을 이해하는 데 있어 중요하다. 음악치료의 과학적 연구와 객관적 해석에 대한 많은 자료를 제시하는 신경과학기반 모델들은 다른 음악치료영역에도 다양하게 적용할 수 있다. 신경학적 음악치료의 주요 이론적 모델들은 중재의 구성과 진행, 평가 전반에 걸쳐 음악치료 실행이 어떻게 연구와 연결되고 임상, 이론, 실제의 연결이 어떻게 이루어지는지를 보여 주는 음악치료 전반의 밑그림이라고 할 수 있다.

※ 개념, 모델, 이론의 차이

개념 (concept)	현상에 대한 추상적인 묘사로 글 혹은 머릿속에 떠오르는 이미지를 의미한다. 개념은 일반적으로 현실에 기반하거나 특정 기법들을 기반으로 하는데 무엇을 설명할 것인지에 대한 하나의 그림과 같다.
모델 (model)	개념들 간의 관계를 보여 주기 위한 하나의 틀로, 이해하고자 하는 사람의 해석이 매우 중요하다. 질적인 측면의 설명이 중요하기 때문에 모델을 이해하기 위해서는 모델이 내포하고 있는 개념의 이해가 선행되어야 한다.
이론 (theory)	일반적으로 근거를 기반으로 한 하나의 구체화된 이야기로, 모델과 비교해 볼 때 좀 더 증명된 상태에서 소개되는 것이 일반적이다. 이론을 증명하거나 이론에 근거해서 구체적인 연구들이 수행되며, 주로 규명을 필요로 하거나, 다른 시각이나 다른 필요에 의해서 새롭게 제시되거나 수정된다.

1. 신경과학적 중재모델

신경과학적 중재모델(Rationale-Scientific Mediating Model: R-SMM)로 불리는 신경학적 음악치료의 중재모델(Thaut & Hoemberg, 2014)은 해당 기법이 어떤 근거하에 구성되었는지를 보여 주는 이론적 모델로, 음악이 지각되고 산출되는 과정에서 운동 · 인지 · 언어 영역별로 나타나는 기능적 행동의 연관성에 기반한다. 하나의 신경학적 음악치료 기법이 제시되는 과정에서 각 단계별로 체계적인 연구 과정이 요구되는데, 음악적 반응모델(musical response model), 비음악적 병행모델(nonmusical parallel model), 연계모델(mediating model), 임상연구모델(clinical research model)의 총 4단계로 구분된다. 신경과학적 중재모델은 음악적 반응모델부터 임상연구모델까지의 전체 단계가 하나의 연속선상에서 기초부터 응용연구로 이어진다. 각 단계의 모델을 자세히 분리해서 살펴보겠다.

첫째, 음악적 반응모델은 일반적으로 음악인지 및 지각 분야에서 활발히 적용되는 연구모델로 입력자극으로서의 음악에 대한 인간의 반응을 설명한다. 다시 말해 음악감상이나 악기연주와 같은 다양한 음악행동을 수행할 때 인간의 운동, 언어, 인지, 정서 등 기능영역에서 일어나는 신경적 · 생리적 · 심리적 반응을 알아보고, 연구를 통해 신경학적 기전을 밝히는 것을 포함한다. 이 모델을 통해 음악을 치료적 도구로 사용하는 데 있어서 가장 기본적인 정보들을 알 수 있다.

둘째, 비음악적 병행모델은 운동, 언어, 인지, 정서 등 목표한 특정 기능영역에서의 신경적 · 생리적 · 심리적 반응을 연구를 통해 살펴보는 것으로, 음악자극에 대한 신경계 반응과의 유사점과 차이점을 비교하는 연구들을 포함한다. '병행'이라는 명칭에서 알 수 있듯이 음악자극에 대한 반응과 음악이 아닌 다른 자극 혹은 무자극 상황에서의 반응을 비교하는 것이 핵심으로, 인간행동에 대한 이해를 심화하고 음악자극에 대한 영향을 객관적으로 이해하는 데 도움을 준다.

셋째, 연계모델의 경우 음악감상 및 음악산출 과정이 이를 수행하는 행동, 즉 비음악적 행동 변화에 미치는 영향을 연구한다. 주로 음악 중재 효과 혹은 음악에 대한 단기 노출 효과를 살펴보는 연구를 포함한다. 앞서 음악적 반응 모델 단계와 비음악적 병행모델 단계를 거치면서 밝혀진 음악에 대한 인간의 기본적인 반응 수준과 일반적 기능영역에서의 반응에 대한 이해를 바탕으로 이루어지며, 특정 음악과제를 구성하여 어떤 변화가 일어나는지, 어떻게 영향을 미치는지를 확인하는 과정으로 이해할 수 있다.

넷째, 임상연구모델은 앞의 단계에서 일반적인 현상, 즉 일반인 대상군으로 실행된 연구 결과를 바탕으로 특정 임상대상군에게 적용을 확대하는 단계이다. 음악의 치료적 사용이 특정 임상대상군의 기능영역별 행동에 미치는 장단기 효과를 밝힌 연구가 여기에 포함된다.

앞서 소개된 네 가지 모델은 음악치료사에게 하나의 기법을 선택하거나 이해하는 데 있어 중요한 임상근거를 소개하고 있으며, 임상학문으로서 음악치료의 전문성을 보여 준다. 또한 음악치료사들에게 임상대상군이 가진 다양한 문제 중 특정 기능영역의 회복을 위해 어떠한 기법과 음악을 선택할 것인지에 대한 임상적 판단을 돕는 이론적 틀을 형성한다.

2. 전환설계모델

전환설계모델(Transformational Design Model: TDM)은 신경학적 음악치료 내 각 기법이 어떠한 단계를 거쳐서 적용되는지를 보여 주는 실행모델이다. 이 모델을 통해 특정 기능영역의 재활을 위해 시작 단계에서 어떻게 기능 수준을 파악하고, 이를 바탕으로 목표를 설정하며, 목표에 적합한 음악치료를 구성하여 이후 실제 생활에서 재활의 효과를 확인할 수 있는지에 대한 전체적인 그림을 그릴 수 있다.

'기능사정' 단계는 전환설계모델에서의 첫 번째 음악치료 단계로, 내담자의 현재 기능을 정확히 파악하고 일차적 필요가 무엇인지를 판단하기 위한

〈표 1-1〉 전환설계모델에서의 음악치료 단계별 적용

단계	내용
1	기능사정
2	치료 장·단기 목표 설정
3	비음악적 움직임(운동)에 대한 활동계획
4	음악적 움직임(음악행동)에 대한 활동계획
5	치료효과의 일반화

출처: Thaut (2005), p. 131

과정이다. 이를 위해 표준화된 도구들을 적용하거나 치료사가 구체적이고 체계화된 진단평가 회기를 진행하여 내담자의 기능 수준에 대한 이해를 명확히 한다.

기능사정 후 두 번째 단계는 '치료 장·단기 목표 설정'으로, 진단에 근거하여 음악치료 장기 및 단기목표를 설정하는 단계이다. 음악치료사들이 수집할 수 있는 다양한 근거자료와 함께 기능사정을 통해 알게 된 문제점들을 고려하여 타당한 목표를 설정한다.

세 번째 단계는 '비음악적 움직임(운동)에 대한 활동계획'으로, 설정된 치료목표를 달성하기 위해서 어떠한 움직임, 기능적 행동이 필요한지를 결정하고 설계하는 단계이다. 이 부분은 내담자의 기능적 수준에 대한 이해와 함께 치료적으로 필요한 움직임과 자극이 무엇인지를 파악하고 이를 구성한다. 이 단계에서는 음악이 사용되지 않고 실제 기능적 움직임과 수준에 기반하여 판단하기 때문에 비음악적 움직임에 대한 활동이 주를 이루게 된다.

네 번째 단계는 '음악적 움직임에 대한 활동계획'으로, 앞에 구성된 비음악적 움직임이 음악행동에서 어떻게 구현될 수 있는지, 어떠한 음악요소와 행동이 치료적으로 활용되어야 하는지를 결정하며 세 번째 단계가 음악행동으로 구체화되는 단계이다. 어떤 치료적 음악경험이 이루어지는지, 음악경험의 주체인 내담자 입장에서 판단되어야 하며, 악기나 음악요소가 단순히 하나의 소리자극이 아닌 총체적 음악경험하에 이루어지는 것이 중요하다.

다섯 번째 단계는 '치료효과의 일반화'로, 음악치료를 통해 개선된 기능이 일반적인 상황에서도 활용되도록 유도하는 단계이다. 이는 기능성에 초점을 맞추어 실제 얻은 기능의 개선이 치료실 이외의 일상생활에서도 적용되도록 하는 것이다. 이 단계에서는 '실제' 상황이 강조되며, 내담자들이 일상에서 계속해서 기능적 움직임을 수행할 수 있도록 확인과 격려가 필요하다.

3 재활치료 접근원리

1. 뇌가소성

신경학적 재활원리의 가장 큰 주류인 뇌가소성(brain neuroplasticity)은 일생동안 반복되는 경험에 의해 뇌의 신경 경로의 재구성이 이루어진다는 의미로, 신경계의 재적응 과정으로 이해할 수 있다(Carey et al., 2019). 피질 수준에서의 뇌가소성은 대뇌피질의 기능적 표상의 재지도화 그리고 재구조화를 통해 이루어진다. 일반적으로 외부에서 들어오는 자극은 뇌의 여러 구조물을 활성화시키는데, 환경 자극에 반응하면서 뇌는 점진적으로 이에 적응해 가고, 이러한 적응 과정에서 신경 네트워크를 연결하고 효율적으로 변화시킨다(Vik et al., 2018). 뇌가소성은 두 가지로 구분되는데, 첫 번째는 시냅스 가소성(synaptic plasiticity)이고, 두 번째는 신경세포의 생성(neurogenesis)이다. 시냅스 가소성은 신경세포 네트워크의 재형성을 통해 신경회로가 재연결되거나 강화되는 것을 기전으로 한다. 이러한 과정은 인간이 태어나서 성인기에 이르기까지 평생 지속적인 재조직화와 변화를 겪게 됨을 의미한다.

운동기술의 습득과 관련된 뇌가소성 원리는 여러 연구에 의해 보고되고 있는데, 움직임의 구조나 범위와 관련된 뇌 세포 내 시냅스의 활동 수준, 신경 네트워크의 구성 등이 가소성(plasticity)과 관련이 있음이 밝혀졌다(Adkins et al., 2006; Kerr et al., 2011; Monfils et al., 2005). 특히 뇌졸중 환자들의 회복 과정에서 나타나는 변화는 뇌가소성의 연구에서 매우 중요한 부분을 차지하는데, 자발적 회복기 동안의 기능 회복 정도도 뇌신경세포 활동 및 구조 변화의 근거를 보여 준다(Dimyan & Cohen, 2016; Liepert et al., 2000).

뇌가소성이 중요한 이유는 대뇌손상 환자들의 뇌손상 이후 회복 과정에 치료 중재가 개입할 수 있는 중요한 원리이기 때문이다. 과거에는 한번 손상된 뇌세포는 재생되지 않는다는 전제하에 반복적인 재활치료의 중요성이 간과된 반면, 최근에는 뇌영상 기술의 발달로 인해 성인의 뇌에서도 뇌의 가소성이 일어나는 것이 관찰되고 있다. 이에 따라 반복적이고 지속적인 재활의 중요성이 더욱 강조되고 있다. 이러한 근거를 바탕으로 재활치료 전반에 대한 인식의 전환이 이루어졌을 뿐만 아니라 기능 중심의 치료 접근법이 활발하게 적용되고 있다.

퇴행성 질병인 뇌졸중의 특성상 치료개입의 타이밍 또한 중요해서 퇴행의 정도와 회복 반응의 증가는 조기 치료개입을 통해 어느 정도 지연시킬 수 있다. 뇌손상의 범위나 병변 위치, 개인적 특성 등 여러 가지 요인이 병에 영향을 미칠 수 있음을 감안해 볼 때, 재활치료와 관련된 여러 기법의 개발이 인간의 심리 · 신체 · 사회적인 여러 요인과 관련해 이루어져야 하며, 반복적인 움직임을 통한 재활의 긍정적인 효과에 대한 꾸준한 연구가 중요하다.

2. 재활치료 접근법

재활을 목적으로 음악치료를 적용할 때 음악치료사들의 이해가 필요한 주요 재활원리들을 살펴보고자 한다. 음악 적용 이전에 재활에서 어떤 움직임과 어떤 난이도의 과제가 얼마나 구체적으로 많이 제공되어야 할까에 대한 기본적인 이해가 중요하며, 이를 바탕으로 음악자원의 구성 및 선택이 이루어질 필요가 있다.

1) 신경발달치료

신경발달치료(Neurodevelopmental Therapy: NDT)는 Bobath에 의해 발전된 중추신경계 기능장애 환자들을 위한 신경생리학적 접근법으로, 주로 뇌성마비 아동에게 많이 적용되는 재활치료법 중 하나이다(Mayston, 2004). 기본 원리를 살펴보면, 근긴장도, 반사와 비정상적인 움직임 패턴, 자세 조절, 감각, 지각, 기억과 같은 감각운동요소에 대한 이해를 바탕으로 중추신경계의 세부 손상을 고려하여 정상 수준에 가깝게 운동 수행 기술을 향상시키는 것으로, 기본적인 개념은 움직임의 단계를 세부화해서 각 단계별 반복 움직임을 통해 뇌를 학습시키는 것이다(Bar-Haim et al., 2006; Butler & Darrah, 2001).

초기의 NDT 개념은 촉진과 핸들링 방법을 통해 비정상적인 반사 활동을 억제하고 정상 동작을 재학습시키는 것을 기본으로 하였으나, 현재는 각 개개인에 대한 평가를 바탕으로 촉진을 통한 자세 조절과 선택적 움직임의 향상을 주 목표로 하여 전반적인 신체 기능의 최적화를 추구하는 기법으로 발달하였다(O'Sullivan & Schmitz, 2007). 예를 들어, 근긴장도가 낮은 환자의 경우에는 긴장을 촉진시키지만, 근긴장도가 높은 환자에게는 긴장을 억제시키는 촉진을 제공한다. 즉, 치료의 목표가 개개인의 상태에 근거하여 결정되고, 모든 환자에게 일정한 방식으로 제공되지는 않는다.

2) 강제유도운동치료

상지 기능을 증진시키기 위한 방법으로 최근 많은 주목을 받고 있는 강제유도운동치료법(Constraint-Induced Movement Therapy: CIMT)은 건측 상지를 사용하지 못하도록 팔걸이나 장갑으로 억제하고 손상된 환측 상지만을 이용해 집중적으로 운동 훈련을 시도하는 방법이다. 특히 이 치료법은 뇌졸중 후 급성기에 환측을 지속적으로 사용하지 않는 현상을 극복하게 해 주면서, 환측의 상지기능 담당 대뇌운동피질을 확장시키거나 새로운 운동영역을 생성하여 상지기능을 증진시키는 데 초점을 맞춘다(Kopp et al., 1999; Liepert et al., 2000; Taub et al., 1998). 주로 건측 상지의 사용을 강조하던 이전의 치료 접근 패러다임에서 뇌가소성에 대한 이론과 증거들이 확인되면서 환측의 신경회복을 돕기 위한 집중 훈련법이 새로이 제시되었다고 볼 수 있다. 이는 인간의 대뇌피질에서 운동을 담당하는 영역 크기가 해당 신체 부위의 사용량에 비례하여 증가하는 사실에 주목한 결과이다. 즉, 피질 재구성의 정도가 신경질환의 회복 정도와 관련성이 있음을 전제로 한다(Elbert et al., 1998; Nudo, 2011). 이 치료법의 프로토콜은 건측의 사용을 일과시간 중 90% 이상 억제하여 하루 6시간 이상의 작업을 2주간 시행하는 것이다. 이 치료법을 받기 위해서는 최소한 수근관절이나 수지관절의 신전이 가능해야 하므로 적용할 수 있는 환자의 범위가 제한적이다.

3) 운동학습

재활 세팅 내 내담자들은 물리치료, 작업치료 등 다양한 신체재활에 참여하는데, 신체 움직임의 촉진은 재활에서 기본적으로 요구되는 공통된 치료 목표이다. 기본적으로 인간이 수행하는 다양한 운동기능은 학습과 반복을 통해 습득되고 발전된다. 반복적인 운동학습은 일상생활 수행뿐 아니라 특정 움직임을 포함하는 운동 혹은 악기연주 등에 모두 적용되며, 새로운 운동학습에서는 성공적인 기능 수행을 위한 적절한 조절과 통제가 요구된다(Krakauer et al., 2019).

운동학습(motor learning)이론은 연습이나 경험을 통해 운동기술을 향상시켜 숙련된 기술을 획득하는 과정(Schmidt & Lee, 2005)으로, 정보처리 관점으로 보면 주어진 운동과제를 수행하는 데 필요한 운동 프로그램을 적절히 형성하여 기억체계에 도식화하고, 운동기술 수행을 향상시키기 위하여 보다 효율적인 도식으로 재구성해 가는 과정이다(Kantak & Winstein, 2012). 근본적으로 재활이 재학습 과정의 개념으로 접근하기 때문에 개념적으로는 뇌가소성과도 맥락을 같이하며, 중추신경손상 환자의 기존에 학습되어 있던 기술(움직임)을 이끌어 내는 데 적용된다. 운동학습 개념으로 보면 재활에서의 움직임의 반복은 단순한 동작의 반복의 개념을 넘어 중추신경계가 운동신호를 받아 변화가 일어나고 그 변화의 유지까지를 포함한다(Krakauer, 2006). 이 이론은 재활 과정에서 능동적인 학습에 초점을 맞추는 이론으로, 이를 통해 환자가 능동적인 움직임을 함으로써 스스로 기능적 행동을 조절하는 것이 중요함을 알 수 있다.

뇌손상 환자의 경우 재활 과정을 통해 손상 이전에 수행하던 운동과제를 다시 수행하기 위한 노력의 과정을 거치는데, 이미 잘 습득된 운동과제의 반복보다는 뇌의 적응적 재구조화를 위해 새로운 운동과제를 수행하는 것이 중요하다. 뇌손상으로 인해 기존에는 문제없이 수행하던 동작을 수행하기 어려워졌기 때문에 어느 정도의 난이도와 노력이 요구되는 새롭고 도전적인 과제 수행이 중요한 것이다. 이는 음악치료사들에게도 관점의 전환을 필요한 부분으로, 음악치료에서 뇌손상 환자가 기존에 한 번도 연주해 보거나 경험해 보지 않은 악기연주나 음악과제들을 수행하는 것 자체가 운동학습에서 의미 있고 치료적인 경험이 될 수 있으며, 이는 이들이 받을 수 있는 가장 큰 혜택이라 할 수 있다.

4) 과제지향적 접근

과제지향적(task-oriented) 접근은 운동학습이론을 기반한 전략으로, 근골격계나 신경근계 등을 연합시키는 기능적 과제들을 수행하는 데 초점을 둔다(Yang et al., 2006). 일반적 패턴을 반복적으로 연습하기보다는 실제 일상생활에서 사용되는 기능적 과제를 시도함으로써 움직임의 기능성을 높이는 것이다. 실제와 유사한 환경에서 실제적인 과제(동전 줍기, 걷기, 옷 입기 등)를 훈련한 경우, 움직임의 기능적 회복이 보다 빠르고 효율적임이 밝혀졌다(Wu et al., 2000).

이 원리는 운동기능 향상을 위해 수행해야 하는 과제에 좀 더 초점을 두고 필요한 동작과 움직임을 어떤 과정을 통해 수행하게 할 것인가에 대한 접근으로, 기본적으로 과제의 중요성을 강조하고 있다. 재활을 위한 움직임에서 수행되어야 하는 과제는 일상생활에서 일반적으로 필요로 하는 과제, 즉 실제 일상에서 사용하는 물건을 사용하여 의미 있는 동작을 수행하게 하는 것이다. 이는 내담자에게 일상에서 필요한 동작을 실제로 수행함으로써 재활 목적의 달성뿐 아니라 일상생활에서의 독립적인 생활을 수행할 때 도움이 된다.

3. 재활원리 이해의 중요성

신경재활 세팅 내 음악치료사들은 신경손상 환자 대상 음악치료에서 제시되는 음악과제에서 재활의 목적에 부합하는 충분한 움직임 수행의 반복과 다감각 경험이 이루어지고 있는지 살펴볼 필요가 있다. 일반적인(또는 재활 이외의) 음악치료 회기를 떠올려 보면 음악치료사의 음악적 신호 및 반주와 노래가사를 통한 일정 부분의 음악공간이 제공되고, 내담자는 제한적인 특정구간에서 반응하는 구조를 가진다. 이러한 음악치료 회기 구조는 발달장애아동의 상호작용이나 언어적 의사소통 향상 등의 치료목적으로 적절한 반응유도에 초점이 맞추어진 구조로, 기능의 회복을 목적으로 한 음악경험이 되기에는 한계가 있다.

재활에서 반복과 초점화된 과제는 필수적인 요소로, 특히 높은 강도와 구체적인 운동과제의 반복은 환측 재활에서 특히 중요하다(박상기, 이재신, 2021; 이종민, 김보람, 2012). 많은 반복 횟수는 음악치료사에게 패러다임의 전환을 요구하는데, 내담자가 더 많이 움직이고 과제 수행의 기회를 최대한 줄 수 있도록 회기를 구성하는 것이 중요함을 알 수 있다. 반복은 신체적 · 심리적 피로감을 불러일으킬 수 있지만, 이는 오히려 음악치료의 필요성이 부각되는 부분으로 음악과제 수행에서 발생하는 청각적 피드백이 이러한 신체적 · 심리적 피로감으로부터 주의를 분산하고 수행과제의 성공적 경험을 확장하는 데 도움을 줄 수 있다.

4 음악치료와 뇌가소성

1. 음악경험과 뇌

음악치료에서 음악을 사용한다는 것은 누군가에게 치료적 경험을 제공하는 것으로, 개인의 삶에 이미 내재된 경험과 외부에서 새롭게 제시되는 치료 상황에서의 음악경험은 모두 의미 있는 치료적 음악경험이다. 내담자의 음악경험은 음악치료사가 제공하는 악기연주, 노래 부르기, 감상활동 등을 통해 이루어지며, 실제 신체와 심리, 사회적 변화와 연결된다. 음악에 대한 '반응'과 '변화'는 모두 뇌에서 일어나는 신경계 활성화를 통해 나타나는 것으로 뇌의 여러 영역이 함께 연합하여 음악정보를 처리하고 반응을 유도한다. 내담자의 음악에 대한 경험이 반복되면서 궁극적인 변화가 발생한다.

음악치료 회기 안에서 이루어지는 다양한 상호작용과 심리・정서적 반응은 모두 일련의 뇌 활성화에 의한 운동명령의 수행, 즉 신체 움직임에 기반하고 있으며, 음악경험을 치료목표영역에 따라 내적 혹은 외적인 반응에 초점을 맞춤으로써 좀 더 집중적으로 뇌손상에서의 회복을 도모할 수 있다. 이에 신경학적 음악치료에서는 음악경험이 뇌에 어떠한 영향을 미치는지에 대한 다양한 연구 결과를 이해하는 것이 중요하다.

치료적으로 적용된 음악이 음악치료 결과로 어떻게 연결되는지를 규명하려면 예술경험으로서의 음악경험 이상의 과학적 근거가 요구된다. 음악치료에서는 목표로 하는 기능영역에 초점을 맞춰 음악경험의 중심에 해당 기능영역의 뇌반응을 보다 활성화하거나 효과적으로 적용할 수 있는 음악의 요소를 배치한다. "음악을 들으면 특정 증상 개선에 도움이 된다"는 사람들의 일반적인 믿음은 음악경험 그 자체에만 초점을 맞춰 원인과 결과를 연결하기 때문에 생기는 인식으로, 전체 음악곡이 특정 증상에 영향을 주는 것이 아니라 그 곡이 갖는 요소적 특성, 즉 음악 안에서 강화된 음악적 특징이 변화에 직접적인 영향을 주는 것이다. 음악치료에서는 이러한 변화를 줄 수 있는 음악요소를 크게 시간적 구조를 가진 요소들(예: 비트, 박, 리듬, 템포 등), 조성적 구조를 가진 음악요소들(예: 모드, 화성 등), 구조, 양식, 음색 등으로 구분한다. 다양한 음악요소를 어떠한 조합으로 어떻게 경험하게 할 것인지가 음악치료사의 임상적 판단근거가 될 수 있다.

따라서 음악치료에서의 음악은 하나의 완성된 음악이 아닌 그 음악을 구성하고 있는 세부 요소들이며, 음악 내적 · 외적 요소가 어떻게 개인에게 영향을 미치는가에 기반한 음악경험이라고 할 수 있다. 따라서 신경재활음악치료에서 음악경험을 목표기능영역에 따라 구체화하고 음악치료 중재의 핵심요소로 적용하는 것이 중요하다.

2. 음악에 의해 유도되는 뇌가소성

신경재활음악치료는 "음악을 통해 손상된 뇌의 회복을 돕는다"는 기본적인 개념에서 시작되었다. 이 개념은 음악치료사들이 뇌손상 환자들을 대상으로 음악치료를 시행하는 과정에서 경험할 수 있는 기능의 제한과 해석하기 어려운 내담자의 다양한 인지, 정서 반응에 보다 체계적이고 효과적으로 접근하기 위한 신경과학적 개념에서 출발하였다. 그렇다면 발달기가 지난 성인의 뇌는 어떻게 변화할 수 있을까?

신경재활 분야에서 뇌가소성은 재활의 방향성을 제시하는 중요한 개념으로 음악기반 재활(music-based rehabilitation)을 지지하는 가장 핵심적인 이론이다. 뇌는 외부에서 지속적으로 입력되는 다양한 환경자극과 인간이 반복적으로 수행하는 행동에 의해 변화하거나 재적응되는데, 음악활동과 음악경험은 이러한 변화를 유도하는 데 매우 강력한 자극으로 역할을 한다. 이를 음악에 의한 뇌가소성(Music-induced brain plasticity)이라고 하는데, 일생동안 지속적으로 변화할 수 있다는 관점에서 뇌손상 환자들에게 음악과제수행은 매우 중요한 의미를 갖는다.

전문적으로 음악을 연주한 숙련된 음악가와 비음악가의 비교를 통해 특정 신체 부위를 담당한 운동영역이 확장되어 있는 것이 보고되었다. 예를 들면, 음악가들의 뇌량(corpus callosum)의 크기가 비음악가에 비해 큰 것을 확인했는데, 특히 7세 이전에 음악훈련을 시작한 음악가의 뇌량 크기가 더 커져 있었고(Schlaug et al., 1995), 전반적인 뇌의 부피를 비교했을 때도 장기적이고 집중적인 음악훈련을 받은 음악가의 우뇌 회색질에서 더 높은 밀도가 확인되었다(Schlaug, 2001). Schlaug 박사 연구팀이 발표한 다수의 음악가와 비음악가 간의 뇌구조물 비교 연구에서 악기연주자들의 청각운동 경로와 악기사용에 관여하는 운동영역이 비음악가와 현저하게 다른 부피와 뇌활성화 수준을 확인하였다(Dalla Bella, 2016; Gaser & Schlaug, 2003; Hutchinson et al., 2003; Schlaug, 2015). 이러한 연구 결과를 시작으로 음악에 의해 유도되는 뇌가소성에 대한 학문적 관심이 높아졌으며, 이후 뇌발달 전반에서의 음악훈련의 영향, 그리고 나아가 음악행동이 얼마나 다양한 뇌영역에 관여하고 어떠한 신경 네트워크를 형성하며, 어떻게 효율적으로 청각운동신호를 주고받는지에 대한 임상적 근거연구가 이루어지게 되었다.

음악가의 뇌연구들에서 확인한 지속적인 음악활동을 통한 뇌부위의 재적응 및 재구조화는 음악을 통해 다양한 기능영역을 재경험하고 재습득할 수 있는 치료 접근이 될 수 있다. 노래 부르기, 악기연주 등 각 음악행동은 신체, 심리, 언어 등의 기능영역과 함께 음악 고유의 심리 정서적 경험과 각성, 보상 등을 함께 동반하여 긍정적인 재활 결과뿐 아니라 환자 개인의 삶의 질을 증진하는 데도 도움이 될 수 있다. 궁극적으로는 근거에 기반하여 구조화된 신경재활음악치료는 다시 일상을 시작하는 신경손상 환자에게 가장 의미 있는 경험이 될 수 있다.

5 신경재활음악치료의 의미

신경재활음악치료는 신경학적 질환으로 인해 발생하는 다양하고 광범위한 기능적 문제에 접근하기 위해 개발된 음악치료 접근영역으로, 다양한 모델들과 체계, 치료원리를 바탕으로 단순한 음악치료 세션 아이디어나 활동안 수준이 아닌 음악이 가진 신경과학적 원리, 즉 뇌에서 일어나는 차별화된 신경계 처리 과정에 기반한 음악경험의 과학적 해석을 통해 제시된 접근법이다. 재활대상의 범위가 넓어지고 있는 현대사회에서 복잡하고 다양한 문제점에 접근하는 과학적 접근방법으로 신경재활 세팅에 국한되지 않고 지속적인 기법의 확장과 심화가 이루어지고 있다.

음악치료는 임상근거에 기반한 전문적인 음악치료기법들을 개발하고 이에 대한 효과성을 확인하면서 전문적인 임상학문 분야로 성장하고 있다. 인간과 음악 간의 과학적 접근과 분석 결과를 다양한 시각으로 해석하면서, 음악의 힘은 많은 내담자의 삶 속에서 영향력을 발휘하고 있다. 신경과학적 시각에서 바라본 음악의 영향력은 하나의 청각자극으로서 음악이 뇌에 미치는 영향을 넘어, 지각된 소리의 해석과 그에 대한 의미, 그리고 그 과정에서 이루어진 음악행동이 다시 다양한 뇌영역에 영향을 미치는 순환적 구조를 갖는다. 다감각 매체로서 음악의 특성이 신경재활음악치료에서 객관화되고 심화되어 음악이 왜 치료적인가에 대한 명료한 해답을 제시해 준다.

참고문헌

박상기, 이재신(2021). 뇌졸중 환자의 상지기능과 일상생활동작 향상을 위해 적용된 과제 지향적 접근: 체계적 고찰과 메타분석. **대한작업치료학회지**, 29(1), 53-69.

이종민, 김보람(2012). 재활치료에서 치료강도와 반복훈련의 역할. *Brain & Neurorehabilitation*, 5(1), 6-11.

Adkins, D. L., Boychuk, J., Remple, M. S., & Kleim, J. A. (2006). Motor training induces experience-specific patterns of plasticity across motor cortex and spinal cord. *Journal of Applied Physiology, 101*, 1776-1782.

Altenmüller, E., & Schlaug, G. (2015). Apollo's gift: new aspects of neurologic music therapy. *Progressive Brain Research, 217*, 237-252.

Bar-Haim, S., Harries, M., Frank, A., Copeliovitch, L., Kaplanski, J., & Lahat, E. (2006). Comparison of efficacy of Adeli suit and neurodevelopmental treatments in children with cerebral palsy. *Developmental Medicine & Child Neurology, 48*, 325-330.

Butler, C., & Darrah, J. (2001). Effects of neurodevelopmental treatment(NDT) for cerebral palsy: an AACPDM evidence report. *Developmental Medicine and Child Neurology, 43*(11), 778-790.

Carey, L., Walsh, A., Adikari, A., Goodin, P., Alahakoon, D., De Silva, D., Ong, K. L., Nilsson, M., & Boyd, L. (2019). Finding the intersection of neuroplasticity, stroke recovery, and learning: Scope and contributions to stroke rehabilitation. *Neural Plasticity*, Article ID 5232374.

Chatterjee, D., Hegde, S., & Thaut, M. (2021). Neural plasticity: The substraum of music-based interventions in neurorehabilitation. *NeuroRehabilitation, 48*, 155-166.

Dalla Bella, S. (2016). Music and brain plasticity. In S. Hallam, I. Cross, & M. Thaut (Eds.), *The Oxford handbook of music psychology* (2nd ed., pp. 325-342). Oxford University Press.

Dimyan, M. A., & Cohen, L. G. (2011). Neuroplasticity in the context of motor rehabilitation after stroke. *Nature Review Neurology, 7*(2), 76-85.

Elbert, T., Candia, V., Altenmüller, E., Rau, H., Sterr, A., Rockstroh, B., ... & Taub, E. (1998). Alteration of digital representations in somatosensory cortex in focal hand dystonia. *Neuroreport, 9*(16), 3571-3575.

Fawcett, J. W., Rosser, A. E., & Dunnett, S. B. (2001). *Brain damage, brain repair* (1st ed.). Oxford University Press, New York, U.S.A. pp. 171-204.

Gaab, N., Gaser, C., Zaehle, T., Jancke, L., & Schlaug, G. (2003). Functional anatomy of pitch memory-an fMRI study with sparse temporal sampling.

Neuroimage, 19(4), 1417-1426.

Gaser, C., & Schlaug, G. (2003). Brain structures differ between musicians and non-musicians. *Journal of Neuroscience, 23*(27), 9240-9245.

Hutchinson, S., Lee, L. H., Gaab, N., & Schlaug, G. (2003). Cerebellar volume of musicians. *Cerebral Cortex, 13*(9), 943-949.

Kantak, S. S., & Winstein, C. J. (2012). Learning-performance distinction and memory processes for motor skills: a focused review and perspective. *Behavioral Brain Research, 228*(1), 219-231.

Kerr, A. L., Cheng, S. Y., & Jones, T. A. (2011). Experience-dependent neural plasticity in the adult damaged brain. *Journal of Communication Disorders, 44*, 538-548.

Kopp, B., Kunkel, A., Munickel, W., Villringer, K., Taub, E., & Flor, H. (1999). Plasticity in the motor system related to therapy-induced improvement of movement after stroke. *Neuroreport, 10*(4), 807-810.

Krakauer, J. W. (2006). Motor learning: Its relevance to stroke recovery and neurorehabilitation. *Current Opinion Neurology, 19*, 84-90.

Krakauer, J. W., Hadjiosif, A. M., Wong, A. L., & Haith, A. M. (2019). Motor learning. *Comprehensive Physiology, 9*, 613-663.

Liepert, J., Bauder, H., Miltner, W. H., Taub, E. & Weiller, C. (2000). Treatment-induced cortical reorganization after stroke in humans. *Stroke, 31*(6), 1210-1216.

Lee, D. J., Chen, Y., & Schlaug, G. (2003). Corpus callosum: musician and gender effects. *Neuroreport, 14*(2), 205-209.

Mayston, M. (2004). Physiotherapy management in cerebral palsy: an update on treatment approaches. *Clinics in Developmental Medicine, 161*, 147-160.

Monfils, M. H., Plautz, E. J., & Kleim, J. A. (2005). In search of the motor engram: motor map plasticity as a mechanism for encoding motor experience. *The Neuroscientist, 11*(5), 471-483.

Nudo, R. J. (2011). Neural bases of recovery after brain injury. *Journal of Communication Disorders, 44*(5), 515-520.

O'Sullivan, S., & Schmitz, T. (2007). *Physical rehabilitation* (5th ed.). Davis company, Philadelphia.

Park, J. E. (2017). Apraxia: Review and update. *Journal of Clinical Neurology, 13*(4), 317-324.

Särkämö, T., Tervaniemi, M., & Huotilainen, M. (2015). Music perception and cognition: development, neural basis, and rehabilitative use of music. *Wiley Interdisciplinary Reviews: Cognitive Science, 4*(4), 441-451.

Schlaug, G. (2001). The brain of musicians: A model for functional and structural adaptation. *Annals of the New York Academy of Sciences, 930*(1), 281-299.

Schlaug, G. (2015). Musicians and music making as a model for the study of brain plasticity. *Progress in Brain Research, 217*, 37-55.

Schlaug, G., Jancke, L., Huang, Y., Staiger, J. F., & Steinmetz, H. (1995). Increased corpus callosum size in musicians. *Neuropsychologia, 33*(8), 1047-1055.

Schmidt, R. A., & Lee, T. D. (2005). *Motor control and learning: A behavioral emphasis* (4th ed.). Champaign, IL: Yuman Kinetics.

Shepherd, R. B. (2001). Exercise and training to optimize functional motor performance in stroke: driving neural reorganization? *Neural Plasticity, 8*(1-2), 121-129.

Sims, N. R., & Muyderman, H. (2010). Mitochondria, oxidative metabolism and cell death in stroke. *Biochimical Biophysis Acta, 1802*(1), 80-91.

Taub, E., Cargo, J. E., & Uswatte, G. (1998). Constraint-induced movement therapy: A new approach to treatment in physical rehabilitation. *Rehabilitation Psychology, 43*(2), 152-170.

Thaut, M. H. (2005). *Neurologic music therapy techniques and definitions. Rhythm, music and the brain: Scientific foundations and clinical applications*. New York: Taylor and Francis Group.

Thaut, M. H., & Hoemberg, V. (Eds.) (2014). *Handbook of neurologic music therapy*. Oxford University Press, USA.

Vik, B. M. D., Skeie, G. O., Vikane, E., & Specht, K. (2018). Effects of music production on cortical plasticity within cognitive rehabilitation of patients with mild traumatic brain injury. *Brain Injury, 32*(5), 634-643. doi.10.1080/02699052.2018.1431842

Wu, C. Y., Trombly, C. A., Lin, K. C., & Tickle-Degnen, L. (2000). A kinematic study of contextual effects on reaching performance in persons with and without stroke: influences of object availability. *Archives of Physical Medicine and Rehabilitation, 81*(1), 95-101.

Yang, Y. R., Wang, R. Y., Lin, K. H., Chu, M. Y., & Chan, R. C. (2006). Task-oriented progressive resistance strength training improves muscle strength and functional performance in individuals with stroke. *Clinical Rehabilitation, 20*(10), 860-870.

제2장

신경해부의 이해

신경재활음악치료에서 신경해부의 이해는 진단명, 내담자 증상, 치료효과 및 결과 등의 이해와 관련된 부분이다. 신경해부에 대한 용어 및 개념의 이해는 음악치료 임상현장에서 다양한 치료전문가와 소통하는 데 필수적이다. 이 책에서는 음악치료사가 임상현장에서 만나는 신경손상 환자의 진단명이나, 기능손상 문제와 관련된 연구 결과뿐 아니라 음악이 인간행동에 미치는 영향을 이해하는 데 필요한 기본적인 뇌구조와 신경해부에 대해 소개하고, 뇌에서 담당하는 주요 기능에 대해 설명하고자 한다.

1 신경해부

신경재활음악치료의 시작점에서 가장 기본적인 개념과 용어를 이해하기 위해서는 우선 신경해부에 대한 총체적인 설명이 필요하다. 음악치료사에게 해부는 뇌와 운동기능을 이해하고 나아가 질병, 언어기능, 인지기능 등과 연결하여 다양한 이해를 확장하는 데 중요한 정보이므로 기본적인 개념을 중심으로 소개하고자 한다.

1. 신경계

인간행동은 신경계에 대한 전체적인 그림으로 설명될 수 있다. 뇌손상 환자의 기능문제에 접근하기 위해 음악치료사가 필요로 하는 배경지식으로서 신경계의 기본 구조 단위와 주요 하위 뇌 구조물은 다음과 같다(Kalat, 2019).

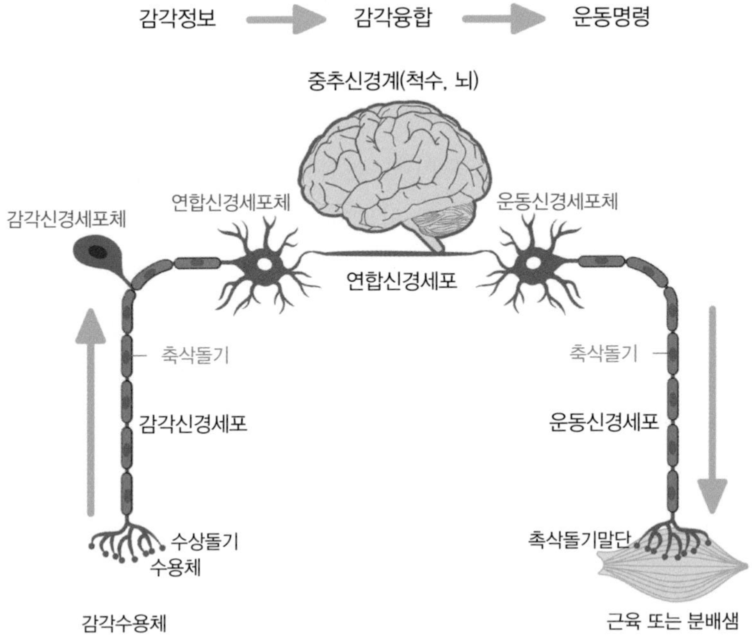

[그림 2-1] 신경계의 기본 구성

1) 신경계의 기본 구조

신경계는 뇌, 척수, 신경조직, 신경절로 구성되어 자극에 대한 신체반응을 조절하는 역할을 한다. 정보를 수집하고 종합하고 분석하여 근육이나 기관에 명령을 전달하고, 고등인지기능을 조절하는 다양한 수준의 연결망을 구성한다. 신경계는 신경세포(뉴런, neuron)과 교세포(glia)의 두 가지 주요 세포계로 구분되어 있다. 신경세포는 전기화학적 신호들을 조합하고 이를 한곳에서 다른 곳으로 전달하는 역할을 하며, 교세포는 뉴런보다 10배 정도 많이 존재하면서 뉴런의 역할을 돕는다. 이 외에 두 뉴런 간의 교신이 일어나는 지점인 시냅스(synapse)는 수많은 뉴런의 연결을 이루고 있다.

뉴런은 수상돌기 가지(dendrite), 세포체(cell body), 축삭(axon)의 세 가지 주요 부분으로 구성되어 있다. 수상돌기는 뉴런의 전반부로 다른 세포로부터 정보를 받아들인다. 세포체는 뉴런의 한 부분으로 세포기능을 유지하는 데

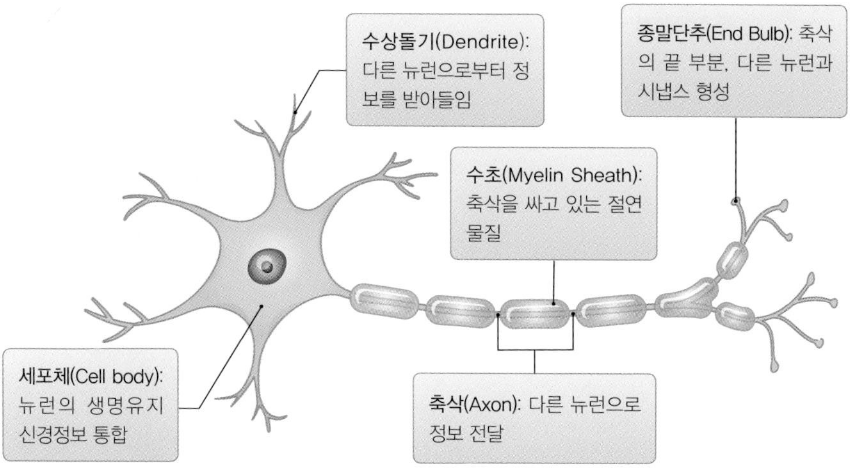

[그림 2-2] 뉴런의 구조

필요한 단백질과 효소들을 생성하는 세포핵과 다른 세포조직으로 구성되어 뉴런의 생명을 유지하고 신경정보를 통합한다. 축삭은 세포들 사이에서 정보를 운반하는 부속기관으로, 긴 축삭의 경우 수초(myelin sheath)에 싸여 보다 효과적으로 빠르게 정보를 전달할 수 있는 구조를 갖추고 있다(Kalat, 2019).

뉴런은 감각뉴런, 연합뉴런, 운동뉴런으로 분류되는데, 종류별로 각각 다른 모습을 가지고 있다. 감각뉴런은 감각기에서 입력된 자극, 즉 외부 정보를 중추신경계로 전달하고 연합뉴런은 중추신경계의 정보들을 연결시킨다. 운동뉴런은 뇌와 척수로부터의 정보를 다시 근육으로 내려보낸다. 교세포는 뉴런과 달리 정보전달을 담당하지 않고 뉴런에 필요한 물질을 조절한다.

2) 중추신경계와 말초신경계

신경계는 크게 중추신경계(central nervous system)와 말초신경계(peripheral nervous system)로 구분된다. 중추신경계는 뇌와 척수로 구성되어 신경계의 중심역할을 한다. 말초신경계는 뇌나 척수로부터의 정보를 신체 외부와 연결시키는 신경세포들로 구성되며, 중추신경계 외의 모든 신경세포를 포함하여 감각정보를 받아들이거나 근육으로 운동명령을 전달하는 역할을 한다.

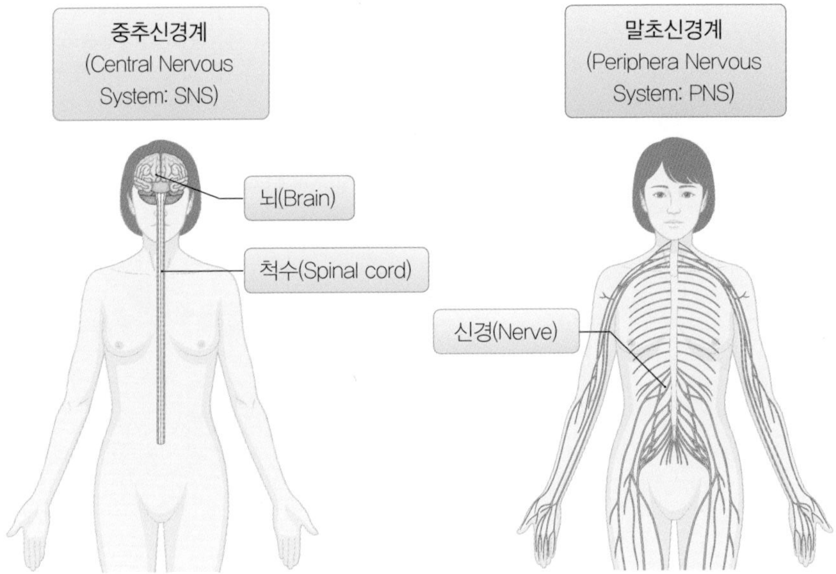

[그림 2-3] 중추신경계와 말초신경계

중추신경계의 주요 구조물인 뇌는 중앙정보처리 시스템의 역할을 하는 기관으로 감각, 운동, 정서, 동기, 인지, 언어, 사고, 창의적 활동 등 모든 인간 행동의 중추 역할을 한다. 척수는 이러한 뇌와 신체 사이에서 정보를 전달하는 통로의 역할을 한다. 말초신경계는 체성신경계(somatic nervous system)와 자율신경계(autonomic nervous system)로 구성되어 있는데, 체성신경계는 다시 척수신경과 뇌신경으로 구성되고, 자율신경계는 교감신경과 부교감신경으로 구성된다. 척수신경은 목 아래 신체 부분의 감각과 골근격계 운동기능을 관장하고 뇌신경은 머리감각과 운동, 내장운동 등을 조절하는 기능에 관여한다. 교감신경의 경우, 신체기관 활동과 관련하여 스트레스나 위급상황 시 신체를 준비시키는 기능과 에너지 소비에 관여한다. 반면, 부교감신경은 이완상태에서 신체 내적 상태의 안정을 도모하고 에너지를 저장하는 역할을 한다.

3) 뇌

뇌는 약 1조 개의 신경세포로 구성되어 있다. 뇌의 바깥쪽은 회색질(gray matter), 세포체와 수상돌기로 이루어져 있고, 뇌의 안쪽은 백질(white matter)로 이루어져 있다. 뇌는 뇌척수막(meninges)에 의해 보호되며 뇌 내부에는 뇌척수액이 있는 뇌실(ventricles)이 있다. 인간의 움직임과 행동의 대부분을 관장하는 뇌는 대뇌, 소뇌, 뇌간(간뇌)으로 구분되며, 뇌간은 다시 중뇌, 교뇌, 연수의 세 부분으로 구성되어 있다.

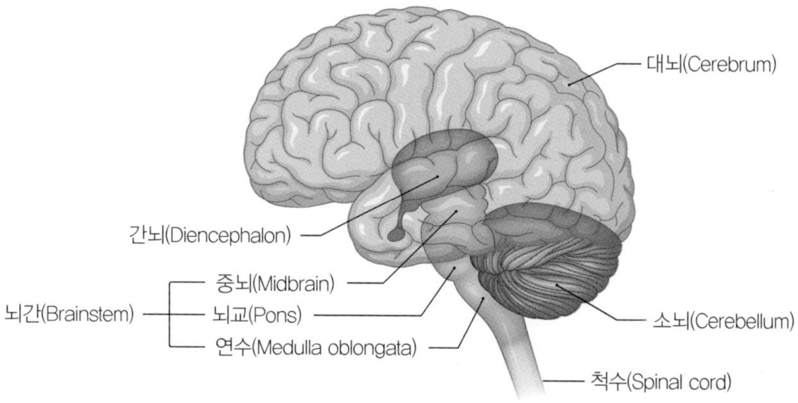

[그림 2-4] 뇌의 기본 구조

4) 척수

척수(spinal cord)는 뇌로 정보를 전달하는 감각뉴런과 뇌로부터 운동명령을 근육으로 전달하는 운동뉴런으로 구성되어 있다. 척수는 경부(cervical), 흉부(thoracic), 요부(lumbar), 천부(sacral)로 이루어져 있고 척수신경은 척주의 각 추골에서 나온다. 각 척주(column)는 척수를 담고 있는 뼈 구조물로 뇌와 말초신경 사이의 교량 역할을 하는데 척수신경은 척추뼈 사이에 있는 척수에서 가지를 뻗어 나오는 구조로 되어 있다. 척수 앞쪽(복측)에 위치한 신경뿌리는 운동신경을, 척수 뒤쪽(배측)에 위치한 신경뿌리는 감각신경을 담당한다. 뇌와 같이 척수도 세 겹의 조직으로 덮여 있으며 척추는 33개의 등뼈로 구성되어 척추뼈가 척수를 보호하는 역할을 한다. 걷거나 뛰는 다양한 움직임을 보다 유연하게 수행하고, 연골디스크는 척추뼈 사이에서 완충제 역할을 한다.

2. 대뇌 구조와 기능

대뇌는 뇌의 80%를 차지하는 구조물로 좌우 2개의 반구로 구성되어 있다. 표면에 많은 주름이 있고 피질은 회색질, 수질은 백질로 이루어져 있어 뇌영상 사진을 보면 부위에 따라 음영이 다름을 알 수 있다. 전체적으로 대뇌는 사고, 판단, 인식, 생각, 학습, 기억 등을 담당하는 지성중추로 4개의 대뇌엽이 각각 세분화된 기능영역을 담당하고 있다.

전두엽(frontal lobe)는 주로 운동, 인격발달, 지적 기능을 담당하며 두정엽(parietal lobe)는 체성감각, 후두엽(occipital lobe)은 시각 및 시각 관련 반사, 거리판단을 담당하고 측두엽(temporal lobe)는 청각, 후각과 부분적 말하기 기능을 담당한다(Chayer & Freedman, 2001; Collins & Koechlin, 2012). 이러한 구분은 대략적인 것으로 실제 세부적인 기능은 여러 뇌영역이 연합해서 정보를 처리하고 수행을 위한 명령을 구성 및 전달하여 실현된다.

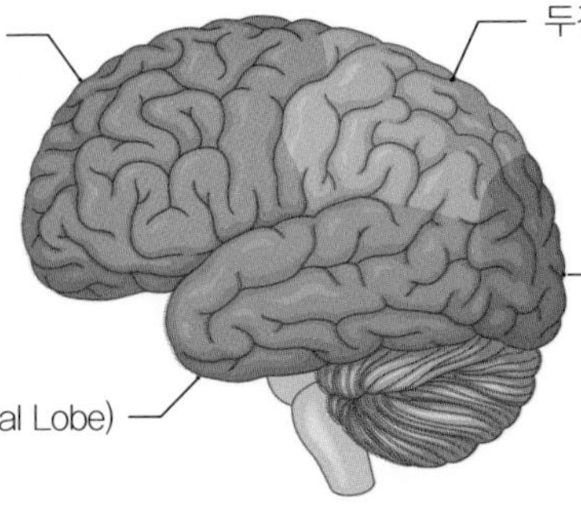

[그림 2-5] 대뇌엽

3. 뇌 주요 구조물

1) 1차 운동피질, 보조운동피질, 전운동피질

수의적 운동의 계획과 통제, 실행을 담당하는 1차 운동피질(primary motor cortex)은 음악행동뿐 아니라 일상생활에서의 모든 행동을 수행하는 데 가장 중요한 역할을 하는 영역이다. 중심구(central sulcus)의 전측, 즉 중심전회(precentral gyrus)에 위치하는 1차 운동피질은 수의적 운동의 계획과 통제, 실행을 담당한다. 즉, 복잡하고 연속적인 행위를 실행하고자 할 때, 필요한 절차를 예측하고 계획하는 역할을 한다(Kalat, 2019). 1차 운동피질은 척수와 뇌간으로 내려가는 신경세포를 포함하고 있어 필요한 명령을 내려보내는데, 신경세포를 통해 전달되는 신호는 반대편의 근육 움직임을 통제하게 된다. 예를 들어, 좌측 손가락 움직임에 관여하는 것은 우반구 운동피질에서 손가락을 담당하는 영역이다.

1차 운동피질과 함께 수의적 운동조절에 관여하는 뇌영역으로는 전운동피질(premotor cortex)과 보조운동피질(supplementary motor cortex) 등이 있다. 전운동피질은 1차 운동피질 전측에 외측 표면으로 위치하고 있는데, 운동을 준비하는 데 있어 필요한 정보를 1차 운동피질로 보낸다(Hoshi & Tanji, 2000; Kakei et al., 2003). 전운동피질의 배측 방향으로 내측 표면에 위치한 보조운동피질은 연속적인 움직임을 구성하는 일련의 동작을 계획한다(Nachev et al., 2008; Ramnani & Passingham, 2001). 예를 들어, 복잡한 패턴의 손가락 움직임이 시도되는 경우에는 1차 운동피질과 보조운동피질이 함께 활성화되는 데 비해, 간단한 움직임에는 1차 운동피질만 활성화된다. 반면, 복잡한 움직임을 머릿속으로만 그려 보는 경우(mental rehearsal)에는 1차 운동피질 없이 보조운동피질만 활성화된다(Avanzino et al., 2009; Meister et al., 2004).

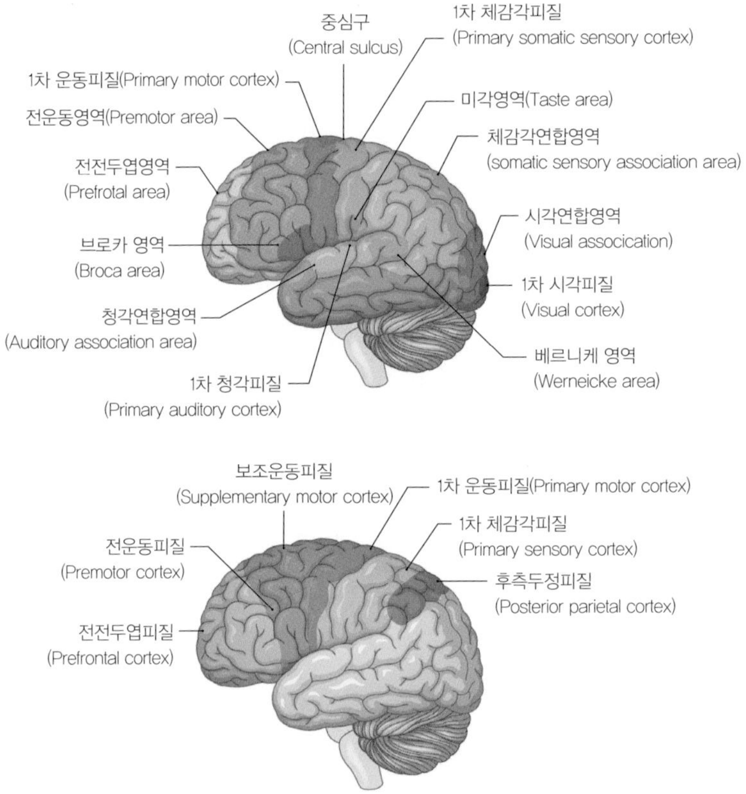

[그림 2-6] 대뇌 주요 영역

※ 방향을 나타내는 해부용어

등쪽(배측, dorsal): 배쪽(위장)과 멀리 떨어진 등쪽, 뇌의 경우 앞부분

배쪽(복측, ventral): 등쪽과 멀리 떨어진 위장 쪽

앞쪽(전측, 두측, anterior): 앞쪽 끝을 향함

뒤쪽(후측, 미측, posterior): 뒤쪽 끝을 향함

위(상, superior): 다른 부위의 위

아래(하, inferior): 다른 부위의 아래

가쪽(외측, lateral): 정중선에서 먼 곳

안쪽(내측, medial): 가쪽과 떨어진 정중선에 가까운 쪽

몸쪽(근위, proximal): 주로 상하지에서 몸통에 가까운 곳

먼쪽(원위, distal): 주로 상하지에서 먼쪽(손끝 쪽)

2) 소뇌

소뇌(Cerebellum)는 학습된 운동반응을 포함하여 운동통제에 있어 중요한 기능을 담당한다([그림 2-7]). 소뇌에는 뇌의 나머지 부분을 합친 것보다 더 많은 뉴런이 있으며, 그 뉴런 중 일부는 넓게 가지를 뻗고 있어서 엄청난 수의 네트워크를 갖고 있다. 소뇌의 실제 크기는 작지만 잠재적으로 처리하는 정보와 기능이 막대하다(De Zeeuw et al., 2021).

소뇌가 단지 운동의 통제 역할만 하는 것은 아니다. 소뇌의 기능 중 하나는 일련의 행위가 하나의 전체로 실행되도록 하는 새로운 운동 프로그램을 확립하는 것으로(Ito, 2006), 운동학습(motor learning)과 운동의 정확한 타이밍에 관여한다. 따라서 리듬에 맞추어 손가락으로 두드리기와 같은 시간맞춤 운동(timed movement), 또는 두 소리자극의 미세한 길이 차이를 판단해서 타이밍을 맞추는 과제에 있어 중요한 역할을 담당한다(Kalat, 2019).

3) 기저핵

기저핵(Basal ganglia)은 대뇌 반구 깊숙한 곳에 위치한 구조를 통칭하는 용어이다. 기저핵에 포함되는 대표적인 구조로는 미상핵(caudate nucleus), 피각(putamen), 담창구(globus pallidius)가 있으며 이들은 서로 정보를 교환하거나 시상 및 대뇌피질과도 정보를 교환한다. 기저핵은 중뇌 바닥에 있는 흑질(substantia nigra) 및 배쪽 시상(ventral thalamus)에 있는 시상하부핵(subthalamic nucleus)과 더불어 피질하회로(subcortical loop)를 구성하여, 상위운동신경세포(upper motor neuron)의 활성화를 조절함으로써 운동에 영향을 준다. 기저핵, 흑질, 시상하부핵으로 이루어진 피질하회로는 대뇌피질 대부분의 영역과 뇌간(brainstem)의 1차 운동영역 및 전운동영역의 상위운동신경세포(upper motor neuron)를 연결한다(Graybiel, 2000).

운동의 미세조절 및 억제를 담당하고 시상 및 대뇌피질과의 정보를 주로 교환하는 역할을 맡고 있다. 특히 운동의 미세조절 및 억제를 담당하기 때문에 완성도 있는 움직임을 수행하는 데 중요한 역할을 한다. 인체가 움직일 때

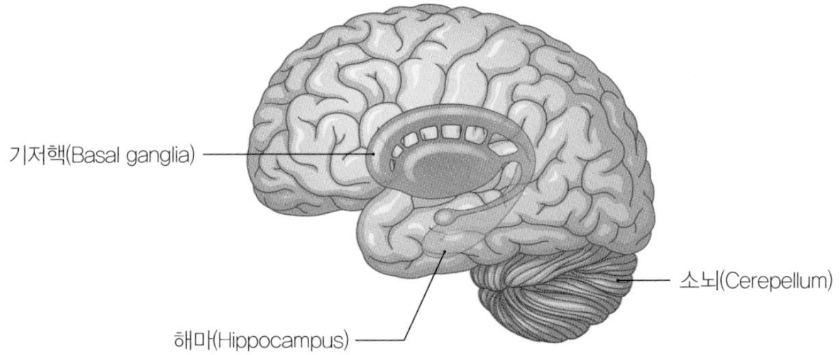

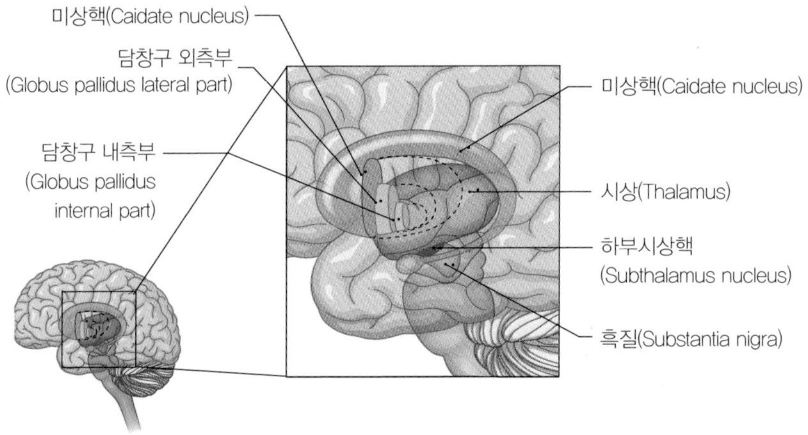

[그림 2-7] 소뇌와 기저핵

의도하는 움직임과 관련한 운동기능을 촉진하고 그 운동을 방해하는 근육은 억제하는 기능을 담당하기 때문에 불필요한 움직임 없이 매끄러운 동작 수행에 필수적인 역할을 한다.

기저핵이 관여하는 피질하회로는 운동을 시작하거나 종료하는 데 필수적이며, 이 회로를 구성하는 구조물 중 어느 하나라도 이상이 생기면 정상적으로 운동을 시작하거나 종료하지 못한다(Blandini et al., 2000). 파킨슨병(Parkinson's disease)이나 헌팅턴병(Huntington's disease)은 기저핵이 정상적으로 기능하지 못하여 발생하는 대표적인 질병이다. 시상에서 운동피질로의 출력이 줄어들면 파킨슨병과 같은 운동저하증(hypokinesia)이, 반대로 운동피질에 대한 시상의 출력이 증가하면 헌팅턴병과 같은 운동과다증(hyperkinesia)이 발생하게 된다.

4) 시상과 시상하부

시상은 모든 감각의 중계센터 역할을 하는데, 일부는 운동조절과 관련하며, 일부는 변연계에 포함되어 정서반응에 관여한다. 외부에서 유입되는 정보를 모니터링하고 처리하는 중요한 기관으로 뇌의 정중앙에 위치한다. 시상하부는 시상의 아래쪽에 위치하여 자율신경계의 정보를 처리하거나 통제하는 역할을 한다. 특히 신체내부를 모니터링하여 신체가 항상 일정한 상태를 유지하는 데 도움을 주고 뇌하수체를 자극하여 호르몬을 분비하는 중요한 역할을 담당하고 있다(Herrero et al., 2002).

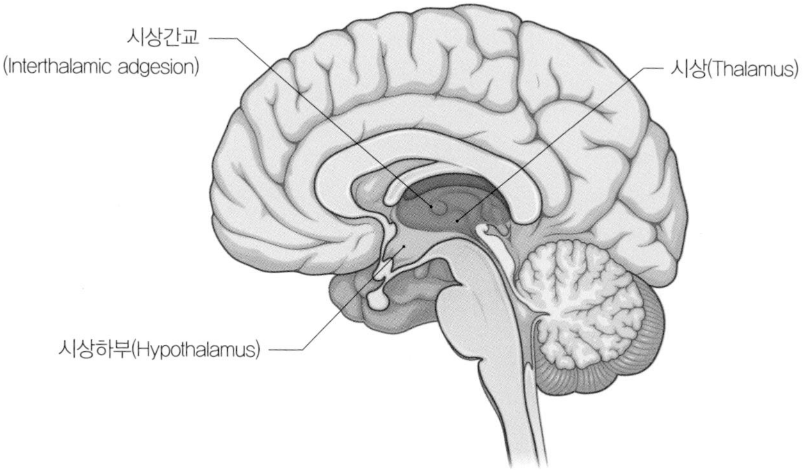

[그림 2-8] 시상과 시상하부

5) 뇌간

중뇌, 뇌교, 연수를 총칭하여 뇌간(brainstem)이라 한다. 뇌간의 아래쪽은 척수와 연결되고 위쪽은 간뇌와 경계를 이루며, 감각신경과 운동신경이 정보를 주고받으며 뇌간에 있는 12쌍의 뇌신경에 의해 그 기능을 수행한다. 척수

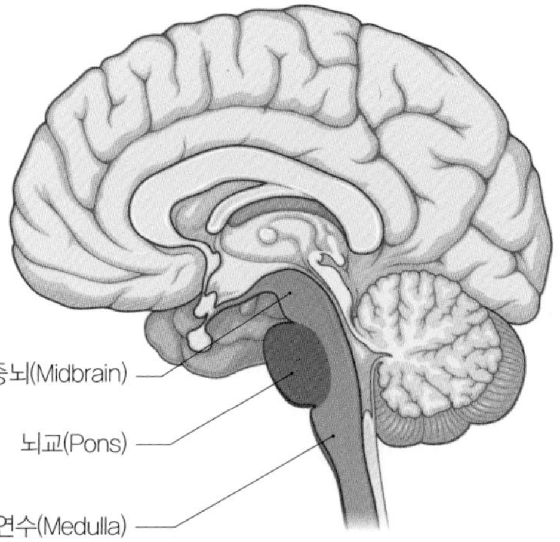

[그림 2-9] 뇌간의 구조

신경이 신체의 몸체와 사지기능을 주로 담당하여 조절한다면 뇌간의 신경은 머리, 목, 얼굴 부분의 감각과 함께 운동기능을 조절한다.

뇌간이 특히 주목을 받는 이유는 상행 및 하행 신경경로가 있어 정보 전달에 관여할 뿐 아니라 뇌간 전역에 걸쳐 그물망처럼 만들어진 망상체(recticular formation)가 형성되어 각성(arousal)과 밀접한 관련이 있기 때문이다(Al-Shaarawy et al., 2011; Jang & Kwon, 2015). 음악의 치료적 적용에서도 뇌간은 음악에 대한 일차적인 반응정보를 처리하는 기관으로 여겨지고 있으며, 뇌손상 환자의 정보전달 경로에 기능손상이 발생해도 망상체의 각성반응에 의해 음악자극에 반응함이 지속적으로 강조되고 있다.

2 운동의 신경학적 처리과정

1. 척수와 뇌간의 국소회로

운동은 중추신경계인 뇌와 척수에 의해 조절된다. 중추신경계에 의한 운동조절은 크게 3단계로 이루어지는데, 운동 전략(strategy) 수립, 전술(tactics), 실행(execution)이다. 가장 높은 단계인 운동 전략 수립은 신피질(neocortex)의 연합령과 전뇌(forebrain)의 기저핵이 담당하고 있다. 전술을 수립하는 중간 단계는 운동피질과 소뇌가 맡고 있으며, 실행을 담당하는 구조물은 뇌간과 척수를 포함하는데, 목표지향적인 운동을 생성하고 자세 조정에 필요한 운동신경과 연합뉴런(interneuron)을 활성화시킨다. 이러한 뇌 구조물들은 서로 연합하여 신경회로를 구성함으로써 운동조절을 담당하는데, 척수와 뇌간의 국소회로(circuits), 하행성 신경계(descending systems), 소뇌 그리고 기저핵의 네 가지 하부 체계로 분류된다.

2. 하행성 신경계

뇌에서 나오는 모든 신호는 근육을 통제하는 연수와 척수를 거쳐 하행성 신경계(descending systems)를 통해 골격근의 작용을 조절한다. 이때, 신호가 내려가는 길은 두 가지로 구분되는데 이를 추체로(pyramidal tract)와 추체외로(extrapyramidal tract)라고 한다. 추체로는 1차 운동피질과 그 주변 영역으로부터 나오는 축삭의 집합이며, 이 축삭들은 척수의 목표뉴런까지 시냅스를 거치지 않고 직접 뻗어 나간다.

1) 추체로와 추체외로

추체로는 뇌의 한쪽에서 척수의 반대편으로 교차하는데, 이 교차 지점이 추체(pyramids)라고 불리는 연수의 융기부이다. 이 신경로는 손, 손가락 및 발가락 같은 말초영역에서의 운동을 통제한다(Kalat, 2019). 추체로는 수의적인 움직임을 관장하는 신경로로 대부분의 섬유(75~90%)가 연수의 추체에서 서로 교차하여 척수로 내려가기 때문에 좌측 대뇌반구는 우반신 운동을, 우측 대뇌반구는 좌반신 운동을 지배한다.

추체로와 대조적으로 추체외로는 1차 운동피질과 보조운동피질, 혹은 다

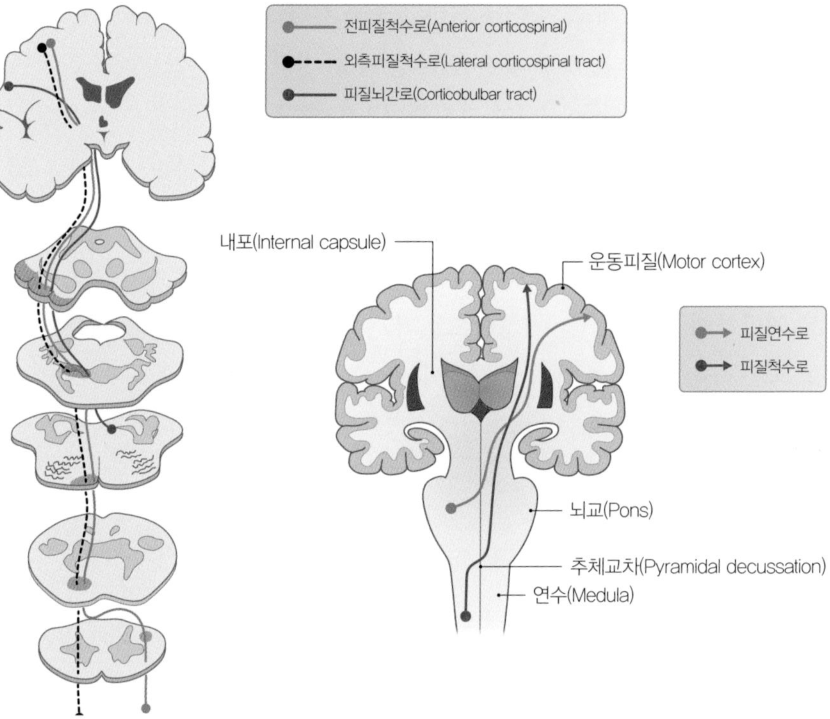

[그림 2-10] 추체로. 추체로는 크게 피질척수로와 피질뇌간로로 구분된다. 피질척수로는 몸통과 사지운동을 관장하고 피질뇌간로는 말, 산출, 삼킴근육운동 등을 관장한다.

른 많은 피질영역으로부터 나오는 축삭들로 이루어지며, 연수의 추체를 통과하지 않는 모든 신경로를 지칭한다. 추체외로의 축삭들은 척수의 대측만이 아니라 양쪽 모두에 가지를 뻗고 있다. 이 신경로는 주로 목, 어깨 그리고 몸통의 근육을 통제하며 양측성(bilateral) 운동에 관여한다. 추체외로의 손상은 걷기, 돌기, 굽히기, 일어서기, 앉기와 같은 양측성 운동에 장애를 일으킨다(Kalat, 2019). 근긴장도나 협응, 불수의적 운동과도 관계가 있으므로, 추체외로의 작용에 문제가 생기면 수의적 운동이 조절되지 못하여 골격근의 과도한 경직을 초래할 수 있다.

추체외로는 대뇌피질, 기저핵, 시상밑핵, 흑질, 적핵, 뇌간, 망상체, 척수 등이 기능적으로 밀접하게 고리회로를 형성하면서 운동을 반사적 또는 불수

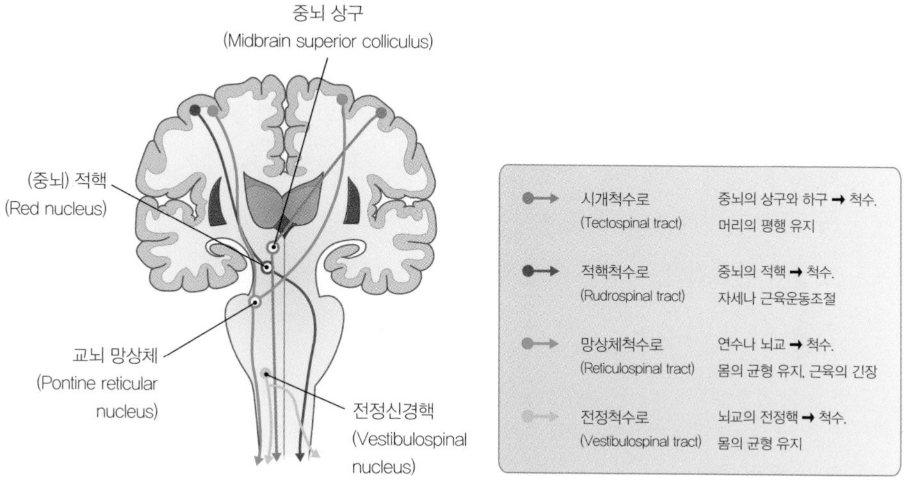

[그림 2-11] 추체외로. 추체외로는 대뇌피질, 기저핵, 시상밑핵, 흑질, 적핵, 뇌간, 망상체, 척수 등이 기능적으로 밀접하게 고리회로를 형성하면서 운동을 반사적 또는 불수의적으로 조절한다.

의적으로 조절하는 역할을 한다. 움직임의 시작에는 관여하지 않지만 일단 시작된 움직임에 대해서는 주로 무의식적으로 제어하고 조화롭게 조절하는 기능을 담당한다. 주로 움직임의 방향, 속도, 범위 등 정교한 운동을 수행할 때 활성화되며 추체로와 추체외로는 상호보완적으로 활동하면서 가능하면 효율적이고 조화로운 움직임을 할 수 있도록 돕는다.

2) 기저핵과 운동조절

추체외로에서 가장 중요한 부분인 기저핵은 움직임을 스스로 실행하는 데 매우 중요한 역할을 한다(Groenewegen, 2003). 무의식적이고 정확하고 자동적인 동작에 관여하는 기저핵은 우리가 일상에서 반복훈련을 통해 학습하고 기억하는 많은 행동을 형성하는 데 도움을 준다. 주로 반복했을 때 자동적으로 습득 가능한 움직임이 이에 해당되는데, 예를 들어 책을 읽는 행동을 하면 읽기를 통해 이해한 내용은 대뇌피질에서 기억되는 반면, 반복적인 연습을 통해 습득된 지식(혹은 습관)은 기저핵에 기억되어 무의식적인 동작으로 수행된다.

3) 소뇌와 운동협응

소뇌의 주요 기능은 운동협응의 조절과 운동기능의 습득이다. 신체의 동측 운동통제를 담당하는 소뇌는 주로 목표에 맞춘 행동, 타이밍을 맞추는 행동 등 빠르게 수행되는 행동을 담당한다. 이 외에도 자세조절, 평형유지, 주의 등에 관여하는데, 운동에서는 타이밍에 의존하는 행동 수행에서 정교하고 조절이 필요한 움직임을 원활하게 수행하도록 돕는다.

※ 수의적 운동조절: 매우 복잡하고 많은 뇌영역의 협조가 필요하며, 다시 말해서 많은 영역의 뇌가 운동명령의 입력과 전달 과정에 관여하면서 의도한 움직임을 계획하고 실행하는 데 함께 관여한다.

※ 운동기능의 수행: 동작의 구성뿐 아니라 정확한 수행의 타이밍과 이에 관여하는 뇌중추, 척수반사 간에 상호작용을 통해 일어난다.

3 특정 기능에 관련된 뇌영역

1. 말산출 과정에 관여하는 주요 뇌영역

1) 개요

이 장에서는 말산출과 관련된 신경해부를 간략하게 소개하고자 한다. 언어기능은 인간만이 가진 상위 기능으로, 사회적 · 문화적 범주 안에서 상징적인 방법으로 음성을 구성하고 의미를 배열하여 이를 소리로 만들어 내는 일련의 복잡한 과정을 의미한다(Ingram, 2011). 언어기능에 대한 신경해부를 살펴보면 뇌의 좌반구에 언어와 관련된 주요 부위가 실비우스 열구(sylvian fissure)를 중심으로 위치해 있다. 피질 수준에서 살펴보면 브로카 영역은 실비우스 열구의 앞쪽에, 베르니케 영역은 측두엽의 위쪽 표면에 있는 1차와 2차 청각피질에 인접해 있다.

2) 브로카와 베르니케, 브로드만 영역

독일의 신경해부학자인 Broadmann이 대뇌의 기능에 근거하에 만든 대뇌피질 세포 구조지도(Broadmanns cytoarchitectual map)로, 통상적으로 브로드만 영역이라고 명명되고 있다. Broadmann은 뇌세포와 섬유질의 유형, 즉 세포에 근거하여 대뇌피질의 조직학적 차이를 연구하면서 1909년에 브로드만 영역(Brodmann's Area: BA) 지도를 완성하였고, 이 자료는 현재까지도 대뇌기능 연구에서 사용되고 있다(Ardila et al., 2016).

브로드만 영역은 47개의 서로 다른 영역으로 구분되었으며, 언어기능에서는 브로카 영역이 BA44번으로 말을 하는 동안 입의 운동을 계획하고 어순 등과 관련한 문법을 담당한 운동영역이다. 이 부분의 손상은 언어운동을 계획하고 수행하는 데 문제를 발생시킨다. 측두엽에서 청각정보를 이해하는 데 가장 중요한 영역인 베르니케 영역은 BA22번으로 언어의 의미를 이해하는 역할을 한다. 이 부분이 손상되면 들은 것을 이해하는 데 어려움을 유발한다.

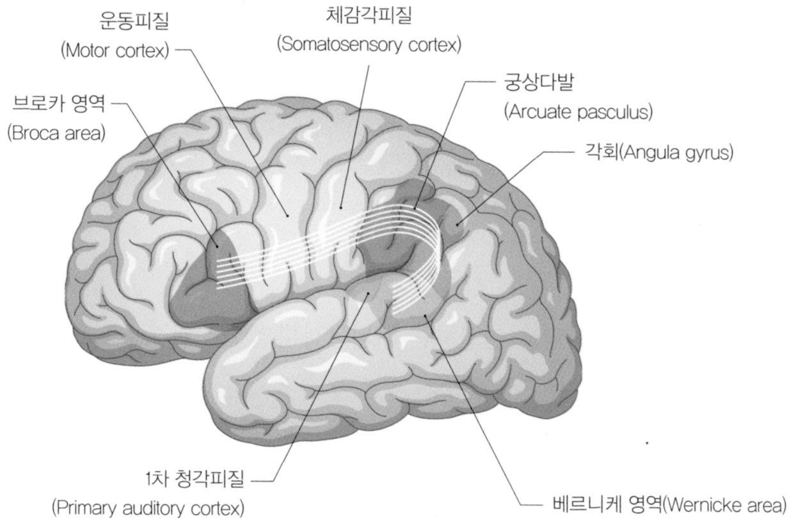

[그림 2-12] 언어기능과 연계된 주요 뇌영역: 브로카 영역은 말소리산출을 담당하고 베르니케 영역은 말이해를 담당한다. 운동영역에서 말소리산출에 필요한 근육 움직임을 관장하고, 궁상다발은 브로카와 베르니케 영역을 연결하여 서로 정보를 주고 받는다.

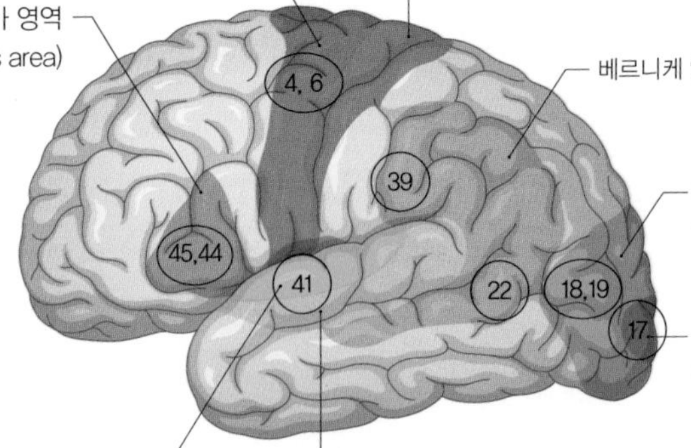

[그림 2-13] 언어기능과 관련된 브로드만 영역

※ 주요 브로드만 영역

- 브로드만 영역 6번: 전운동영역(premotor area)
- 브로드만 영역 41, 42번: 1차 청각영역(primary auditory area)
- 브로드만 영역 17번: 1차 시각영역(primary visual area)
- 브로드만 영역 22번: 청각연합영역, 베르니케 영역(auditory association area, Wernicke area)
- 브로드만 영역 18, 19번: 시각연합영역(visual association area)
- 브로드만 영역 39번: 각이랑(angular gyrus), 베르니케 영역의 일부
- 브로드만 영역 44, 45번: 아래전두이랑(inferior frontal gyrus)의 일부, 브로카 영역의 일부

브로카와 베르니케 영역을 연결하는 대뇌궁상다발(arcuate fasciculus)는 섬유다발로 두 영역을 연결하여 영역 간 정보를 효율적으로 전달하고 말과 언어기능을 활용하는 데 결정적인 역할을 한다.

3) 언어처리 과정과 뇌영역

언어의 이해와 산출은 여러 단계의 복잡한 신경학적 처리 과정을 거쳐서 이루어지는데, 언어처리 과정을 살펴보면 다음과 같다. 청각 시스템에서 소

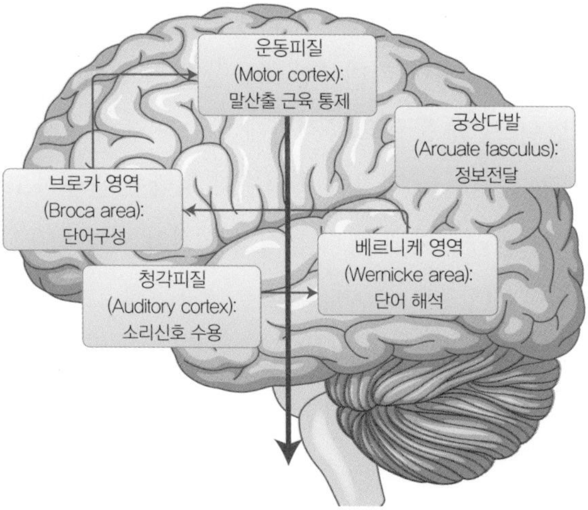

[그림 2-14] 언어처리 과정

리 신호를 수용하고 처리하면 1차 청각피질에서 소리를 판별하고 좌반구 측두엽의 베르니케 영역에서 소리의 의미와 연관시켜 해석하며 이를 구성하는 소리에 대한 기억을 저장한다(Friederici, 2009; Goodglass et al., 2000). 베르니케 영역에서 저장된 단어에 기반한 신호를 신경다발인 궁상다발을 통해 브로카 영역으로 전달하고, 브로카 영역은 표현언어중추로서 말을 산출한다. 이 과정에서 다른 대뇌 부위의 활성화도 이루어지고 주로 1차 운동영역과 2차 운동영역이 활성화되는데, 1차 운동영역은 말을 하기 위해 필요한 신체기관의 해당 피질영역에 운동명령을 전달한다. 2차 운동영역은 말 수행을 위한 명령을 신체기관에 보내기에 앞서 먼저 말운동을 위한 움직임을 선택하고 조직하며 프로그래밍한다.

발화를 위해서는 많은 근육의 움직임이 필요한데, 대뇌에서 프로그래밍되고 운동신경로를 통해 말초신경계로 연결되어 의도한 말을 산출한다(Banich, 2010). 운동신경로, 즉 추체로와 추체외로가 근육 움직임을 조절하여 수의적인 말산출 근육을 움직이게 한다. 추체외로는 대뇌피질, 기저핵, 시상밑핵, 흑질, 적핵, 뇌간, 망상체, 척수 등이 기능적으로 밀접하게 연결되어 형성된 일종의 뇌신경회로로서 반사적이고 불수의적인 움직임을 조절한다. 따라서 발화 시 무의식적으로 정확하고 미세한 조음을 하기 위해 구강의 조음기관을 적절한 속도나 범위, 방향 등으로 움직이게 하는 협응에서 중요한 역할을 한다. 특히 기저핵은 움직임의 적절한 움직임의 시작에 관여하고 뇌간은 말산출을 위한 입술, 혀, 후두근육과 뼈의 움직임을 직접 지배하여 말산출에 필요한 움직임을 조절한다(김향희, 2009).

2. 인지처리 과정에 관여하는 주요 뇌영역

1) 개요

인지기능에 관여하는 뇌영역은 인지기능과 세부기능별로 다양한 뇌영역이 관여하고 있어, 특정 뇌영역에만 국한되기보다는 다양한 뇌영역의 기능적 연결성을 보려는 노력이 이루어지고 있다. 신경학적 질환을 가진 대상군들이 보이는 인지기능의 장애는 여러 가지 과제 수행의 어려움에서 관찰되는데, 이 과정은 감각, 운동, 정서 등 모든 기능영역과 연관성이 있다. 여기에서는 주로 뇌과학 연구들을 통해 보고된 인지 과정에서 주요 뇌영역을 중심으로 간단히 소개하고자 한다.

2) 지각과 주의

인지처리 과정에서 가장 기본적인 수준의 주의는 신경계가 자극에 반응하는 데 필요한 주의를 배분하는 능력으로, 다른 차원에서 보면 각성을 의미한다. 뇌간에 위치하고 있는 망상활성체계(reticular activating system)의 세포체가 대부분의 대뇌피질 영역과 연결되어 뇌 전체의 각성 수준을 조절한다(Banich, 2010). 주의에 관여하는 주요한 뇌영역인 시상은 대뇌피질 각성의 조율을 하는 기관으로, 시상에 의해 감각정보의 선택, 즉 여과가 일어나고 이후 보다 정밀한 정보의 선택 과정이 이루어진다.

두정엽은 시각적 · 공간적 측면의 주의에 중요한 역할을 하며, 주의 자원을

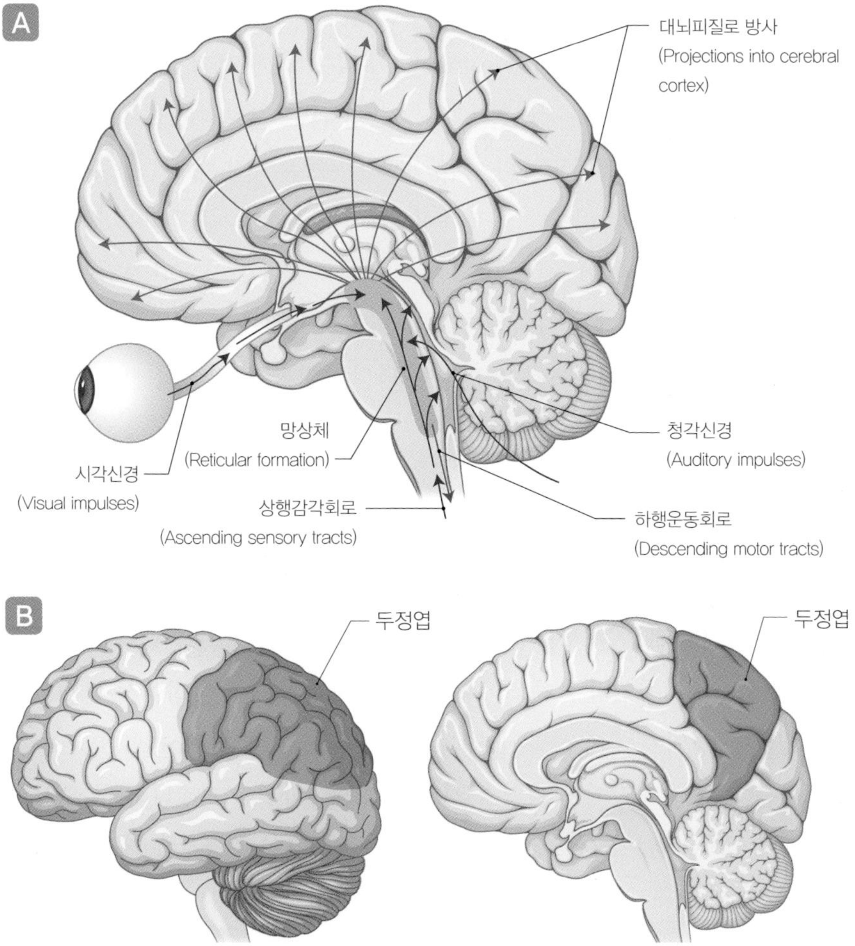

[그림 2-15] A: **망상활성계**(Reticular Activating System), B: **두정엽**(Parietal lobe)

할당하는 역할도 수행한다. 주의와 작업기억은 전전두엽과 두정엽에서 담당하는데, 언어와 의미적 기억의 인출은 좌뇌의 전전두엽과 측두엽이 담당한다. 지각과 주의과제 수행에서 기능이 저하된 대표적인 증상인 시각적 인식불능증(visual agnosia)은 시각기능에 이상이 없는데 형태를 알아보지 못하거나 어려움을 겪는 증상으로 시지각 과정과 심상 과정에 공통적으로 관여하는 우반구 두정엽의 손상에 기인한 것으로 보고 있다(Battelli et al., 2007).

3) 주의 통제

전대상피질(anterior cingulate cortex)은 주의 통제와 감정조절운동 통제에 관여하는 주요 기관으로, 적절한 반응을 하기 위한 전형적이고 자동적인 반응을 억제하는 노력을 담당한다. 대상피질은 주로 직접적으로 상충하는 반응들 사이에서 하나의 반응을 선택해야 할 때 정확한 하나의 반응을 선택하는 데 관여한다. 이 과정에서 주의 통제로 대상피질이 손상되면 무감동, 부주의, 정서불안 등의 문제가 나타난다(Shackman et al., 2011). 전두엽은 주의 통제와 집행적 측면의 정보처리 및 반응을 담당하며, 운동반응의 선택 및 개시와 억제에 관여한다(Li et al., 2010).

4) 기억

전두엽은 기억의 부호화와 인출을 담당하는 영역이며, 새로운 기억을 형성할 때 관련된다. 해마는 서술적 기억과는 관련이 없으나 일화적 기억의 부호화 과정에서 전전두엽과 측두엽이 관여하고, 지각적 점화 과정에서 선조체외(extrastraite) 영역 등이 활성화된다(Cabeza & Nyberg, 2000).

해마는 기억이 저장되는 영역으로 기억기능은 피질과 피질하의 구조와 회로 대부분이 관여하고 있다. 해마를 포함한 측두엽의 중앙부를 제외한 부위(non-medial temporal region)는 과거에 배운 지식 회상에 있어 중요한 것으로 알려져 있는데, 이때 왼쪽은 언어적인 정보를, 오른쪽은 비언어적인 정보를 관장한다(Shenoy et al., 1993).

이 외에도 편도체는 복잡한 처리 과정에서 빠르고 강한 정보처리를 위해 감정을 활용하는 기관으로 정보처리의 완급을 조절한다(McGaugh, 2002). 기저핵의 주 기능은 운동기능이지만 절차적 기억을 형성할 때도 관여하며, 소뇌와 기저핵 역시 절차기억 및 서술적 기억과 밀접한 연관이 있다(Conway, 2018; Middleton & Strick, 2000; Packard & Knowlton, 2002).

참고문헌

김향희(2009). 언어병리학의 신경해부. 서울: 시그마프레스.

Al-Shaarawy, S., Zaidi, Z, F., & Elmedani, J. (2011). Reticular formation: a review. *International Journal of Integrative Biology, 12*(1), 17-25.

Ardila, A., Bernal, B., & Rosselli, M. (2016). How localized are language brain area? A review of broadmann areas involvement in oral language. *Archives of Clinical Neuropsychology, 31*, 112-122.

Avanzino, L., Giannini, A., Tacchino, A., Pelosin, E., Ruggeri, P., & Bove, M. (2009). Motor imagery influences the execution of repetitive finger opposition movements. *Neuroscience Letters, 466*, 11-15.

Banich, M. T. (2010). *Cognitive neuroscience and neuropsychology*. 김명선, 강은주, 강연욱, 김현택 역. 인지신경과학과 신경심리학. 서울: 시그마프레스.

Battelli, L., Pascual-Leone, A., & Cavanagh, P. (2007). The 'when'pathway of the right parietal lobe. *Trends in Cognitive Sciences, 11*(5), 204-210.

Blandini, F., Nappi, G., Tassorelli, C., & Martignoni, E. (2000). Functional changes of the basal ganglia circuitry in Parkinson's disease. *Progress in Neurobiology, 62*, 63-88.

Cabeza, R., & Nyberg, L. (2000). Imaging cognition II: AN empirical review of 275 PET and f MRI studies. *Journal of Cognitive Neuroscience, 12*(1), 1-47.

Chayer, C., & Freedman, M. (2001). Frontal lobe functions. *Current Neurology and Neurosciences Reports, 1*(6), 547-552.

Collins, A., & Koechlin, E. (2012). Reasoning, Learning, and Creativity: Frontal lobe function and human decision-making. *Plos Biology, 10*(3), e1001293.

Conway, B. R. (2018). The organization and operation of inferior temporal cortex. *Annual Review of Vision Science, 4*, 381-402.

De Zeeuw, C. I., Lisberger, S. G., & Raymond, J. L. (2021). Diversity and dynamism in the cerebellum. *Nature Neuroscience, 24*, 160-167.

Friederici, A. D. (2009). Pathways to language: fiber tracts in the human brain. *Trends in Cognitive Sciences, 13*(4), 175-181.

Goodglass, H. W., Kaplan, E., & Barresi, B. (2000). *Boston Diagnositc Aphasia Examination*. Philadelphia, PA: Lippincott.

Graybiel, A. M. (2000). The basal ganglia. Current Biology, 10(14), 509-511.

Groenewegen, H. J. (2003). The basal ganglia and motor control. *Neural Plasticity, 10*(1-2), 107-120.

Herrero, M. T., Barcia, C., Navarro, J. M. (2002). Functional anatomy of thalamus and basal ganglia. *Child's Nervous System, 18*(8), 386-404.

Hoshi, E., & Tanji, J. (2000). Integration of target and body-part information in the premotor cortex when planning action. *Nature, 408*, 466-470.

Ingram, J. C. (2011). *Neuroliguistics*. 이승복, 이희란 역. 신경언어학: 언어처리와 언어장애의 신경과학적 이해. 서울: 시그마프레스.

Ito, M. (2006). Cerebellar circuitry as a neuronal machine. *Progress in Neurobiology, 78*, 272-303.

Jang, S. H., & Kwon, H. G. (2015). The direct pathway from the brainstem reticular formation to the cerebral cortex in the ascending reticular activating system: a diffusion tensor imaging study. *Neuroscience Letters, 606*(8), 200-203.

Kakei, S., Hoffman, D., & Strick, P. L. (2003). Sensorimotor transformations in cortical cmotor areas. *Neuroscience Research, 46*, 1-10.

Kalat, J. W. (2019). *Biological psychology* (13th ed.). 김문수, 박순권 역. 생물심리학(13판). 서울: 박학사.

Li, L., Gratton, C., Yao, D., & Knight, R. T. (2010). Role of frontal and parietal cortices in the control of bottom-up and top-down attention in humans. *Brain Research, 1344*, 173-184.

McGaugh, J. L. (2002). Memory consolidation and the amygdala: a systems perspective. *Trends in Neurosciences, 25*(9), 456-461.

Meister, I. G., Krings, T., Foltys, H., Boroojerdi, B., Müller, M., Töpper, R., & Thron, A. (2004). Playing piano in the mind-an f MRI study on music imagery and performance in pianists. *Cognitive Brain Research, 19*(3), 219-228.

Middleton, F. A., & Strick, P. L. (2000). Basal ganglia and cerebellar loops: motor and cognitive circuits. *Brain Research Reviews, 31*(2-3), 236-250.

Nachev, P., Kennard, C., & Husain, M. (2008). Functional role of the supplementary and pre-supplementary motor areas. *Nature Reviews, 9*, 856-869.

Packard, M. G., & Knowlton, B. J. (2002). Learning and memory functions of the basal ganglia. *Annual Review of Neuroscience, 25*(1), 563-593.

Ramnani, N., & Passingham, R. E. (2001). Changes in the human brain during rhythm learning. *Journal of Cognitive Neuroscience, 13*(7), 952-966.

Shackman, A. J., Salomons, T. V., Slagter, H., Fox, A. S., Winter, J. J., & Davidson, R. (2011). The integration of negative affect, pain and cognitive control in the cingulate cortex. *Nature Reviews Neuroscience, 12*, 154-167.

Shenoy, K. V., Kaufman, J., McGrann, J. V., & Shaw, G. L. (1993). Learning by selection in the trion model of cortical organization. *Cerebral Cortex, 3*, 239-248.

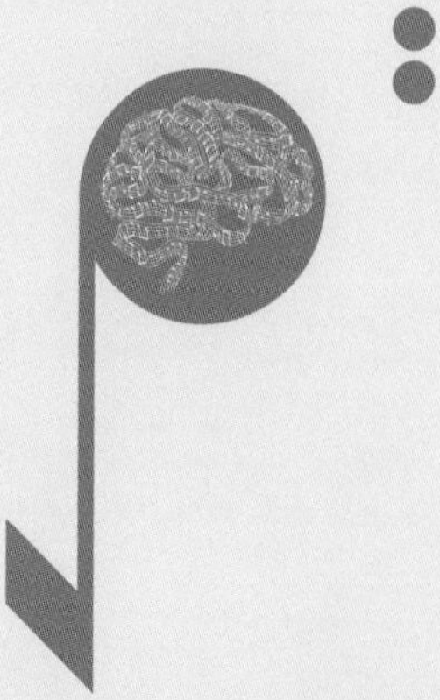

제3장

신경재활음악치료 대상군의 이해

1 신경재활음악치료 주요 대상군

1. 뇌졸중

1) 정의

뇌졸중은 뇌로 전달되는 혈액 공급이 막히거나 뇌혈관에 출혈이 발생하여 뇌의 혈액공급장애가 나타나는 뇌혈관질환으로, 신경학적 손상 부위에 따라 다양한 운동, 인지, 심리사회, 정서적 손상을 일으킨다. 이로 인해 운동조절 능력의 소실, 감각변화, 인지 또는 언어장애, 균형감 상실 등의 신경학적 장애가 초래된다(김진호, 한태륜, 2004). 일반적으로 뇌혈관장애로 인한 질환 및 사고(Cerebral Vascular Accident)의 총칭이며 뇌혈관질환, 뇌졸중 혹은 중풍 등으로 지칭된다. 이 장에서는 뇌졸중으로 총칭하기로 한다.

2) 뇌졸중의 유형 및 병리

뇌졸중의 종류는 혈관의 병인에 따라 구분되는데, 크게 뇌혈관이 막혀서 영양분과 산소를 공급하지 못하는 뇌경색과 뇌혈관이 터져서 발생하는

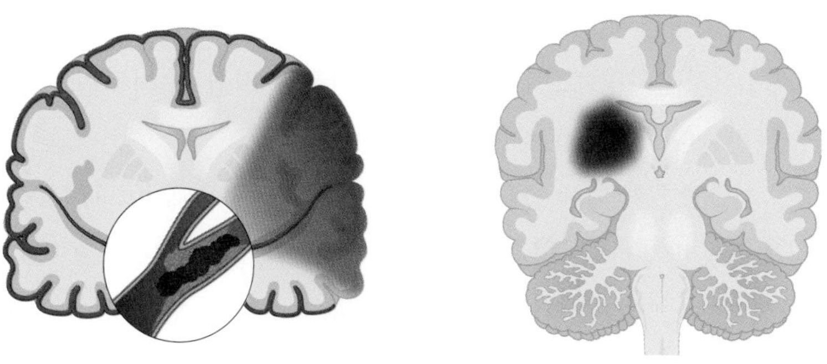

[그림 3-1] 왼쪽은 혈관이 막히면서 발생하는 뇌경색을 보여 주며, 오른쪽은 혈관이 터지면서 발생하는 뇌출혈 상태를 보여 준다.

뇌출혈, 좁아진 뇌혈관으로 혈액 공급이 일시적으로 끊겼다가 다시 공급되는 사이에 뇌졸중 증상이 나타났다가 사라지는 일과성 뇌허혈발작(transient cerebral ischemia)으로 구분된다(대한뇌졸중학회, 2022). 일반적으로는 크게 허혈성 뇌졸중과 출혈성 뇌졸중(hemorrhagic stroke)로 나뉜다.

뇌경색은 전체 뇌졸중의 약 87%를 차지하며, 뇌혈관 벽에 쌓인 지방질이나 응고된 덩어리 또는 신체의 다른 부위에서 만들어진 핏덩이가 혈액을 타고 흘러 다니다가 뇌혈관을 막아 뇌로 가는 혈류가 감소할 때 발생한다(Grysiewicz et al., 2008). 이로 인해 생긴 뇌손상은 신경학적 결손을 초래하여 신체마비, 인식장애, 시각 또는 언어장애 등 심각한 문제를 일으킨다. 허혈성 뇌졸중은 발생기전에 따라 색전증(embolism), 혈전증(thrombosis) 등으로 분류되기도 하고, 뇌혈관의 폐쇄 부위에 따라 전대뇌동맥(Anterior Cerebral Artery: ACA), 중대뇌동맥(Middled Cerebral Artery: MCA), 후대뇌동맥(Posterior Cerebral Artery: PCA)으로도 분류할 수 있다. 전대뇌동맥은 2차 운동영역의 일부나 보조운동피질로 혈액을 공급하므로, 이 부위에 손상이 생기면 반사기능이 저하되거나 반대쪽 하지기능이 손상되며, 감각 손실, 말실행증(apraxia of speech) 등이 발생한다. 중대뇌동맥은 가장 일반적으로 발생하는 손상으로 손상 영역에 따라 실어증, 감각지각의 결손 및 손상된 대뇌반구의 대측 하지기능 약화, 실인증(agnosia) 등의 증세를 보이며, 대다수의 뇌졸중 환자에게서 나타난다. 후대뇌동맥은 후두엽, 뇌량의 팽대, 측두엽의 내측과 기저면에 혈액을 공급하는데, 이 동맥의 혈류가 원활하지 못하면 후두엽이 손상되어 실독증, 시각기억장애, 명칭 실어증, 감각운동 결핍, 수의적인 움직임 장애 등을 유발한다(박창일, 문재호, 2012).

출혈성 뇌졸중은 대뇌에 공급하는 혈관 벽에서 약한 부분이 파열하여 출혈이 생김으로써 발생한다. 발생 원인에 따라 외상성과 비외상성으로 나뉘는데, 외상성에는 경막하출혈(subdural hemorrhage) 등이 있고, 비외상성 뇌출혈은 발생위치에 따라 뇌실내출혈(intraventricular hemorrhage)과 지주막하출혈(subarachnoid hemorrhage)로 분류될 수 있다. 뇌실내출혈은 고혈압, 동정

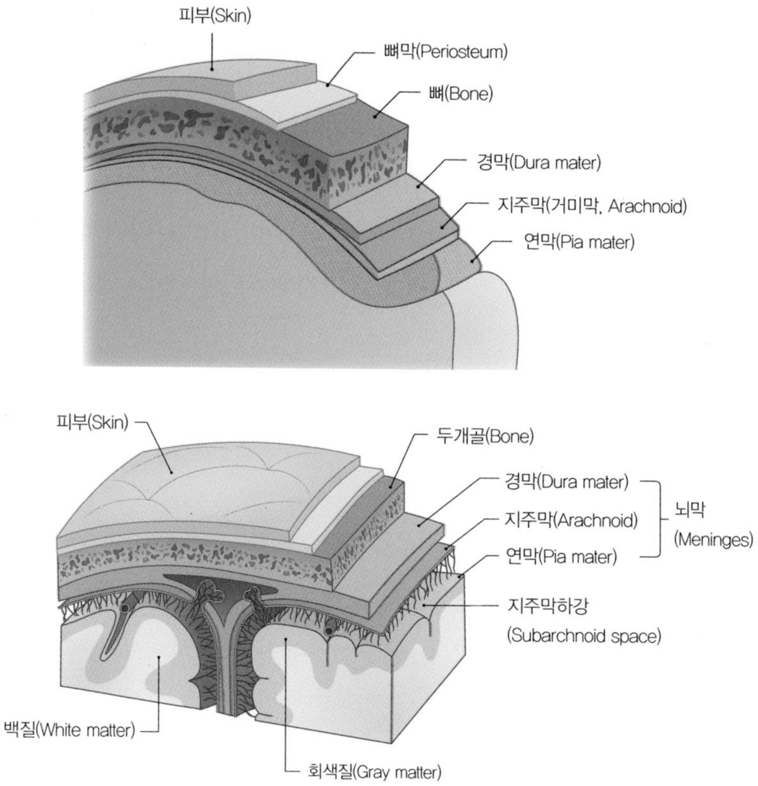

[그림 3-2] 뇌막의 구조

맥 기형 또는 뇌종양으로 인해 혈관이 약화되어 발생한다. 지주막하출혈은 주요한 큰 혈관의 손상으로 인해 출혈이 발생하거나 뇌동맥류가 파열되어 초래된다(김진호, 한태륜, 2004).

※ **뇌막**

뇌막은 여러 겹으로 이루어져 뇌를 보호하는 기능을 한다. 피부부터 뇌에 이르기까지 골막과 뼈, 경막, 지주막, 연막으로 구성되어 있다. 뇌출혈이 주로 발생하는 곳은 혈관이 분포되어 있는 곳으로, 경막(dura mater)은 많은 혈관이 분포되어 있는 단단한 섬유성 결합조직이며, 지주막(arachnoid)은 섬세한 장액성 막으로 지주막 하강에는 뇌척수액이 있고 뇌에 영향을 공급하는 굵은 혈관이 분포되어 있다. 연막(pia mater) 또한 혈관막으로 구성되어 있다.

3) 뇌졸중의 치료 경과

뇌졸중은 발병 이후 3~4일 동안 상태의 변화가 심하게 발생하며, 이때 뇌부종, 합병증, 기존질환의 악화 등으로 상태의 심각성이 다양하게 나타날 수 있다. 대기 1~2주 후 안정화가 이루어져 회복기에 접어들게 되고 초기 3~6개월까지 회복이 빠르게 이루어진다(Langhorne et al., 2011). 따라서 조기의 적절한 재활치료가 매우 중요하며, 뇌졸중 환자의 약 70~80% 정도는 독립적인 생활이 가능해진다(대한뇌졸중학회, 2022).

2. 파킨슨병

1) 정의

파킨슨병은 신경계 퇴행성 질환으로 오랜 유병기간에 걸쳐 환자의 운동 및 비운동장애가 나타나는 질환이다. 중추신경계가 손상되어 운동완만, 진전, 근육강직 등의 여러 가지 신경학적 증상과 인지적 장애를 초래하는 질환으로(Armstrong & Okun, 2020) 운동완만(slowed movement, bradykinesia), 근경직 증가(rigid muscle), 안정 시 떨림(진전, tremor), 비정상적인 자세반사, 행동동결 등의 증상을 나타내는 질환을 묶어서 파킨슨 증후군이라고 명명한다. 따라서 파킨슨 증후군에는 각기 다른 여러 질환이 포함되며 파킨슨병, 2차 파킨슨 증후군, 비전형적 파킨슨 증후군 등이 이에 해당된다(전범석, 2005).

파킨슨병의 단일 발병 원인은 아직 밝혀지지 않았으나, 기저핵 안에 있는 흑질이 손상되어 이 부분에서 생성되는 도파민의 결핍과 더불어 여러 신경전달물질(neurotransmitter)에 영향을 미치는 것으로 알려져 있다. 혹은 뇌간의 퇴행, 전두엽의 위축으로 인해 구(sulcus)가 넓어지거나 루이소체라고 불리는 병변조직이 흑질세포를 손상시켜서 발생된다고 여겨진다(De Pablo-Fernandez et al., 2019).

2) 파킨슨병의 운동 및 비운동 증상

정상적인 움직임을 위해서는 도파민이 적절하게 생성되어야 한다. 파킨슨병의 경우 도파민 생성이 원활하지 못하므로 추체외로 기능에 이상이 생기며, 이로 인해 하부 운동 신경원에서 해당 근육에 운동신호를 전달할 수 없게 된다. 운동기능과 관련하여 파킨슨병 환자에게는 다음과 같은 증상이 나타난다(Armstrong & Okun, 2020). 대표적인 운동 증상으로, 첫째, 안정 시 진전 현상(resting tremor)을 보인다. 사지를 이완시키거나 손을 무릎 위에 가만히 놓고 있을 때 떨림을 보이고, 물컵을 들거나 물건을 잡고 있는 등 자발적인 운동 시에는 떨림이 감소한다. 둘째, 움직임이 느려지는 운동완만(bradykinesia) 증상을 보인다. 근육이 굳어지면서 몸이 뻣뻣해지고 근육통이 발생하기도 한다. 셋째, 수동적인 움직임을 할 때 근육의 경직을 보여 팔을 펴거나 구부리는 동작이 뻣뻣하고 움직임에 저항이 있는 것처럼 느껴진다. 특히 보폭이 작아지고 동작이 느려지며 얼굴 표정도 사라진다. 넷째, 자세가 불안정해져 어깨나 엉덩이, 무릎이 구부정해지며, 걸을 때 발을 끌거나 세밀한 움직임을 조절하는 데 어려움을 보인다(Seppi et al., 2019).

운동기능 이외에도 비운동 증상도 나타나는데, 안면과 인두 근육이 경직되어 씹고 삼키는 데 어려움이 나타나고 후두 근육 조직 및 구강 근육의 통제력 감소로 조음의 정확성도 감소한다. 폐기능 저하로 인해 호흡장애가 필수적으로 나타나며, 후두 진전, 성대의 비대칭적인 진동으로 거칠고 기식화된 음성이 산출되고 목소리 강도도 약해진다(Johnson, 2017). 이로 인해 파킨슨병 환자는 대화 참여도가 저조하고 저하된 의사소통 능력을 보인다(Miller, 2017).

파킨슨병 환자는 자율신경계의 이상으로 저혈압이나 배뇨장애를 보이며 외부 기온에 대한 자동 조절 능력도 감소된다. 정신기능 이상으로 치매, 우울증, 불안과 충동성 등이 나타나며, 팔다리, 허리, 목 근육의 통증을 느끼기도 하고, 벌레가 피부 위로 기어가는 듯한 감각이상 증상, 심한 피부 간지럼증 등으로 인한 수면장애가 나타나기도 한다. 또한 정신기능이상 증상을 보이기도 하는데, 사고의 속도가 다소 느려지고 경미한 기억장애나 주의집중장애가 나타나며 이해력과 논리적인 사고력이 감소한다. 무표정한 얼굴을 하고 있으며 우울감 등의 정서적 장애가 관찰되기도 한다(Aarsland et al., 2017; Pfeiffer, 2016).

3) 파킨슨병 약물치료

파킨슨병 환자의 약물치료를 이해하는 것은 파킨슨병 환자를 대상으로 중재를 구성하는 치료사들에게는 필수적이다. 항파킨슨병 효과가 큰 약물로 널리 사용되는 레보도파(levodopa)는 파킨슨병의 주 증상인 도파민 결핍에 대응하여 도파민을 보충하고자 투입된다. 다만 레보도파는 약효 발생이 지연되거나 지속시간 연장이 어느 정도 이루어지면 더 이상 충분한 효과가 나타나지 않는 것으로 보고되고 있다(최고효과, ceiling effect). 특히 약물이 유발하는 이상운동증과 같은 다양한 부작용도 함께 보고되고 있다(LeWitt & Fahn, 2016). 이 외에도 도파민 작용제는 도파민 자체는 아니지만 도파민 수용체에 대한 촉진작용을 통해 항파킨슨병 작용을 유도한다. 특히 초기 단계의 파킨슨병 환자에게 치료 효과가 좋은 것으로 보고되고 있다.

약물치료는 초기 3년 정도는 증상조절이 잘 이루어지나, 이러한 안정기를 지나 약 5년을 기점으로 30~50%의 환자에게 도파민 장기치료 부작용이 발생하기도 한다. 파킨슨병 환자가 대부분 약물을 복용하기 때문에 연구나 임상에서 약효 개시시간(on time)과 약효 종료시간(off time)에 대한 이해가 필요하고, 증상의 관찰이 되는 경우 약물 복용 후인지 종료 시점 이후인지를 확인하는 것이 중요하다(이재정, 2019).

3. 외상성 뇌손상

1) 정의

외상성 뇌손상은 외부의 물리적 충격에 의한 뇌세포의 손상으로 인하여 발생하는 일시적 혹은 영구적인 인지 · 운동 · 언어 기능의 손상을 지칭한다

(Goverover et al., 2017). 뇌손상 진단은 의식 소실(Loss of Consciousness: LOC), 외상후 기억상실(Post-Traumatic Amnesia: PTA) 등의 징후나 골절 혹은 뇌세포손상의 뇌영상 자료를 근거로 이루어진다(Kashluba et al., 2008). 뇌영역의 손상 부위에 따라 뇌손상 환자는 인지, 운동, 언어, 정서 등 다양한 영역에서의 어려움을 호소하며, 이로 인해 대인관계나 일상생활에서 심각한 문제를 겪는 경우가 빈번하다(Faul et al., 2010). 국내의 경우 0~4세의 소아군과 45~54세의 성인군에서 높게 나타나며, 가장 흔한 발생 원인으로는 모든 연령대에서 추락과 낙상이 보고되었다(이상헌, 2020).

2) 외상성 뇌손상의 병리 및 증상

외상성 뇌손상으로 인한 손상은 골절 상태에 따라 개방성 뇌손상(open brain injury)과 폐쇄성 뇌손상(closed brain injury)으로 구분되며, 손상 범위에 따라서는 국소적 뇌손상(focal brain injury)과 미만성 뇌손상(diffuse brain injury)으로 구분된다. 외부에서 가해지는 물리적 충격 혹은 가속과 감속에 따른 신경조직의 급작스러운 움직임은 뇌신경세포에 비가역적 손상을 일으킨다. 이러한 손상은 뇌의 표면에서 시작하여 백질의 미만성 손상으로 이어지고, 물리적 힘의 크기와 비례하여 뇌의 중앙부 및 심부로 확산된다.

시간이 경과됨에 따라 허혈, 부종 등의 이차적 손상이 초래되며 손상영역이 넓어진다. 허혈은 염증반응을 동반하는 경우 신경괴사를 일으키며 뇌세포를 괴사상태에 이르게 한다. 부종은 두개골 내의 압력을 증가시킴으로써 뇌간 조직의 탈출(뇌탈출, brain herniation)을 야기하고, 사망에 이르는 직접적 원인을 제공할 수 있다.

국소적 뇌손상은 주로 총상이나 자상 등 관통성 손상의 결과인 데 반해, 미만성 뇌손상은 뇌의 광범위한 부위에서 손상이 발생한다. 폐쇄성 뇌손상에 포함되는 미만성 뇌손상은 충격이 가해진 곳에 손상이 발생하는 타격 손상(coup injury)과 충격의 반작용에 의해 반대편 뇌 부위에 손상이 발생하는 반충 손상(contre coup injury)로 구분되며, 뇌진탕(concussion)과 미만성 축삭 손상(diffuse axonal injury)을 포함한다.

대부분의 외상성 뇌손상 환자는 미만성 뇌손상의 범주에 포함되는데, 과격한 운동경기 중에 발생할 수 있는 뇌진탕은 뇌에 전달되는 가속–감속에 의한 뇌손상으로 두통, 구토, 어지러움, 균형 저하 등의 증상을 초래한다. 미만성 축삭 뇌손상은 대뇌백질(cerebral white matter)의 시상 주변, 교량, 교뇌 및 중뇌의 연결부, 소뇌의 연결부에서 발생하는 신경 돌기 속 신경섬유의 손상으로 인한 것이다. 미만성 축삭 뇌손상은 외상성 뇌손상 환자의 40~50%를 차지하며, 발병 초기에는 조직학적으로 미세하기 때문에 쉽게 발견되지 않는다. 하지만 시간의 진행에 따라 주변의 시상하부, 뇌하수체에 영향을 미침으로써 자율신경계, 호르몬 분비, 체온조절 기능 등에 이상증세를 초래하거나, 주의력, 기억력, 실행기능을 저하시키는 등 전반적 인지기능의 장애를 초래한다(한태륜 외, 2014).

3) 외상성 뇌손상 환자의 분류

외상성 뇌손상은 의식소실, 외상 후 기억상실, 방사선검사의 이상 소견에 따라 경도, 중증도, 중증 뇌손상으로 분류된다. 경도 뇌손상은 가장 빈번하게 관찰되는 뇌손상으로 뇌진탕 증후군이라고 불리기도 한다. 진단기준은 20분 미만의 의식소실, 뇌손상 후 글래스고 혼수척도(Glasgow Coma Scale) 점수 13점 이상, 국소적 신경학적 증상이 없고 뇌 단층촬영(CT)상 이상 소견이 관찰되지 않은 것이며, 대부분의 경우 48시간 이내에 퇴원한다. 경도 뇌손상의 경우 집중력 저하, 기억상실, 피로, 자극에 대한 과민성, 두통, 감각 손실 등의 신체 증상을 수반할 수 있다. 중증도 뇌손상의 진단기준은 1~24시간 이내의 의식소실, 글래스고 혼수척도 점수 9~12점이다. 중증 뇌손상은 글라스고 혼수척도 점수 8점 이하의 환자를 말하며, 대부분 반사기능과 지각기능이 상실된 혼수상태를 경험한다. 중증 뇌손상 환자의 경우 24시간 이상 7일 미만의 의식 소실 기간을 가지며, 전체 외상성 뇌손상 환자의 10%를 차지한다(김진호, 한태륜, 2004).

4. 뇌성마비

1) 정의

뇌성마비는 미성숙한 뇌의 비진행성 병변 및 손상으로 인해 생긴 운동기능 발달의 장애를 가리킨다. 뇌성마비로 인한 움직임 및 자세의 장애는 일상생활의 활동 수행에 제한을 가져오고, 뇌전증(epilepsy)이나 2차 근골격계 이상으로 인해 감각, 지각, 인지, 의사소통 및 행동에 장애를 동반하기도 한다(Rosenbaum & Stewart, 2004; Rosenbaum et al., 2006). 뇌성마비의 원인으로는 출산 전, 출산 시, 출산 후 요인 등으로 나누어 살펴볼 수 있다. 조산아나 2,500g 미만의 저체중아와 뇌성마비 발병률 사이의 연관성이 높은 것으로 보고되지만, 여러 요인이 복합적으로 작용하는 경우가 많아 뇌성마비 유아의 발병 원인을 특정한 한 가지로 규명하기는 어렵다. 뇌성마비의 70~80% 정도가 출산 전 요인으로 발병하는 경우가 많고, 그 요인으로는 선천성 뇌기형, 모체 감염, 태반박리, 자궁 내 태아 뇌출혈 등이 포함된다. 출산 시 저산소성 허혈성 뇌증(hypoxic ischemic encephalopathy), 핵황달, 뇌출혈, 감염 역시 뇌성마비의 발병 원인으로 작용하고, 출산 후 요인으로는 뇌염과 뇌막염 등의 감염, 두부손상 등의 외상으로 인한 뇌손상, 뇌혈관 장애 등이 포함된다(Patel et al., 2020; Rosenbaum et al., 2006; Sadowska et al., 2020).

2) 뇌성마비의 증상

뇌성마비의 가장 두드러진 증상은 비정상적인 근긴장도와 경직, 불수의적 움직임 등 움직임을 통제하는 데 있어 어려움을 겪는다. 이환된 측의 사지가 뻣뻣해지거나 경련이 나타나며, 팔의 외전이나 주먹을 쥔 상태의 지속 및 뒤틀린 자세 역시 자주 관찰된다. 보행 시 발목이 회전하거나 양발이 교차해 걷는 가위걸음이 나타나기도 하고, 발뒤꿈치를 들고 발끝으로 걷는 첨족 등이 특징적으로 나타나기도 한다. 뇌성마비는 부동화 또는 고정(immobilization), 부적절한 구강 섭취(또는 경구섭취: oral intake), 지연된 장내 통과(prolonged colonic transit) 등으로 인해 소화 장애를 유발하기도 하는데, 이로 인해 구토나 변비, 장폐색(bowel obstruction) 등이 나타난다. 사시(strabismus)나 반맹(hemianopia) 등의 시각 및 청각 이상이 나타나며, 현저하게 감소한 골밀도로 인해 골감소증(osteopenia), 골다공증(osteoporosis), 골절(fracture), 척추측만증(scoliosis), 통증 등이 유발되는 경우도 많다. 또한 많은 뇌성마비 아동 및 성인이 인지장애를 보이기도 한다(Sewell et al., 2014).

3) 뇌성마비의 분류 및 재활 수준

뇌성마비는 장애 정도, 해부학적 마비 부위, 운동 형태 등에 따라 분류된다([그림 3-3]). 장애 정도에 따른 분류는 일상생활에서 동작 수행 시의 독립성을 기준으로 하고, 그 기능 정도에 따라 경증, 중등도, 중증으로 나뉜다. 경증의 뇌성마비는 기능적으로 독립적인 수준으로, 독립적 보행이 가능하고 소동작 수행이 원활한 상태이다. 중등도는 보조적인 도움이 필요한 수준으로 네

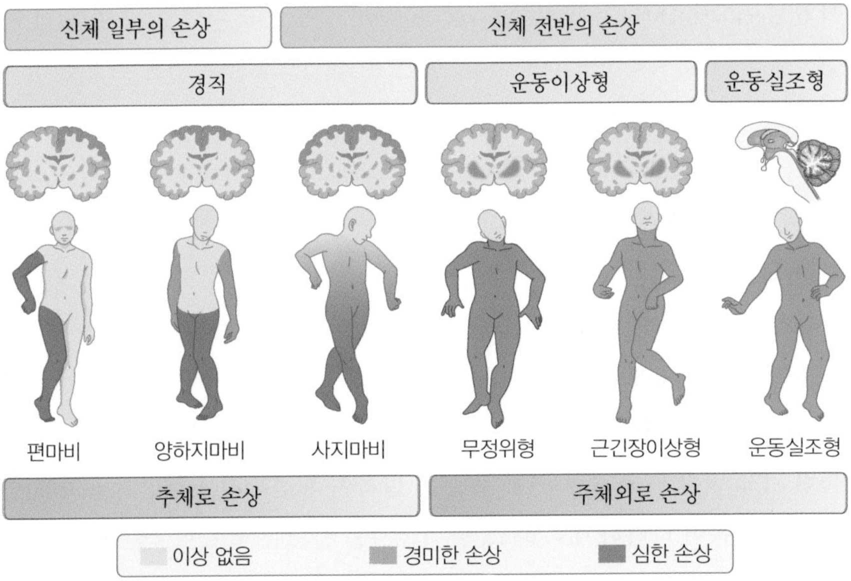

[그림 3-3] 뇌성마비의 분류

출처: Padmaker et al. (2018). 내 Figure 1

발 기기가 가능하고 보조 기기를 사용하여 보행이 가능하다. 소동작 수행 시 그 기능에 한계가 있다. 중증 뇌성마비는 완전한 도움이 필요한 수준으로 보행이 어렵고, 자발적 소동작 수행이 불가능하다. 또한 언어나 인지 영역에서의 심각한 손상 역시 동반된 상태이다(Patel et al., 2020).

뇌성마비는 해부학적으로 그 기능이 저하되거나 마비된 부위에 따라 단마비(Monoplegia), 양지마비(Diplegia), 편마비(Hemiplegia), 삼지마비(Triplegia), 사지마비(Quadriplegia)로 분류된다.

단마비는 신체의 어느 한쪽 사지에만 국한된 마비로, 매우 드물게 나타난다. 주로 뇌막염으로 인해 발병하지만, 단마비로 진단된 환자는 사실상 편마비를 보이는 경우도 많다. 양지마비는 양쪽 상지 또는 양쪽 하지에 대칭적으로 마비가 나타나는 경우를 지칭한다. 상지의 침범은 경미한 편으로 주로 팔보다는 다리 쪽에 마비가 오는 경우가 많다. 이는 가장 흔하게 나타나는 마비로 인지기능의 손상도 적은 편이고 4세까지 보행 발달이 지연적이더라도 궁극적으로는 보행이 가능한 경우가 많다. 편마비는 동측의 상, 하지에 마비가 나타난 것으로 감각이상이 함께 동반되기도 한다. 삼지마비는 양쪽 다리와 한쪽 팔에 마비가 나타난 것으로 매우 드물다. 사지마비는 신경학적 침범이 양쪽 상지와 하지 모두에 일어난 경우로, 목과 머리를 조절하거나 체간의 안정성을 유지하는 데 어려움이 있는 경우가 많다. 심각한 인지손상이 동반된 경우에는 적절한 개입이 어렵다.

운동 형태에 따라서는 경직형(Spastic), 운동이상형(Dyskinetic), 운동실조형(Ataxic), 이완형(Hypotonic), 혼합형(Mixed) 뇌성마비로 분류된다(Surveillance of Cerebral Palsy in Europe: SCPE, 2000). 경직형 뇌성마비의 경우 필수적으로 지속된다고는 볼 수 없지만 근긴장도의 증가가 특징적이다. 근육의 불수의적인 긴장으로 인해 사지가 뻣뻣해지거나 자극에 대해 불수의적인 경련이 일어난다. 관절의 가동범위 역시 제한적이고, 수의적 운동 시 자세에 이상이 발생하거나 다른 신체 부위의 움직임이 함께 나타나기도 한다. 운동이상형에서는 불수의적인 운동이 나타나는 것이 특징적이다. 운동 수행 시 팔다리가 불규칙하게 움직이거나 안면이 뒤틀리는 등 통제되지 않은 움직임이 반복적으로 나타난다. 운동이상형 뇌성마비는 근긴장이상형(dystonic)이나 무정위형(choreo-athetotic or choreo-athetoids)의 특징을 보인다. 근긴장이상형은 움직임이 거의 없고, 긴장된 운동 형태를 보이는 저긴장성(hypokinesia)이나 근긴장도가 증가해 있는 과긴장성(hypertonia)으로 나타난다. 무정위형은 운동과잉(hyperkinesia)과 운동저하(hypotonia)로 나뉠 수 있다. 근긴장이상형은 체간이나 고정된 혹은 뒤틀린 자세에서 보이는 반면, 무정위형은 주로 팔, 다리, 손에서 나타난다. 운동실조형의 경우 조화로운 운동조절력이 상실되어 움직임 수행 시 힘과 리듬, 정확도에 있어 이상 패턴이 나타나 균형이나 협응에 어려움을 보인다. 혼합형은 한 개 이상의 운동 형태가 나타나는 것으로, 주로 경직형과 운동이상형이 함께 나타나는 경우가 많다(Gorter et al., 2004).

〈표 3-1〉 6~12세의 아동을 위한 대동작 기능 분류 체계(GMFCS)

수준	기준
1단계	실내, 실외에서 제한 없이 걸을 수 있고, 계단 오르기도 가능하다. 달리기와 뛰기 등의 대동작 운동 과제를 수행할 수 있지만 속도나 균형, 협응 등에 있어 장애가 있다.
2단계	실내, 실외에서 독립적 보행이 가능하다. 난간을 잡고 계단 오르기가 가능하지만, 평평하지 않은 곳이나 경사진 곳, 사람이 많은 곳이나 협소한 곳을 걸을 때는 장애가 있다.
3단계	실내나 실외의 평평한 곳은 보행보조기구를 사용해 걸을 수 있다. 난간을 잡고 계단 오르기가 가능할 수도 있다. 수동으로 휠체어를 움직일 수 있으나, 장거리를 움직이거나 평평하지 않은 실외에서 움직일 때는 다른 사람이 옮겨 주어야 한다.
4단계	짧은 거리를 걷기도 하거나 집, 학교, 지역사회 내에서는 바퀴가 있는 이동수단을 이용한다. 전동휠체어를 사용하면 스스로 이동이 가능하다.
5단계	신체적 제한으로 인해 자발적으로 움직임을 통제하는 데 한계가 있다. 목과 머리를 수직으로 세워 가누거나 자세를 유지, 조절하는 데 어려움이 있다. 모든 영역의 운동기능이 제한적이다. 독립적으로 이동하기가 어렵고, 다른 사람이 옮겨 주어야만 이동이 가능하다.

최근 뇌성마비 아동의 기능상태에 대한 대동작 기능 분류 체계(Gross Motor Function Classification System: GMFCS)가 발표되어 유용하게 사용되고 있으나(Howard et al., 2005), 뇌성마비의 진단적 특성상 모든 뇌성마비 대상군에게 명확하게 적용되지 않을 수 있다는 한계점이 있음을 염두에 두어야 할 것이다. 예를 들어, 팔다리 전체가 침범 부위이지만 그 정도가 사지에 따라 달라, 편마비나 사지마비 등으로 확실하게 분류하기가 어렵다거나 운동 형태에 있어서도 여러 형태가 혼합적으로 나타나는 경우가 많아 기존의 분류 체계 안에서 특정한 한 가지 타입에 적용하기가 쉽지는 않다.

GMFCS는 앉기, 서기, 걷기 동안 자발적으로 시도할 수 있는 움직임과 제한점 등에 기초해 그 기능 수행 정도를 5개(2세 미만, 2~4세, 4~6세, 6~12세, 12~18세)의 구간으로 나누었다(Palisano et al., 2007, 〈표 3-1〉). 현재는 기능 수준을 평가할 뿐만 아니라 전반적인 발달 수준에 대한 예후를 보여 주는 도구로서 그 적용 가능성과 가치가 지속적으로 확인되고 있다(Mokhy et al., 2021).

5. 척수손상

척수손상은 앞의 뇌신경질환과는 구분된다. 뇌졸중, 뇌성마비 등과는 달리 뇌의 기능은 정상이고 뇌에서 팔다리를 관장하는 신경다발인 척수의 손상에 의해 장애가 초래된 장애이다.

1) 정의

척수(spinal cord)는 척추 내에 위치하는 중추신경의 일부분으로, 뇌와 말초신경 사이에서 감각 및 운동 정보전달의 교량 역할을 수행한다. 척수손상은 외부에서 가해지는 물리적 충격으로 인한 신경학적 손상을 의미하며, 감각 및 자율신경기능뿐만 아니라 운동기능과 그에 따른 이차적인 기능의 손상을 초래한다(Ahuja et al., 2017). 손상된 척수는 재생이 불가능하여 신경전달기능이 제한되고, 이에 따라 척수손상 환자는 영구적이고 회복이 어려운 장애를 가지고 살아가게 된다. 척수손상의 주요 원인은 자동차와 오토바이 등의 교통사고이며, 추락 등으로 척수에 가해지는 직접적 충격, 스포츠 활동 등으로 발생하는 손상, 자상 및 총상, 질병 및 감염, 선천성 결손으로 인한 척수병변 등도 그 원인에 포함된다.

※ 척수와 척추

척수는 중추신경계의 일부로 척추 안쪽에 있는 신경을 뜻한다. 한편, 척수는 척수를 지지해 주는 뼈를 의미한다. 척추는 33개의 척추 뼈로 이루어져 있다.

2) 척수손상의 해부와 병리

척수손상으로 인한 감각 및 자율신경, 운동기능의 장애는 손상 부위 및 정도에 따라 다양하다. 척수가 지나가는 통로인 척추(vertebral column)는 7개의 경추(목뼈, cervical vertebra), 12개의 흉추(등뼈, thoracic vertebra), 5개의 요추(허리뼈, lumbar vertebra), 5개의 천추(엉치뼈, sacral vertebra), 4개의 미추(꼬리뼈, coccygeal vertebra)로 구성되어 있다(Harvey & Graves, 2011; McDonald & Sadowsky, 2002). 다음의 그림은 척추뼈와 그 사이를 지나가고 있는 척수를 도식화한 것이다([그림 3-4] 참조).

척수손상의 55% 이상이 경수에서 발생한다. 가장 빈번한 척수손상 부위는 C5이며, C4, C6, T12순으로 발생한다. 경수 부위의 손상은 사지에 모두 영향을 주기 때문에 사지마비(tetraplegia)를 유발하며, 흉수, 요수, 천수 부위의 척수손상은 하지기능의 장애를 유발한다. 일반적으로 척수손상으로 인하여 척수의 절단은 발생하지 않으나, 부종, 염증, 혈액 척수벽(blood-spinal cord barrier) 등의 변화로 인한 이차적 혈관성 변화와 병리적 변화에 의해서 신경학적 손상이 발생한다.

또한 척수의 손상으로 인하여 척수를 구상하고 있는 회색질(gray matter)과 백질(white matter), 상행로와 하행로, 전척수 동맥과 후척수 동맥도 손상을

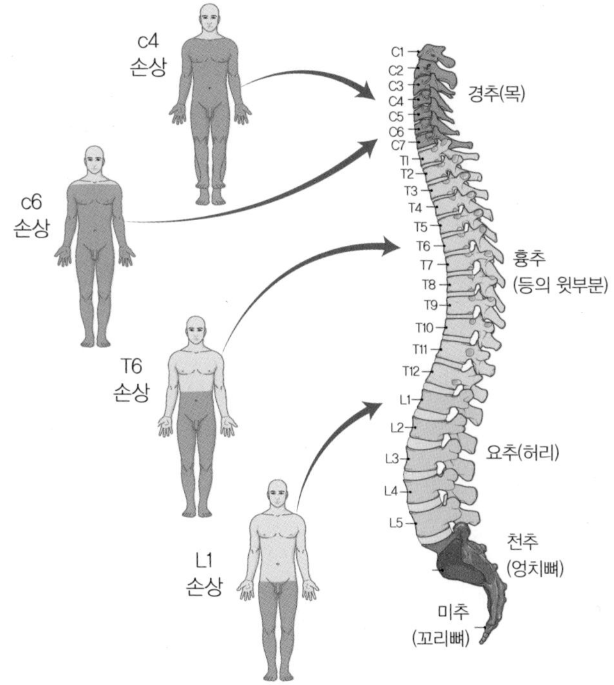

구분	특성
경추 신경손상	• 가장 심각한 척수손상 • 팔, 손, 몸통, 다리 등의 마비 • 식사, 옷 입기 등 일상 전반에 대한 보조장비 혹은 활동보조인 필요
흉추 신경손상	• 상체는 정상적으로 움직일 수 있으나 몸통 또는 다리의 마비 • 몸통의 균형을 유지할 수 있음 • 일상생활 동작을 독립적으로 수행 가능 • 운전 등의 수동 조작이 가능함 • 운동 목적의 보행 가능함
요추 신경손상	• 일반적으로 엉덩이와 다리의 일부 기능 상실 • 다리의 힘에 따라 휠체어 또는 버팀대를 통해 이동할 수 있음
천추 신경손상	• 일반적으로 엉덩이 또는 다리의 기능 상실 • 단족 보조기만으로도 보행이 가능 • 실내뿐 아니라 실외 독립적 보행 가능

[그림 3-4] 척수손상 위치에 따른 마비 부위와 특성

입게 된다. 회색질은 감각신경세포와 시냅스, 절전 교감 및 부교감 신경세포, 운동신경세포로 구성되어 있고, 백질은 운동감각과 식별촉각을 전달하는 신경세포로 구성되어 있다. 이 중에서도 특히 백질의 후섬유단 손상으로 운동감각을 잃게 되면, 운동기능이 무뎌지고 협응 능력이 떨어지는 감각성 실조(sensory ataxia)가 나타난다(Harvey & Graves, 2011).

척수를 통과하고 있는 상행로와 하행로는 후척수 소뇌로(posterior spinocerebellar tract), 외측 척수시상로(lateral spinothalamic tract), 전 척수시상로(anterior spinothalamic tract)의 상행로와 피질척수로(corticospinal tract), 적색척수로(rubrospinal tract), 외측/내측 전정척수로(lateral/medial vestibulospinal tract), 망상체 척수로(reticulospinal tract)의 하행로를 포함하고 있다(제2장 참조). 상행로는 근육, 인대, 관절의 수용기로 받아들여진 식별 및 비식별 통증, 온도 등의 다양한 감각정보를 상부 뇌구조물로 전달한다. 하행로는 대뇌의 1차 운동피질, 전운동피질, 1차 감각피질과 두정피질(피질척수로), 중뇌의 적핵(적색척수로), 뇌교와 연수의 망상체(망상체 척수로) 등으로부터 운동실행에 관한 다양한 정보를 받아 말초신경계로 전달하며, 전달하는 과정에서 수의운동, 반사운동, 근긴장도, 호흡-순환계를 조절하는 역할을 수행한다. 따라서 척수손상으로 인한 상행로 및 하행로의 손상은 수용된 감각 및 운동기능을 상위신경계로 전달하는 기능과 감각통합 및 운동실행에 관한 정보를 하위신경계 및 운동실행 기관으로 전달하는 기능 모두에 심각한 장애를 초래한다(박창일, 문재호, 2012).

3) 척수손상의 재활

국내에서는 척수손상의 분류를 위하여 미국 척수손상협회(American Spinal Injury Association: ASIA)가 제정한 '척수손상 환자의 신경학적 및 기능적 분류를 위한 국제규격(Standards for neurological classification of spinal cord injury)'을 따르고 있으며, 잔존 감각기능(sensory)과 운동기능(motor)에 대한 신경학적 평가를 실시하고 있다. 감각검사는 신체 부위 중 척수손상의 지표가 되는 부위(예: 얼굴, 손가락, 발가락 등)에 예리한 자극과 보다 부드러운 자극을 사용하여 3점 척도(예: 0-구분 불가, 1-구분 가능하나 얼굴에 비하여 감각이 떨어짐, 2-구분 가능하고 얼굴과 감각 정도가 동일함)로 감각을 지각하는 정도를 검사한다.

척수손상이 발생하고 최초 24시간 이내 치료가 매우 중요하며, 급성기, 급성기 이후, 건강관리 유지 총 3단계로 재활 단계를 구분한다. 급성기에는 초기 대응의 유무에 따라 향후 신체기능 수준과 자립생활의 가능성이 크게 달라질 수 있으며, 급성기 이후 의료적 관리에서는 기능회복을 극대화시켜서 개인의 자립생활을 유도하고 교육이나 직장으로 돌아가도록 돕는다. 이때, 재활과 보조기기에 대한 접근성이 중요하다. 건강관리 유지 단계에서는 감염, 욕창 등과 같은 합병증을 예방하고 극복하는 데 초점을 맞추고 건강한 일상생활 유지를 목표로 한다(한국장애인개발원, 2017).

2 기능영역별 주요 증상의 이해

1. 운동기능장애

1) 상지기능장애의 주요 증상

척수손상이나 뇌졸중으로 인해 야기되는 상지기능장애에는 마비(paralysis), 경직(spasticity), 이완(flaccidity), 진전(tremor), 관절운동범위(Range of Motion: ROM) 제한 등이 있다. 상지기능은 일상생활 동작에 반드시 필요할 뿐 아니라 균형 유지를 위해서도 사용되고 있으므로, 상지기능을 상실하면 과제 수행과 자세조절에 많은 영향을 준다.

(1) 경직(spasticity)

경직의 정의는 지속적으로 변경되고 있는데 최근에는 "경직, 강직, 근긴장 이상, 경련 혹은 이러한 문제가 함께 나타나는 과활성화된 불수의적 근육상태"라고 정의되었다(Dressler et al., 2018). 중추신경이 손상되면, 근육반사가 항진되고 근육의 긴장도가 증가하여 관절운동범위가 감소할 뿐 아니라, 수의적 운동기능을 상실할 수 있다. 이러한 기능장애를 경직이라 하는데 경직을 치료하지 않고 방치하면 관절의 변형을 가져올 수 있다. 경직은 환자마다 다양한 증상으로 나타나며, 조화운동이나 섬세한 운동을 수행하지 못하여 일상생활 동작에 기능적 장애를 초래한다. 일반적으로 경직은 애쉬워드 경직 척도(Modified Ashworth Scale: MAS)를 통해 평가되며, 물리치료나 약물요법, 수술을 통한 다양한 치료방법이 적용되고 있다(박창일 외, 2012).

(2) 이완(flaccidity)

중추신경계의 시스템과 경로의 기능이 약해지면 신경활동의 감소나 변화로 인해 근력 약화가 나타나며, 이 상태를 이완(flaccidity)이라 한다. 이렇게 이완으로 인해 활동이 감소되면, 결국 근육이 위축될 뿐 아니라 근섬유 구성비에도 변화가 나타나게 된다(Pantano et al., 1995).

(3) 진전(tremor)

파킨슨병에서 주로 관찰되는 진전(tremor)은 아무 일도 하지 않고 가만히 있는 휴지기(resting)에 나타나는 반복적인 불수의적 떨림(involuntary oscillations) 현상을 말한다(Findley & Capildeo, 1984). 상지의 경우 손가락, 손목, 팔 등에서 발생하며, 초당 약 4~7비트로 규칙적인 리듬과 함께 미세하고 지속적으로 나타난다. 환자가 특정 목적을 갖고 움직일 때에는 대부분 감소하지만, 일상생활 동작에 다소 방해가 되기도 한다(Armstrong, & Okun, 2020).

2) 보행장애(Pathologic gait)

(1) 보행주기

보행은 한 지점에서 다른 지점으로 몸을 이동시키는 것으로, 이 과정에서

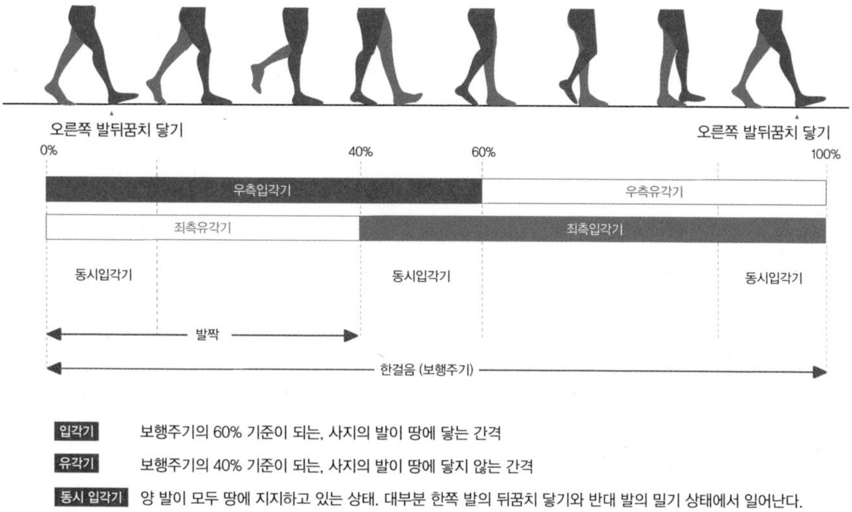

[그림 3-5] 보행주기는 입각기(60%)와 유각기(40%)로 구성되는데 이 그림은 보행 시작 시 처음 내딛은 발이 반대쪽 발의 움직임 이후 다시 내딛을 때까지의 하나의 연속적인 움직임을 분석한 것을 보여 준다.

체중을 한쪽 다리에서 다른 쪽 다리로 옮기는 자연스러운 움직임 과정이다. 보행에는 다양한 관절과 근육이 역할을 하는데, 하나의 보행주기를 통해 입각기와 유각기로 구분하였다. 발이 지면에 닿으면서 체중이 실리는 순간부터 유각기에서 하지가 지면에서 떨어져 전방으로 이동하고, 이때 체중이 반대편 하지에 부하된다. 입각기는 보행기의 약 60%를 차지하고, 유각기는 40%를 차지한다(이두형 외, 2004).

(2) 흔히 관찰되는 병적 보행

신경학적 질환을 가진 환자들은 근력 약화, 경직, 관절 구축 등의 문제점으로 인해 병적 보행 양상을 보인다. 가장 대표적인 병적 보행은 통증으로 인해 불편한 다리의 입각기가 줄어드는 진통성(antalgic) 보행이다. 유각기 시 한쪽 다리를 충분히 들어올리지 못해서 발을 끌게 되는 발끌림 보행(Foot drop gait)이 일어나고, 이를 보상하기 위한 고관절과 슬관절의 굴곡이 많이 일어난다.

트렌델렌버그 보행(Trendelenburg gait)으로 더 많이 알려진 체간 측방 굴곡(lateral trunk bending)은 입각기 동안 체간을 지지하고 있는 쪽의 다리로 몸통을 기울임으로써 뒤뚱거리는 동요성 보행(waddling gait)을 말하는데, 주로 고관절 통증이 있거나 외전근이 약화되었을 때 나타난다.

해부학적인 다리 길이의 차이는 없지만, 기능적으로 다리 길이의 차이를 보일 때에도 병적 보행을 일으킨다. 이는 특정 보행주기에 다리 길이가 적절히 조절되지 않아서 그 보상작용으로 네 가지의 병적 보행패턴이 나타나는 것인데, 입각기에 회전 보행(circumduction), 고관절 들림(hip hiking), 족하지 보행(steppage gait, foot drop)을 하거나, 유각기에 뒤꿈치 들기(vaulting)를 하는 경우를 말한다.

또한 입각기에 슬관절이 완전신전되거나 과신전되는 경우, 그리고 보행주기 동안 두 번 신전되어야 할 슬관절이 적어도 한 번 이상 신전되지 않는 경우에도 보행에 이상이 생기며, 발이 급격히 떨어지거나(foot slap), 발가락이 끌리는(toe drag) 등 족관절의 배굴 조절 이상으로 인해서도 병적 보행패턴이 발생한다. 이 밖에 진통성 보행(antalgic gait)처럼 두 다리 간의 보행 시각이 서로 달라서 생기는 비대칭적 리듬 이상(asymmetric rhythmic disturbance)

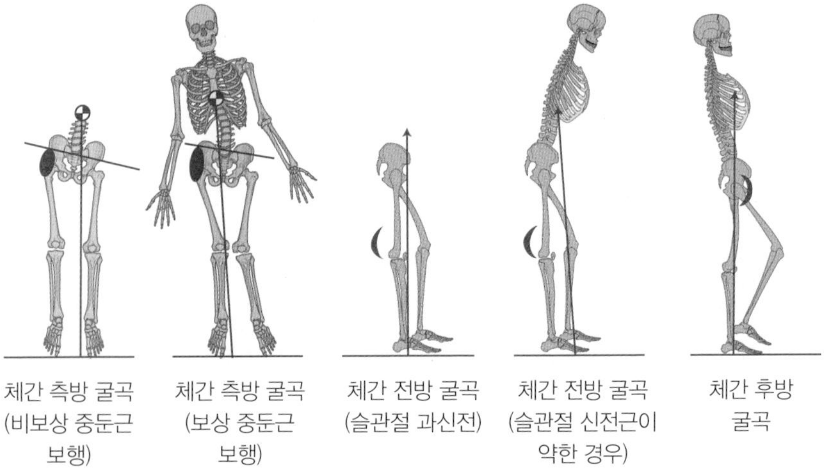

[그림 3-6] 병적 보행의 다양한 양상

이나, 신경학적 문제에 기인한 보폭(stride) 차이로 인해 발생되는 불규칙적인 리듬 이상(irregular rhythmic disturbance), 그리고 가위 걸음(scissoring gait) 등으로 인해 보행 기저가 비정상적인 범위에 있는 경우에도 병적 보행이 관찰된다(고영진, 강세윤, 2016; Perry, 1993).

(3) 병적 보행의 종류

① 뻗정다리 보행

뻗정다리 보행(Spastic gait, Paretic stiff-legged gait)은 유각기 및 입각기 동안 최대 슬관절 굴곡이 감소되어 발이 지면에서 떨어지는 것을 방해하는 병적 보행이다. 이러한 뻗정다리 보행은 고관절 회전 및 들림, 건측 하지의 뒤꿈치 들기와 같은 보상작용을 유발하며(고영진, 강세윤, 2016), 이로 인해 충격 흡수가 제한되어 결국 슬관절의 골관절염까지 유발할 수 있다(Lage et al., 1995). 편측 또는 양측으로 나타나고, 상지 움직임이 감소되며, 종종 가위 보행(scissoring of the legs)이나 까치발 보행(첨족 보행, toe-walking) 양상을 보일 뿐 아니라, 불안정한 보행 형태를 보이며, 경직이 심한 쪽으로 넘어지기도 한다. 이 외에도 발목 주변의 근력 약화로 나타나는 계상 보행(steppage), 보행

[그림 3-7] 다양한 병적 보행 모습

시 상체가 구부러지고 무게중심이 발보다 앞에 있어 보행속도가 점점 빨라지는 점진성 보행(propulsive), 양쪽 엉덩이 관절의 근육이 약화되어 무게중심 유지가 어려워 나타나는 오리걸음(waddling)이 있다.

이러한 병적 보행은 일반적으로 대뇌피질(cortical) 및 피질하영역(subcortical), 또는 뇌간(brainstem) 부위의 경색으로 인해 상위 운동 신경로(Upper motor neuron pathway)에 손상이 생겼을 때 나타나며, 뇌성마비(cerebral palsy)나 퇴행성 질환(degenerative conditions), 다발성 경화증(multiple sclerosis) 및 척수 변성(spinal cord lesions) 환자의 보행 시에도 흔히 관찰된다(Kerrigan et al., 1991, [그림 3-7]).

② 실조성 보행

실조성 보행(ataxic gait)은 운동실조증(ataxia)이 있는 경우 나타나는 병적 보행으로, 여러 가지의 소뇌성 질환과 척수질환, 알코올 중독 등에 의한 말초신경염이나 전두엽장애 등에서 나타난다. 일반적으로 소뇌는 운동의 시작과 시간 조절에 관여하며, 운동 거리 및 강도를 조절한다. 또한 균형과 평형, 근긴장도 조절을 담당하고 있으므로, 뇌졸중으로 인해 소뇌에 손상이 생기면 균형장애(imbalance)나 협동/협응장애(incoordination)와 더불어 운동실조증이 나타난다. 운동실조증은 근력에 이상이 없는데도 불구하고 근육의 협조가 잘 이루어지지 않아 복잡한 운동을 질서 있게 할 수 없는 상태를 지칭하며, 몸통, 팔다리, 머리 등에서 발견되는데 이것이 보행장애로 이어지면 보폭이 매우 넓으며 고르지 않고 불안정하게 몸이 흔들리는 실조성 보행이 발생한다. 일직선상에서 걷지 못하고 병변이 있는 쪽으로 치우치며, 다리를 벌리고 걸을 뿐 아니라 좌우로 몸이 비틀거리는 증상을 보인다(Stolze et al., 2002).

③ 파킨슨 보행

파킨슨병으로 인한 병적 보행(Pakinsonian gait)은 가속 보행(festinating gait)이라고도 부른다(채정병, 조현래, 2009). 전형적인 파킨슨병 환자들은 머리가 앞으로 쏠린 듯한 불안정한 자세를 보이며 짧은 보폭(short shuffling gait)으로 발을 질질 끌면서 허리를 구부리고 걷는데, 일단 보행을 시작하면 방향을 바꾸고 장애물을 피하거나 정지하는 것을 힘들어하며 점점 빨리 걷는 경우가 많다. 또한 보행 중에는 상지의 움직임이나 몸통 회전, 골반의 움직임이 감소되거나 사라지며, 이중과제를 수행하는 것에 어려움을 보이고 갑자기 멈추는(freezing) 증상을 보이기도 한다(고영진, 강세윤, 2016). 동결 보행(freezing gait)이라고 불리는 멈추는 증상은 주로 움직이려고 할 때나 혹은 움직이는 중간에 갑작스럽게 몸이 움직여지지 않는 현상을 의미한다. 초기 파킨슨병 환자에게서는 잘 나타나지 않으나 진행성 파킨슨병 환자나 다른 파킨슨 증후군 환자에게서 나타나며, 이 경우 시각이나 청각자극이 주어지면 다시 움직임이 개시된다.

3) 실행증

실행증(apraxia)은 말초신경계의 운동 및 감각 손상이나 마비가 없고 동기의 결핍이 없음에도 불구하고 목적이 있는 움직임을 수행하지 못하는 장애이다(Zadikoff & Lang, 2005). 각기 다른 신체 부위와 기능 등에 따라 다양한 현상이 나타나는데 언어적 · 시각적 지시에 따라 정확한 동작을 수행하기 어려우며, 도구 사용과 관련한 움직임에 문제가 생겨 일상생활에 어려움이 발생한다(남희윤, 최은희, 2009; 신수정, 2016).

실행증 환자들은 과제 수행 속도가 불규칙하고, 협응이 잘 이루어지지 않으며, 몸의 일부를 물건처럼 사용하기도 한다. 실행증의 형태는 Liepman에 의해 세 가지 형태로 설명되는데(Park, 2017), 관념실행증(ideational apraxia)은 움직임 개념형성의 어려움을 보이며, 환자가 목표를 달성하기 위해 의도된 행동을 수행하는 것에 어려움이 관찰된다. 관념운동실행증(ideomotor apraxia)은 운동에 대한 개념은 그대로 유지되지만, 이러한 정보를 전두엽에서 정확하게 지도화하지 못한다. 따라서 관념실행증은 개념적 운동 시스템의 장애이며, 움직임 생산 절차의 장애로 인한 증상이다. 또한 개념실행증

(conceptual apraxia)는 도구와 물체를 부적절하게 사용하거나 도구의 지식을 잊어버리는 어려움이 나타난다(Vanbellingen & Bohlhalter, 2011).

이 외에도 착의실행증(dressing apraxia)은 일반적으로 우반구손상 후 관찰되며, 혼자의 힘으로 옷을 입을 수 없는 증상을 말한다. 보행실행증(gait apraxia)은 보행의 시작이 어렵거나 혹은 보행을 하지 못하는 상태로 광범위한 양측 전두엽손상에 의해 발생한다(Zadikoff & Lang, 2005).

2. 언어기능장애

언어기능의 이해를 위해, 먼저 의사소통 맥락에서 말하는 화자와 말을 듣는 청자가 '말'이라는 내용을 전달하고 이해하는 연쇄적 관계를 이해하고자 한다. 인간의 발음기관을 통해 만들어지는 다양한 소리 중 언어학적으로 의미가 있는 소리인 말소리는 물리적으로 실재하는 음성(phone)과 추상적으로 인식되는 소리인 음운(phoneme)으로 구분된다. 화자(speaker)로서 언어를 산출하고 청자(listener)로서 언어를 인식하는 언어연쇄 과정을 통해 말소리를 보다 세부적으로 이해할 수 있다.

1) 언어의 생리학적 처리 과정

언어와 말의 문제를 이해하기 위해서는 청자와 화자의 대화 시 언어를 이해하고 산출하여 의사소통하는 과정에 대한 이해가 필요하다. 말산출의 발화부터 말 인식의 전반적인 과정을 하나의 연속적인 과정으로 표현한 언어연쇄는 언어적 단계, 생리적 단계, 음향적 단계, 생리적 단계를 거쳐 다시 언어적 단계로 이어진다.

언어적 단계에서는 상대방에게 어떤 말을 할 것인지 생각하여 구성하게 되는데, 이는 음운론의 주 관심대상이다. 발화의 기획 단계라고도 할 수 있는데 무슨 말을 할지를 생각하고 언어학적 지식을 사용하는 단계이다. 생리학적 단계는 음성학의 주요 관심대상 영역으로 뇌에서 기획된 발화가 적절하게

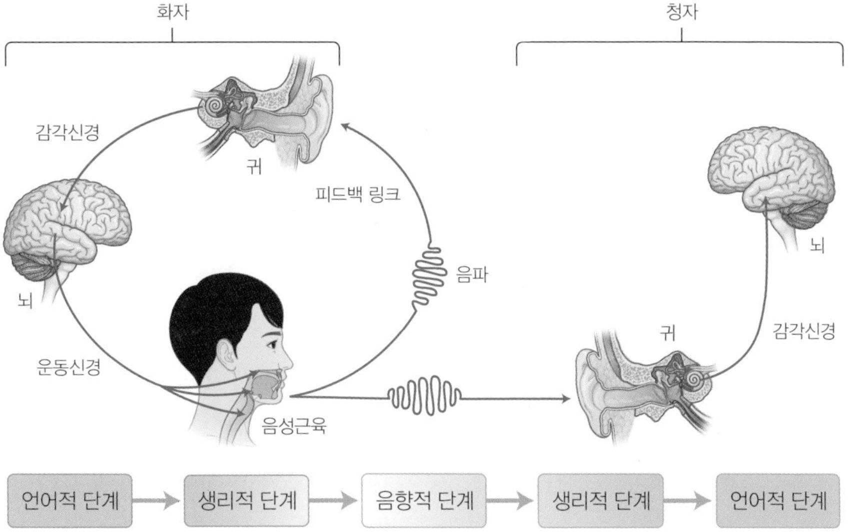

[그림 3-8] 언어연쇄 단계

산출될 수 있도록 신경체계를 통해 말소리를 산출하며, 말산출 관련 근육의 움직임을 지시한다. 음향적(물리적) 단계에서는 입 밖으로 나온 발화가 공기 입자의 진동을 만들고 이를 전파하여 청자의 귀로 전달하는 과정이다. 이 과정에서는 단순히 청자뿐만 아니라 말하는 화자에게도 자가 피드백이 전달되며, 발화 시 적절한 공기의 전달력이 필요하다. 생리적 단계에서는 공기 중에 전달된 음향신호를 귀에서 모으고 청신경을 통해 뇌로 전달한다. 이 단계에서 귀의 구조적 문제나 기질적 문제 등으로 전달된 정보가 제대로 뇌로 전달되지 않거나 제한이 발생할 경우, 의사소통의 어려움이 발생한다. 마지막으로 언어적 차원은 생리적 차원을 통해 전달된 청각 신호가 언어적 차원에서 의미를 해석하는 단계로, 자신의 언어적 지식을 바탕으로 해석하고 이해하는 단계이다.

연속적으로 발생하는 단계 중 어떤 과정의 문제인지에 따라 의사소통에 대한 접근이 달라질 수 있으며, 적절한 치료계획 및 음악 적용을 위해서는 반드시 필요한 이해 과정으로 볼 수 있다.

2) 신경언어장애

신경언어장애는 선천적 혹은 후천적인 원인으로 신경계가 손상되어 생기는 언어장애로 말산출과 문자, 언어까지 포함하여 문제가 나타난다(김향희, 2012). 신경언어장애는 크게 언어(language)장애와 말(speech)장애로 나뉜다. 언어장애는 언어학적 차원에서의 문제가 발생하는 장애로 말하기, 듣기, 읽기, 쓰기 등의 여러 가지 문제를 동반한다. 대표적으로 언어의 이해와 산출에 결함을 나타내는 실어증이 있다. 반면에 말장애는 말산출 체계의 이상으로 호흡, 조음 등 말을 산출하여 전달하는 데 어려움이 발생한다.

신경언어장애를 말산출 단계에 따라 구분해 보면 다음과 같다. 우선 말산출(speech production) 단계는 의사소통에 대한 의도가 형성되고 이에 따라 언어적으로 부호화 처리를 하며, 다음으로 말운동을 계획하고 조정한 뒤 운동실행 단계로 옮긴다(Kent & Tjaden, 1997). 이러한 단계에 따라 관여하는 신경학적 구조와 처리 과정이 구분되며, 이러한 단계에 문제가 발생할 경우 이에 상응하는 말언어장애가 발생한다.

말산출 과정에서의 주요 단계별 문제가 발생했을 때 이에 상응하는 장애는 다음과 같다. 개념형성은 인지정보처리 과정을 통해 대뇌 안에 있는 정보와의 상호연계를 통해 이루어지는데, 이 부분에 문제가 발생할 경우 인지장애가 나타나며 치매가 이에 해당된다. 개념형성 이후 정보를 부호화 · 언어화하는 단계가 이루어지는데, 이 단계는 언어적 단계로 실어증의 문제와 연결된다. 이후 말산출 단계에서의 문제는 말운동장애로 판정되는데, 말산출을 위해 해당 근육의 움직임을 계획하고 프로그래밍하는 단계에서의 문제는 말실행증으로 이어지고, 말집행 단계에서의 이상은 마비말장애로 나타난다. 말집행은 4단계의 호흡, 발성, 조음, 공명의 단계를 거쳐 말이 산출되는 과정으로 조화롭게 수행될 경우 자연스러운 말산출이 이루어지나, 이 단계의 어려움 역시 말운동장애에 해당된다.

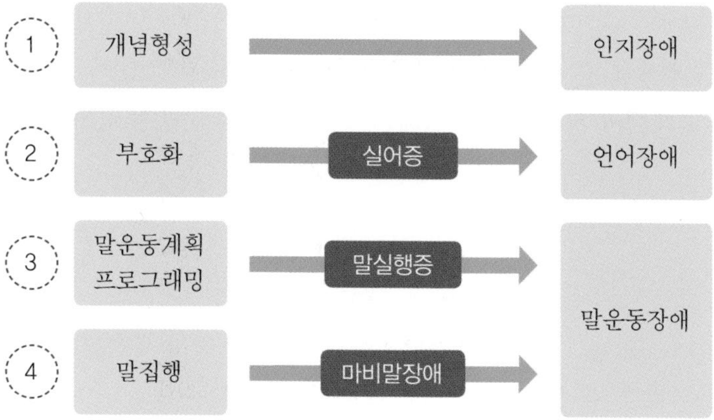

[그림 3-9] 말집행 단계에 따라 발생하는 장애유형

(1) 실어증

대표적 말지각 장애인 실어증은 뇌의 언어중추손상으로 인한 언어능력의 상실 및 손상을 지칭하는데, 뇌손상으로 인한 후천적 언어장애로서 언어를 이해하고 표현하는 능력의 손상을 의미한다(LaPointe, 2005). 말하기, 듣기, 쓰기, 읽기의 네 가지 언어영역에서 장애가 관찰되며 이로 인해 언어사용이 효율적으로 이루어지지 않는다. 다른 인지기능장애, 감각이나 지각력 감소, 운동장애에 기인한 것이 아닌 언어장애를 의미하며, 언어능력이 완전히 없는 상태가 아닌 언어 수행 시 그 효율성이 저하되어 있는 상태이다. 언어수행능력이 변이성이 큰 것이 특징으로 시간과 상황에 따라 수행능력에서 반응 수준의 차이가 크게 나타나는 경우도 있어 지속적인 관찰과 치료가 중요하다.

뇌 영역을 기능적으로 분할해서 실어증의 증상을 구분한 보스턴 학파(Boston School of Aphasia)와 뇌의 전체가 말 기능에 관여한다는 입장에서의 미네소타 학파(Minnesota School of Aphasia)로 구분되어 다양한 진단구분 기준이나 평가방법이 제시되어 왔는데, 여기서는 실어증을 보다 쉽게 체계적으로 이해할 수 있는 보스턴 학파의 주장에 기반하여 실어증의 특성을 알아보고자 한다. 실어증은 자발화, 이해력, 따라 말하기를 주요 기준으로 다양한 실어증의 유형을 구분하는데, 크게 정상적인 발화속도를 보이는 유창성 실어증과 조음에는 큰 문제가 없으나 말속도, 말산출 자체에 어려움을 보이는 비유창성 실어증으로 구분된다. 크게 비유창성 및 유창성 실어증으로 구분되며, 하위단계에서 청각적 언어이해 능력과 따라 말하기 능력을 기준으로 하위유형으로 구분된다.

① 유창성 실어증

● 베르니케 실어증

베르니케 실어증(Wernicke aphasia)은 전형적인 유창성 실어증으로 베르니케 영역, 상부측두엽의 후반 1/3을 차지하는 뇌영역의 손상에 기인한다. 말은 유창하나 내용이 없고, 언어이해에서 상대적으로 문제가 크게 관찰된다. 청각적 이해력이 떨어지고 문법적으로 복잡하거나 길이가 증가할수록 오류가 증가하는 특징을 가진다. 여러 가지 질문에 거의 비슷한 문구만 되풀이하는 언어상동증을 보이며 정상적 운율이나 발음을 유지하는 반면, 의미착어, 음소착어와 같이 말하는 내용의 오류가 많으며, 이러한 오류들에도 불구하고 자가수정을 보이지 않는다.

● 연결피질감각 실어증/초피질감각 실어증

연결피질감각 실어증(transcortical sensory aphasia)은 베르니케 실어증과 유사하게 잦은 의미착어증을 보이는데, 청각적 이해력이 떨어지고 유창한 듯이 발화한다. 말을 자발적으로 산출하는 데는 문제가 없으나 베르니케 영역을 다른 연합피질으로부터 단절하기 때문에 듣거나 읽고 이해하는 능력에는 상당한 장애가 나타난다. 주요 병변은 두정엽이나 베르니케 영역의 상층부 혹은 후반구의 피질하부위 등이며 반향어 또는 보속증 수준의 발화가 나타난다.

● 전도 실어증

전도 실어증(conduction aphasia)은 베르니케 영역과 브로카 영역을 연결하는 궁상다발의 손상으로 발생하며, 말은 비교적 유창하나 표현한 말을 반복하거나 남의 말을 따라하는 능력에 손상이 있는 착어증(paraphrasia)이 나타난다. 상대방의 말이나 자신이 한 말은 잘 알아듣는 등 청각이해력은 유지되어 자신이 말하는 도중 오류낱말이 있을 경우 자가수정을 시도한다.

● 이름(명칭) 실어증

이름 실어증(name aphasia)은 실어증 가운데 비교적 가벼운 증상으로 브로드만 영역 39(BA 39)에 해당되는 두정엽 아래 뒤쪽 각이랑 또는 각회(angular gyrus)의 손상이나 두정엽과 측두엽 경계 부위의 손상으로 발생할 수 있다.

〈표 3-2〉 유창성 실어증

+: 유지, −: 손상

실어증 유형	유창성	청각 이해력	따라 말하기	신경해부학적 위치	특징
베르니케 실어증	+	−	−	좌 후상측두엽	• 감소한 명사 및 동사 • 말착오 또는 신어사용으로의 대치 • 불충분한 이해
연결피질감각 실어증	+	−	+	좌 내측 두정엽 또는 완전경계영역	• 유창한 신어사용의 산출 • 불충분한 청각 이해력 • 보존된 반복
전도 실어증	+	+	−	좌 두정엽	• 자성 착어증 • 상대적으로 보존된 이해 • 낮은 확률 구의 반복기능 손상
명칭 실어증	+	+	+	좌 후하측두엽 또는 측두후두엽	• 감소된 명사 산출 • 단어 찾기의 어려움 • 때때로 실독증 및 실서증의 존재

특정부위로 분류하기에 가장 불분명한 유형으로 뇌손상뿐만 아니라 알츠하이머 환자에게서도 관찰되는 장애이다. 청각이해력, 유창성, 따라 말하기 능력 등에 비해 이름 대기 수행력이 유난히 떨어지는 경우로, 에둘러 말하기(빙빙 돌려 말하기)가 주로 나타나며 이는 모든 실어증 환자에게도 관찰되는 내용이다. 청각적 이해력은 좋으나 내용적 단서가 없으면 이해에 어려움을 보인다.

② 비유창성 실어증

● 브로카 실어증

브로카 실어증(Broca aphasia)은 언어 우세반구인 좌반구의 브로드만 영역 중 44와 45 영역에 해당하는 전두엽 아래쪽 뒷부분의 손상에 기인한 실어증으로 말산출 능력에 장애를 보인다. 브로카 실어증의 주요 증상은 말을 천천히 하거나 더듬는 등 운율장애(dysprosody)를 보이며 쓰기 능력이 저하된다. 청각적 이해력은 좋은 편이지만 문장이 짧고 어순에 맞지 않는 등 실문법증 현상이 나타나며 말이 전반적으로 빈약하고 전보문식으로 말한다.

● 연결피질운동 실어증(초피질운동 실어증)

연결피질운동 실어증(Transcortical motor aphasia)은 브로카 실어증과 유사하게 언어이해는 양호하나 자발적 말산출은 거의 없는 특징이 있으며, 다른 사람의 말을 반복하는 능력에 거의 문제가 없고 언어이해력이 좋은 편이다. 주로 브로카 부위 앞부분의 손상이 있을 때 나타난다.

● 전반 실어증

전실어증, 혹은 전반 실어증(global aphasia)은 실어증 가운데 모든 언어 영역에서 심각한 문제를 보이는 실어증이다. 우세 뇌반구의 광범위한 손상으로 인해 언어이해와 언어표현의 장애 정도가 가장 심한 실어증으로 의사소통이 거의 불가능하며 감정적으로도 잘 반응하지 않는다. 또한 보속증(perseveration) 경향을 보이고 읽기 및 쓰기가 심하게 손상된다.

● 혼합연결피질 실어증

혼합연결피질 실어증(mixed transcortical aphasia)은 따라 말하기 능력은 어느 정도 남아 있으나 말이 유창하지 않으며, 언어의 이해력 전반이 손상되는 증상으로 이해력과 표현력 모두 수행 수준이 낮다. 전두엽 혹은 피질하영역의 손상과 관련이 있다.

〈표 3-3〉 비유창성 실어증

+: 유지, −: 손상

실어증 유형	유창성	청각 이해력	따라 말하기	신경해부학적 위치	특징
전반 실어증	−	−	−	좌 전두엽, 측두엽, 두정엽	• 신어 사용 또는 횡설수설함 드문 발성 또는 언어
브로카 실어증	−	+	−	좌 후하 전두엽	• 간결한 오문법적 표현 • 말착오 및 발성오류 • 추상적 개념을 제외한 상대적으로 완전한 이해력
혼합연결피질 실어증	−	−	+	좌 내측 전두엽 측두/완전경계 영역	• 불충분한 모방 및 이해, 반향언어증
연결피질운동 실어증	−	+	+	좌 내측 전두엽 또는 전 경계영역	• 제한된 언어산출, 그러나 다소 유창한 발언 • 감소한 모방 및 조직화 • 상당한 정도의 이름 대기

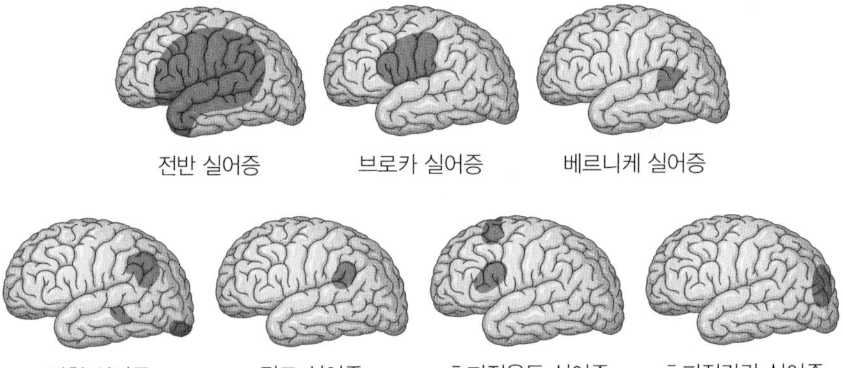

[그림 3-10] 실어증의 유발부위

(2) 마비말장애

마비말장애는 신경학적 말운동장애로 말산출 관련 근육조절에 어려움이 나타난다. 중추신경계의 손상으로 발생하는 마비말장애(dysarthria)는 호흡, 발성, 조음, 공명, 운율 등 말소리를 산출하는 전 과정에 영향을 미치는 말장애로, 일반적으로 마비말장애를 진단받은 환자들은 말속도와 조음정확도가 감소하며 음질이 떨어지거나 과다비성의 음성특성을 나타낸다(Duffy, 2019). 일반적으로 말 관련 근육의 움직임이 느리고 근육의 힘이 약하며 부정확한 협응이 제한된다. 중추 및 말초신경계의 손상으로 인해 발생하며, 호흡, 발성, 조음, 공명, 운율 등의 말 기능요소가 비정상적으로 작동됨으로써 말하기의 속도, 강도, 타이밍, 정확성 등이 비정상적으로 나타나고, 가장 뚜렷한 문제로는 말 명료도(speech intelligibility)의 감소이다.

※ 말기능 지표

말 명료도(speech intelligibility): 화자의 말이 음향학적 소리로 전달될 때 청자의 입장에서 주관적으로 느끼는 '말을 알아듣는 정도'

〈표 3-4〉 병태생리학적 원인에 따른 마비말장애

병소 단계	병소부위	마비말장애 유형
상부운동신경세포/추체로	좌뇌 혹은 우뇌의 상부운동신경세포	편측상부운동신경세포형
	좌우뇌의 상부운동신경세포	강직형
추체외로	기저핵과 연관회로	운동저하형
	기저핵과 연관회로	운동과잉형
소뇌	소뇌 및 소뇌와 연결된 회로	실조형
하위운동신경세포	한쪽 혹은 양쪽의 하위운동신경세포 및 근육의 손상	이완형
두 군데 이상의 병소		혼합형

① 편측상부운동신경세포형

편측상부운동신경세포형(unilateral upper motor neuron type) 마비말장애는 피질에서 말을 담당하는 운동영역이나 그로부터 출발한 운동신경로인 피질뇌간로에 손상이 있을 때 발생하는 유형이다. 주로 뇌졸중에 기인하며 안면마비, 혀운동성 약화, 감각소실 등을 동반하며 비교적 일시적이거나 경미한 편에 속하는 장애이다. 말산출 단계 측면에서 살펴보면 호흡에는 두드러진 문제가 없으나 거의 모든 말소리가 부정확하게 발음되어 명료도가 떨어지며, 말속도가 느리고 조음 산출에 어려움이 있다.

② 강직형

강직형(spasticity type)은 양쪽 뇌, 양측 상부운동신경세포의 손상으로 발생하는 근육긴장인 강직이 주로 발생하는 유형으로 상부운동신경세포 내 피질, 뇌간 등을 포함한 추체로의 손상에 기인한다. 뇌졸중, 외상성 뇌손상, 뇌종양, 뇌성마비 등에서 주로 발생하며 말운동이 느려지고 운동의 힘과 범위가 감소하는 특징을 갖는다. 호흡근육의 강직으로 호흡의 길이가 짧아지고 음량이 감소한다. 특히 후두근육의 강직과 성대 내적으로 인해 쥐어짜는 소리나 거친 소리가 나는 특징을 가지고 있다. 말산출 시 단조로운 말 톤(monopitch, monoloudness)을 보인다.

③ 이완형

이완형(flaccid type)은 하부운동신경세포의 핵(nucleus), 축삭(axon), 신경근접합부(neuromuscular junction), 근육 자체의 문제로 인해 발생하는 유형으로 기식성 발성, 쉰 목소리, 이중음도, 성문협착 등의 특징을 보인다. 과다비성을 보이기도 하고 폐활량의 감소되어 날숨이 증가한다.

④ 운동저하형

운동저하형(hypokinetic type)은 기저핵이나 기저핵 제어회로의 손상으로 발생하며 주로 파킨슨병에서 특징적으로 관찰된다. 얕고 불규칙적인 호흡주기로 인해 발성을 위한 충분한 호흡을 확보하지 못하여 전반적인 말산출의 어려움이 증가한다. 성대경직, 발성부전, 발화 도중의 부적절한 묵언이나 음성떨림 등이 특징적으로 나타난다. 특히 기식음과 쉰 듯한 음질을 보이고 말속도가 비교적 빨라 조음이 부정확하고 결국 말 명료도가 떨어진다.

⑤ 운동과잉형

운동과잉형(hyperkinetic type)은 기저핵, 기저핵 제어회로의 손상에 기인하는 유형으로 안면, 구강구조, 목, 사지 등에 갑작스럽고 불수의적인 움직임이 나타난다. 목적 없는 움직임이 자연스러운 말산출을 방해하는데, 주로 투렛증후군, 헌팅턴병 등에서 관찰된다. 과도하고 부적절한 불수의적인 움직임으로 인해 갑작스러운 들숨 혹은 날숨, 거친 음성, 쥐어짜는 소리, 기복이 심한 운율 변화, 과다비성 등이 나타나게 된다.

〈표 3-5〉 마비말장애 유형별 세부 특성

유형	병소	특징	모음연장	교대일련운동	문구 읽기	기타 특징
이완성	하부 운동신경	약화	계속적인 과비음 비강기류 계속적인 기식	점차적으로 느려짐	느림	천명 이중발성
경직성 (강직성)	상부운동 신경 (양측)	경직	쥐어짜는 음성의 질 소리 높낮이, 크기 제한 간헐적인 과비용	느리지만 규칙적임	느림	말체계의 부조화성
실조성	소뇌	불협응	소리 크기, 높낮이의 변이성	속도, 소리 높낮이 크기 등의 변이성	조음 정확도 감소, 소리 크기, 높낮이 변이성	
운동저하성	추체외로	강직 저하된 운동	발성부진	빠른 속도	발성부진 소리 높낮이 단조로움	
운동과잉형	추체외로	불수의적 운동	소리 높낮이, 크기의 갑작스런 변화	소리 높낮이, 크기, 속도의 갑작스런 변화	소리 높낮이, 크기, 속도의 갑작스런 변화	
편측상부 운동신경성	상부운동 신경(한쪽)	약화, 불협응		부정확한 조음, 느린 속도	부정확한 조음, 느린 속도	
혼합성	여러 군데	여러 가지				

⑥ 실조형

실조형(ataxic type)은 협응기능의 손실이 주로 나타나는데 운동속도, 범위, 강세, 속도조절, 운동방향 등 운동기능의 협응과 연관된 말산출 문제가 발생한다. 소뇌나 소뇌 제어회로의 손상에 의해 발생하며, 소뇌의 손상으로 인해 소뇌가 주로 담당하던 운동협응, 계획, 프로그래밍 등에 문제가 발생한다. 음도나 음량이 비정상적으로 급격히 변화되는 운율 문제, 불규칙한 조음 오류 등이 특징적으로 관찰된다.

⑦ 혼합형

혼합형은 여러 뇌부위의 손상으로 인해 다수의 문제점이 복합적으로 발생하는 경우를 의미하며, 경직-이완성의 임상적 특성이 혼합된 유형이 가장 흔하게 관찰된다. 이 외에도 실조-경직형, 저운동-경직형 등이 함께 관찰되는 경우도 있다.

(3) 말실행증

말실행증(Apraxia of Speech: AOS)은 주어진 명령대로 말동작을 수행하려고 할 때 사용되는 여러 가지 혹은 특정 말집행 기관의 위치, 움직임이 제대로 프로그래밍되지 않아 순차적으로 진행되지 못하여 나타나는 장애이다(Duffy, 2013). 마비말장애와 함께 대표적인 말운동장애로 신경학적 손상에 의해 발생하지만 근육의 마비나 약화를 동반하지 않는 '말운동 프로그래밍 장애'로서 언어학적 문제로 인해 관찰되는 음소나 조음 오류와는 구별된다(New et al., 2015).

일반적 특성으로는 말속도가 느리고 애쓰면서 말하는 증세를 나타낸다. 특히 자동적인 산출과 의도적인 산출에서 큰 차이가 발생하는데, 예를 들어 숫자 세기나 사회적인 대답하기, 음절 수준에서 말소리를 반복하는 것에는 큰 어려움이 없는 반면, 길이가 증가하는 단어나 문장, 음운적으로 복잡한 구와 문장을 산출할 경우 어려움이 크게 증가한다. 신경언어장애 분류체계 내에서 언어적 문제에 기인한 장애인지 운동계획에서 프로그램으로의 전환 단계의 문제인지가 명확하지 않은 점 때문에 임상현장에서 꾸준히 감별진단 및 평가 근거에 대한 논의가 지속되고 있다(이옥분, 손은남, 2020).

3. 인지기능장애

뇌의 손상으로 인해 발생하는 인지기능의 장애는 의식, 기억, 판단 등 인지 정보처리 과정에 걸쳐 다양하게 발생한다. 외상성 뇌손상, 뇌졸중과 같이 신경학적 질환으로 인해 주요 증상과 임상적 특성이 다르게 나타나고, 손상된 뇌병변에 따라 다양한 양상이 나타나며, 일시적인 지남력 장애나 경미한 기억장애로부터 치매에 이르기까지 다양한 수준으로 관찰된다. 주요 장애별로 간단히 살펴보면 다음과 같다.

1) 주의력 장애

주변 환경으로부터 입력되는 다양한 자극 중에 특정 자극에 관심을 기울이게 하는 주의는 전전두엽, 두정엽, 전대상고랑, 시상, 기저핵 등과 연결되는 정보처리 과정에서의 요구되는 다양한 주의력을 모두 포함한다. 주의력 장애로 인해 과제 수행 시 반응속도가 느려지고 주의를 분산해야 하는 경우 어려움이 증가된다. 주의력 장애로 인해 의사소통, 상황에 대한 인식 등에 장애를 초래하게 되는데, 주의력은 실행기능에도 관여하는 주요 기능으로 과제가 주어졌을 때 어떻게 반응할지를 결정하고 주어진 정보를 처리하는 과정에서 실행기능의 어려움도 함께 관찰된다.

2) 기억장애

뇌손상으로 인한 기억장애는 주 진단명과 주 손상 뇌영역에 따라 다양한 양상이 나타난다. 뇌손상 후 기억장애는 매우 광범위한데, 정보의 입력, 저장, 인출 등의 모든 과정에서 다양한 어려움이 발생한다. 기억상실증(amnesia)의 경우 과거의 일을 기억하지 못하는 것을 의미하는데, 크게 심인성과 기질성으로 구분된다. 심리적 원인에 의한 해리성 기억상실증은 스트레스나 충격적 사건에 대한 기억 재생에 어려움이 있는 것을 뜻하고, 기질성 기억장애의 경우 외상, 뇌종양, 저산소증, 약물 사용 등과 같은 원인에 의해 개인의 사회적 · 직업적 기능에 현저한 지장을 초래하는 기억장애를 뜻한다.

3) 집행기능장애

일상생활에서 예상치 못한 상황에 부딪혔을 때 문제를 해결하고, 적절한

계획을 세우며, 목표에 따른 우선순위를 설정하고, 성취를 위한 욕구를 자제하는 등의 상위인지기능 단계의 활용에서 문제가 나타나는 경우에 실행성 기능장애로 분류된다. 주로 전전두엽피질에서 주로 담당하는 기능들로 일상에서 보면 성격이나 행동의 변화처럼 보이기도 한다.

집행기능의 손상은 다양한 측면에서 나타나는데, 기억력 측면에서는 작업기억의 어려움이 두드러져 계획을 세우거나 진행하는 데 정보 유지가 어려워진다. 사고 측면에서도 완고함이 증가하고 추상적 생각이 어려워지며(Eslinger et al., 2013), 감정과 정서조절이 어려워져 무뚝뚝하거나 감정의 변화가 없어지고 화를 내거나 불안정한 감정상태가 표출된다. 충동적이고 대화의 맥락 유지가 어렵거나 타인의 사회적 상황을 적절히 모니터링하지 못하고 문제해결에 접근할 때 한 가지 이상의 해결책을 시도하는 데 어려움을 겪는다(Manly & Murphy, 2012).

4) 편측무시

편측무시(unilateral spatial neglect)는 신경재활환경에서 관찰될 수 있는 증상이기는 하나 일반적으로 많은 환자에게서 관찰되지는 않는다. 손상된 뇌의 반대쪽 공간에서 오는 자극을 보고하거나 반응하지 못하고 주의를 기울이지 못하는 편측무시는 운동기능 또는 감각체계의 이상이 없음에도 불구하고 손상된 뇌의 반대쪽 공간을 무시하거나 주의를 주지 않는다(Karnath & Rorden, 2012). 예를 들면, 피아노 건반의 한쪽 면은 인지하면서 다른 쪽에 연속된 음들이 있음을 잘 인지하지 못하다가, 소리가 연속적으로 연주되면 비로소 건반이 지속적으로 있음을 인지하게 된다.

이러한 무시는 주의장애로 여겨지고 있으며, 주로 양반구의 정보가 균형있게 처리되지 못하여 공간적 주의의 문제가 발생한다. 이로 인해 공간적 표상의 형상 저장 시 한쪽에 대한 심적 표상을 형성하지 못함으로써 전운동영역(premotor cortex)의 손상으로 유추되고 있다. 따라서 단순한 감각결함이 아닌 주의 과정의 장애이기 때문에 서로 다른 유형의 감각자극을 통한 훈련이나 주의를 지속할 수 있도록 외부의 도움이나 촉진을 지속적으로 받는 등의 전략이 사용된다.

예를 들면, 무시하는 쪽에 일부러 치료사가 위치하거나 무시되는 공간에 악기나 과제를 배치하여 반복 연습을 통해 자신이 처리하는 정보에 대한 자각 수준을 높일 필요가 있다. 실제로 일상생활에서 한쪽에 대한 무시증상이 일어나면 안전에도 문제가 될 수 있으므로 치료가 요구되는 주요한 증상이다.

참고문헌

고영진, 강세윤(2016). 물리의학과 재활. 서울: 정문각.

김진호, 한태륜(2004). 재활의학. 서울: 군자출판사.

김향희(2012). 신경언어장애. 서울: 시그마프레스.

남희윤, 최은희(2009). 외상성 뇌손상 환자에서 실행증의 인지운동치료 효과: 단일사례연구. 한국신경인지재활치료학회지, 1, 87-96.

박창일, 문재호(2012). 재활의학(2판). 서울: 한미의학.

신수정(2016). 뇌졸중 환자의 실행증이 일상생활에 미치는 영향. *Journal of Digital Convergence, 14*(6), 527-533.

이두형, 박희완, 한수봉, 김현우(2004). 정상 및 병적 보행에서의 운동형상학. 대한정형외과연구학회지, 7(2), 169-177.

이상헌(2020). 외상성 뇌손상의 현황 및 예방 전략. 주간건강과 질병, 13(12), 674-691.

이옥분, 손은남(2020). 국내 말실행증 연구 동향. 언어치료연구, 29(2), 35-45.

이재정(2019). 파킨슨병의 약물치료. 대한신경과학회지, 37(4), 336-344.

임주혁, 강지훈, 이명종(2001) 파킨슨병의 치료. 대한신경과학회지, 19(4), 315-336.

전범석(2005). 파킨슨증후군과 파킨슨병. 이광우 편, 신경과학(pp. 383-390). E Public.

채정병, 조현래(2009). 파킨슨 환자의 보행에 관한 연구. 대한물리의학회지, 4(4), 249-255.

한국장애인개발원(2017). 척수장애인재활지원센터의 기능과 역할정립연구. 한국장애인개발원 연구보고, RR 2017-10.

한태륜, 방문석, 정선근(2014). 재활의학(5판). 서울: 군자출판사.

Aarsland, D., Creese, B., Politis, M., Chaudhuri, K. R., Ffytche, D. H., Weintraub, D., & Ballard, C. (2017). Cognitive decline in Parkinson disease. *Nature Reviews Neurology, 13*(4), 217-231.

Ahuja, C. S., Wilson, J. R., Nori, S., Kotter, M. R. N., Druschel, C., Curt, A., & Fehlings, M. G. (2017). Traumatic spinal cord injury. *Nature Reviews, 3*, 17018.

Armstrong, M. J., & Okun, M. S. (2020). Diagnosis and treatment of Parkinson disease. a review. *JAMA/Review, 323*(6), 548-560.

De Pablo-Fernandez, E., Lees, A. J., Holton, J. L., & Warner, T. T. (2019). Prognosis and neuropathologic correlation of clinical subtypes of Parkinson disease. *JAMA Neurology, 76*(4), 470-479.

Dressler, D., Bhidayasiri, R., Bohlega, S., Chana, P., Chien, H. F., Chung, T. M., et al. (2018). Defining spasticity: a new approach considering current movement disorders terminology and botulinum toxin therapy. *Journal of Neurology, 265*, 856-862.

Duffy, J. R. (2013). *Motor speech disorders: Substrates, differential diagnosis, and management* (3rd ed.). St. Louis, MO: Elsevier Health Sciences.

Duffy, J. R. (2019). *Motor speech disorders e-book: Substrates, differential diagnosis, and management*. Elsvier Health Sciences.

Eslinger, P. J., Flaherty-Craig, C. V., & Chakara, F. M. (2013). Rehabilitation and management of executive function disorders. *Handbook of Clinical Neurology, 110*, 365-376.

Faul, M., Xu, L., Wald, M. M., Coronado, V. G. (2010). *Traumatic brain injury in the United States: emergency department visits, hospitalizations and deaths 2002-2006*. Atlanta: Centers for Disease Control and Prevention, National Center for Injury Prevention and Control.

Findley, L. J., & Capildeo, R. (Eds.) (1984). *Movement disorders: tremor*. Springer.

Gorter, J. W., Rosenbaum, P. L., Hanna, S. E., Palisano, R. J., Bartlett, D. J., Russell, D. J., Walter, S. D., Raina, P., Galuppi, B. E., & Wood, E. (2004). Limb distribution, motor impairment, and functional classfication of cerebral palsy. *Developmental Medicine & Child Neurology, 46*, 461-467.

Goverover, Y., Benova, H., Smith, A., Chiaravalloti, N., & Lengenfelder, J.

(2017). Changes in activity participation following traumatic brain injury. *Neuropsychological Rehabilitation, 27*(4), 472-485.

Grysiewicz, R. A., Thomas, K., & Pandey, D. K. (2008). Epidemiology of ischemic and hemorrhagic stroke: incidence, prevalence, mortality, and risk factors. *Neurologic Clinics, 26*(4), 871-895.

Harvey, L., & Graves, D. (2011). International standards for the neurological classification of spinal cord injury. *Journal of Physiotherapy, 57*, 129.

Howard, J., Soo, B., Graham, H. K., Boyd, R. N., Reid, S., Lanigan, A., Wolfe, R., & Reddihough, D. S. (2005). Cerebral palsy in Victoria: Motor types, topography and gross motor function. *Journal of Paediatric Child Health, 41*, 479-483.

Johnson, J. A. (2017). Speech, voice, and communication. *International Review of Neurobiology, 134*, 1189-1205.

Karnath, H. O., & Rorden, C. (2012). The anatomy of spatial neglect. *Neuropsychologia, 50*(6), 1010-1017.

Kashluba, S., Hanks, R. A., Casey, J. E., & Millis, S. R. (2008). Neuropsychologic and functional outcome after complicated mild traumatic brain injury. *Archives of Physical Medicine and Rehabilitation, 89*(5), 904-911.

Kent, R. D., & Tjaden, K. (1997). Brain functions underlying speech. *Handbook of Phonetic Sciences* (pp. 220-255). Blackwell, Oxford.

Kerrigan, D. C., Gronley, J., & Perry, J. (1991). Stiff-legged gait in spastic paresis. A study of quadriceps and hamstrings muscle activity. *American Journal of Physical Medicine & Rehabilitation, 70*(6), 294-300.

Lage, K. J., White, S. C., & Yack, H. J. (1995). The effects of unilateral knee immobilization on lower extremity gait mechanics. *Medical Science of Sports Exercise, 27*, 8-14.

Langhorne, P., Bernhardt, J., & Kwakkel, G. (2011). Stroke rehabilitation. *The Lancet, 377*(9778), 1693-1702.

LaPointe, L. A. (2005). *Aphasia and related neurogenic language disorders*. Thieme Medical Pub.

LeWitt, P. A., & Fahn, S. (2016). Levodopa therapy for Parkinson disease: a look bakcward and forward. *Neurology, 86*(14 Suppl 1), S3-S12.

Manly, T., & Murphy, F. C. (2012). Rehabilitation of executive function and social cognition impairments after brain injury. *Current Opinion in Neurology, 25*(6), 656-661.

McDonald, J. W., & Sadowsky, C. (2002). Spinal-cord injury. *The Lancet, 359*(9304), 417-425.

Miller, N. (2017). Communication changes in Parkinson's disease. *Practical Neurology, 17*(4), 266-274.

Mokhy, M. S., Jamaluddin, R., Ismail, A. R., Sulaiman, N., Adznam, S. N., Ismail, I H., & Osman, M. (2021). Validated predictive equations based on tibial length in estimating height for children with cerebral palsy for 2-18 years, across all GMFCS levels. *Journal of Nutritional Science, 10*, e108.

New, A. B., Robin, D. A., Parkinson, A. L., Duffy, J. R., McNeil, M. R., Piguet, O., Hornberger, M., Price, C. J., Eickhoff, S. B., & Ballard, K. J. (2015). Altered resting-state network connectivity in stroke patients with and without apraxia of speech. *NeuroImage: Clinical, 8*, 429-439.

Padmaker, S., Kumar, K. S., & Parveen, S. (2018). Management and treatment for cerebral palsy in children. *Indian Journal of Pharmacy Practice, 11*(2), 104-109.

Palisano, R., Copeland, W. P., & Galuppi, B. E. (2007). Performance of physical activities by adolescents with cerebral palsy. *Physical Therapy, 87*(1), 77-87.

Pantano, P., Formisano, R., Ricci, M., Di Piero, V., Sabatini, U., Barbanti, P., Fiorelli, M., Bozzao, L., & Lenzi, G. L. (1995). Prolonged muscular flaccidity after stroke. *Morphological and functional brain alterations. Brain, 118*(5), 1329-1338.

Park, J. E. (2017). Apraxia: Review and update. *Journal of Clinical Neurology, 13*(4), 317-324.

Park, C. W., Kim, E. S., Kim, J. H. et al. (1996). MR image of diffuse axonal injury: Correlation with initial neurological state with outcome. *Journal of Korean Neurosurgery Society, 25*, 977-983.

Patel, D. R., Neelakantan, M., Pandher, K., & Merrick, J. (2020). Cerebral palsy in children: a clinical overview. *Translational Pediatrics, 9*(Suppl 1), S125.

Perry, J. (1993). Determinants of muscle function in the spastic lower extremity. *Clinical Orthopedics, 288*, 10-26.

Pfeiffer, R. F. (2016). Non-motor symptoms in Parkinson's disease. *Parkinsonism & Related Disorders, 22*, 119–122.

Rosenbaum, P., & Stewart, D. (2004). The world health organization international classification of functioning, disability, and health: a model to guide clinical thinking, practice and research in the field of cerebral palsy. *Seminars in Pediatric Neurology, 11*(1), 5–10.

Rosenbaum, P., Paneth, N., Levinton, A., Goldstein, M., Bax, M., Damiano, D., & Jacobsson, B. (2006). The definition and classification of cerebral palsy. *NeuroReviews, 7*(11), e569.

Sadowska, M., Sarecka-Hujar, B., & Kopyta, I. (2020). Cerebral palsy: Current opinions on definition, epidemiology, risk factors, classfication and treatment options. *Neuropsychiatric Disease and Treatment, 16*, 1505–1518.

Seppi, K., Chaudhuri, R., Coelho, K., Fox, M., Katzenschlager, S. H., & Djamshidian-Tehrani, A. (2019). Update on treatments for nonmotor symptoms of Parkinson's disease-an evidence-based medicine review. *Movement Disorders, 34*(2), 180–198.

Sewell, M., D., Eastwood, D. M., & Wimalasundera, N. (2014). Managing common symptoms of cerebral palsy in children BMJ, 349.

Stolze, H., Klebe, S., Petersen, G., Raethjen, J., Wenzelburger, R., Witt, K., & Keuschl, G. (2002). Typical features of cerebellar ataxic gait. *Journal of Neurology, Neurosurgery, & Psychiatry, 73*(3), 310–312.

Surveillance of Cerebral Palsy in Europe. (2000). Surveillance of cerebral palsy in Europe: a collaboration of cerebral palsy surveys and registers. *Developmental Medicine & Child Neurology, 42*, 816–824.

Vanbellingen, T., & Bohlhalter, S. (2011). Apraxia in neurorehabilitation: Classification, assessment and treatment. *NeuroRehabilitation, 28*(2), 91–98.

Zadikoff, C., & Lang, A. E. (2005). Apraxia in movement disorders. *Brain, 128*, 1480–1497.

대한뇌졸중학회(2022). 뇌졸중의 종류. https://www.stroke.or.kr/stroke/?doc=1

제4장

운동재활에서 음악의 치료적 적용

여러 재활영역 중 운동재활영역은 신경학적 음악치료 분야에서 가장 많은 연구와 임상이 진행된 분야이다. 개인이 독립적인 생활을 영위하는 데 필수적 능력인 이동성과 다양한 일상과제를 수행하는 데 필요한 상지운동기능을 대상으로 기능의 재습득 및 개선이 주 목적이다. 다양한 연구와 임상적 접근이 이루어지면서 운동재활에 관한 음악치료 임상기법의 발전이 이루어지고 기법의 적용범위 역시 확장되고 있다. 이 장에서는 전반적인 운동재활, 즉 신체 움직임과 음악이 어떤 연관성이 있는지에 대해 살펴보고자 한다.

1 운동재활을 위한 음악치료 내 주요 개념

음악은 인간의 움직임과 어떤 연관성을 갖고 있을까? 기본적으로 음악이라는 예술이 산출되는 모든 과정에는 인간의 움직임이 관여한다. 노래를 부르기 위해 호흡하고, 악기를 연주하기 위해 상지를 움직이고, 춤을 추기 위해 몸을 움직이는 일련의 과정을 보면 음악과 움직임을 음악행동이라는 측면으로 이해할 수 있다. 따라서 음악이 어떻게 인간의 움직임에 영향을 미치는지 이해하는 것은 음악치료 회기 내 내담자들의 음악행동이 어떻게 수행되는지를 이해하기 위한 중요한 밑거름이라 할 수 있다. 운동재활을 위한 음악치료 내 주요 개념을 살펴보면 다음과 같다.

1. 리듬동조화

음악이 외부자극으로서 신체 움직임에 영향을 미치는 가장 분명한 결과물은 리듬동조화(rhythmic entrainment)이다. 이는 신체 움직임의 범위와 타이밍이 어떻게 리듬에 맞추어 변화하는가를 확인할 수 있는 원리로 음악치료에서는 기본적으로 리듬과 신체 동조화에 초점을 맞춘다. 동조화는 청각적으로 전달되는 외부자극이 신체 내 다른 시스템과 동기화(synchronization)되는 현상으로 이를 통해 동조화(entrainment) 현상이 관찰된다. 동조화 현상은 일상생활에서도 발견할 수 있는데 단순히 외부자극과 신체 움직임 외에도 대인간, 즉 사람과 사람 사이에서도 확인할 수 있다. 예를 들어, 두 명의 사람이 같은 속도로 일정하게 걸을 때 발생하는 발자국 소리, 다리 움직임 등의 자극에 의해 두 보행 주기의 일치화가 일어나면서 궁극적으로 두 사람의 움직임이 맞춰지는 경험을 한다. 동조화 원리 자체는 신체적 · 생리학적 시스템에서 관찰 가능한 것으로 기본적으로 발생하는 외부자극의 주기에 의해 움직임의 주기가 맞춰지는 현상이다. 주로 외부자극으로서 음악이 제공되고, 음악의 여러 요소 중 리듬(시간적 요소)이 가장 중요한 요인이다.

※ 동기화(synchronization)과 동조화(entrainment)

음악이 외부자극으로서 인간행동에 미치는 영향을 설명하는 가장 대표적인 원리인 리듬동조화는 외부 신호인 리듬과 신체반응이 서로 맞춰지는 무의식적 과정을 의미한다. 광의의 과학적 개념으로 보면 두 가지 용어는 상호 구분 없이 사용되는 경우도 있다. 따라서 음악치료에서의 리듬동조화 개념을 이해하는 과정에서 동기화라는 용어와 어떻게 구분되는지를 설명하고자 한다.

동조화(entrainment)는 물리적으로 진동자(oscillator) 운동, 즉 주기적인 움직임이 있는 상황에 적용되는 개념으로 하나 혹은 그 이상의 진동자 움직임이 서로 진폭, 즉 움직임의 간격이 맞춰지는 현상이다. 이에 반해 동기화(synchronization)은 주기적 움직임, 즉 진동자의 존재와 상관없이 시간적으로 '동시에' 어떤 움직임이 발생한다는 것으로 시간적 일치가 핵심 개념이다.

따라서 동조화가 일어났다는 뜻은 움직임의 일정 범위(반복되는 주기)가 외부자극에 맞춰졌다는 의미이고, 동기화가 일어났다는 뜻은 두 개의 다른 움직임이 시간적으로 동시에 움직였다는 뜻이다.

신경학적 음악치료에서의 리듬동조화는 리듬이라는 음악의 시간적 구조가 움직임의 타이밍을 조절하는 것으로 청각 리드믹 신호에 의해 신체반응동조화가 일어나는 것이다(Thaut et al., 2015). 청각리듬패턴의 주기성이 움직임의 주기에 맞춰지는 개념으로, 운동장애가 있는 내담자들의 신체 움직임 패턴과 음악에서 제공되는 리듬패턴이 동조화된다. 특히 인간의 움직임 중 가장 눈에 띄는 주기적 움직임을 보여 주는 보행패턴은 마치 시계추와 같은 움직임을 보이기 때문에 보행을 중심으로 많은 리듬동조화 관련 연구가 이루어졌다. 보행 시 두 다리의 움직임이 리듬패턴 간격과 맞춰지고, 이를 여러 객관적 보행지표를 통해 확인하여 임상근거를 제공하고 있다(Ghai et al., 2018; Kim et al., 2012; Thaut & Abiru, 2010).

외부에서 리드믹한 음악이 들리면, 반복적이고 주기적인 신체 움직임 패턴이 맞춰지고 지속적으로 움직임을 수행하는 과정에서 다음 움직임에 대한 예측을 가능하게 한다(Morillon & Schroeder, 2015). 인간이 리드믹한 음악에 맞춰 동작을 할 때, 신체를 어느 정도 움직여야 하는지에 대한 예측을 할 수 있고, 음악에 맞춰 움직임을 세밀하게 조정하여 정확한 반복동작을 수행하는 것이 가능해진다. 최근 세계화되고 있는 K-pop 가수들의 댄스를 살펴보면 여러 명의 군무가 놀라울 정도로 일치되어 움직이는 모습을 볼 수 있는데, 이는 기성세대에서 흔하게 접했던 음악과 함께하는 국민체조와는 근본적으로 다르다. 음악 안에서 지각되는 반복적이고 일정한 리듬패턴이 주기를 파악할 수 있게 하여, 음악의 비트가 팔이나 다리 움직임의 주기에 맞춰지고 여러 명이 움직여도 동작의 궤적 자체가 일치화되면서 마치 한 명이 움직이는 것처럼 보이게 한다. 흔히 행진곡을 들으며 걷는 것은 곡의 박에 걸음이 맞춰진 것으로 생각하는데, 이 또한 음악이 주는 지각적 측면에서 행진곡 내 멜로디 라인보다는 베이스라인에서 만들어지는 리듬패턴에 의해 보행이 동조화되는 것이다.

2. 자율신경계 반응

음악에 의한 움직임 유도 시 음악을 통한 자율신경계 활성화 혹은 억제가 일어나며, 이를 통한 다양한 자율신경계 반응이 일어난다(Karageorghis & Priest, 2012). 자율신경계의 교감 및 부교감 신경은 일정한 조율을 통해 신체의 수준을 일정하게 유지하고 움직임을 더 원활하게, 혹은 정적으로 유도한다. 음악을 통한 자율신경계 반응은 많은 연구자의 관심을 끌어 다양한 방법으로 확인되었다. 이로 인해 자율신경계의 변화를 유도한다는 점에는 일관된 결과를 얻을 수 있으나, 이러한 변화가 특정 음악형태에 의해 특정방향으로 유도되는지에 대해서는 더욱 많은 연구가 진행될 필요가 있다.

자율신경계 반응의 부수적인 혜택으로 신경전달물질 활성에 의한 긍정적 정서 형성이 있다. 음악이 있는 움직임 수행 시 신경전달물질 중 도파민, 세로토닌 등과 같은 호르몬에 의해 보상감, 심리적 안정감 등 정서 형성에 도움이 되고 움직임을 지속하는 데 도움을 받을 수 있다(Altenmüller & Schlaug, 2013).

※ 자율신경계란?

자율신경계는 불수의적으로 작용하는 인체장기의 기능을 자동적으로 조절하며, 내적 환경의 균형을 유지하는 역할을 한다. 따라서 신체 내의 항상성(homeostasis)을 유지하는 데 직접적 관련이 있는 중요한 신경계로 교감신경은 흥분과 긴장을, 부교감 신경은 이완을 유도한다.

3. 심리학적 반응

음악에 맞춰 몸을 움직이는 것은 인간이 경험하는 본질적인 즐거움 중의 하나로, 예측적 혹은 비예측적 음악구조를 통해 다양한 수준의 즐거움을 경험한다(Stork et al., 2015). 이 과정에서 감각운동 동조화와 즐거운 정서반응이 함께 경험하고, 동시에 음악을 통해 지각되는 안정적인 리듬은 일반적으로 반복적인 운동을 할 때 음악을 듣는 동안 신경생리학적 반응의 촉진뿐 아니라 심리정서적 반응도 함께 유도하여 긍정적인 기분을 증진한다.

음악을 통해 복잡하고 많은 움직임을 수행할 때 지각될 수 있는 지겨움, 불편감 등 부정적인 정서에서 주의가 분산되기도 한다. 음악은 직접적으로 신경생리학적 반응에 영향을 미치는 것은 물론, 심리적으로 운동경험 자체에 대한 수용과 즐거움, 불편감 등 다양한 정서 경험이 동반된다. 때문에 음악 경험은 운동이라는 과제에 더하여 부정적인 정서로부터 주의를 환기하고 좀 더 집중하여 운동과제를 수행하는 데 도움을 줄 수 있다(Bigliassi et al., 2016; Terry et al., 2020). 피로감, 몰입 등 다양한 요인에 대한 연구가 진행되고 있으며, 재활에서도 통증의 감소나 낮은 재활동기의 향상 등이 음악을 통해 유도할 수 있음이 확인되었다.

4. 대근육과 소근육의 동작과 기능

근육의 작용은 움직임을 만들어 내는 과정으로 인간 활동의 기본 단위이다. 이러한 활동을 크게 대근육과 소근육 운동으로 구분할 수 있는데, 음악치료 목표행동에서도 상지와 하지의 구분보다는 대근육과 소근육 운동기능에 초점을 맞춰서 음악치료 구성이 이루어진다.

1) 대근육

동작의 정확성보다는 사지의 원활한 협응이 더 중요시되는 기술로, 모든 운동의 기초가 되며 운동 발달 순서에서도 대근육 발달이 먼저 이루어진다. 몸통을 이루는 큰 근육들의 총칭으로 대근육은 주로 뇌의 연수, 뇌간, 중뇌 등의 영향을 받는다.

- 대근육 관련 목표행동
  - 일어서기와 앉기
  - 보행
  - 상지대근육움직임: 뻗기
  - 체간 유지/자세 유지하기

2) 소근육

손, 발, 목, 머리 등 말단 부위의 근육들로, 지능에 영향을 미치는 대뇌겉질과 소뇌가 주관하기 때문에 지능발달과도 밀접한 관계가 있다. 소근육 운동은 일상생활 속 모든 활동에서 쓰이는 움직임으로 정교하고 세밀한 동작을 주로 담당한다.

- 소근육 관련 목표행동
  - –잡기
  - –손과 손가락 움직임
  - –조작하기

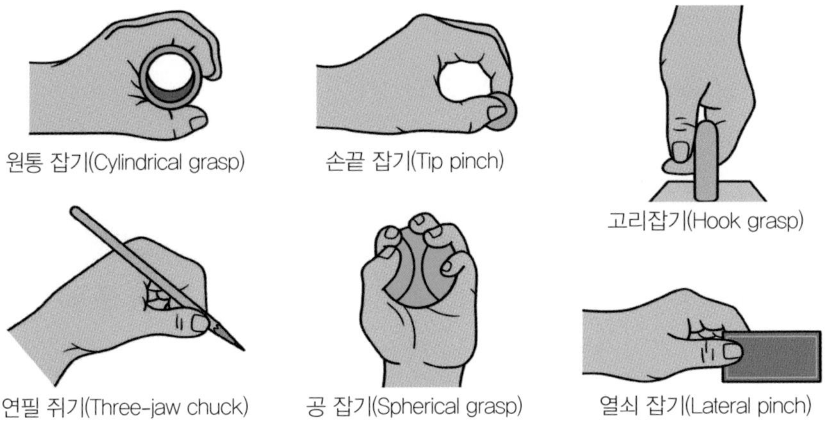

[그림 4-1] 잡기의 다양한 유형

3) 운동기능

(1) 협응

관절의 움직임에는 여러 근육의 협응이 요구되는데, 이때 손발의 여러 근육과 감각이 서로 협동하여 조화로운 움직임을 이루는 것이 협응이다. 협응은 운동의 위치와 방향에 대한 시각적 평가에 기초하여 정확한 동작을 수행하는 능력이다. 예를 들어, 눈-손 협응의 경우 시각과 손위치에 대한 정보를 바탕으로 정확한 동작을 수행하는 것을 의미한다.

(2) 관절가동범위

관절이 정상적으로 움직일 수 있는 범위를 의미한다. 신체 동작의 세 측면, 즉 시상면-좌우, 횡단면-상하, 관상면-앞뒤 움직임마다 다른 관절들이 다른 가동범위로 움직인다.

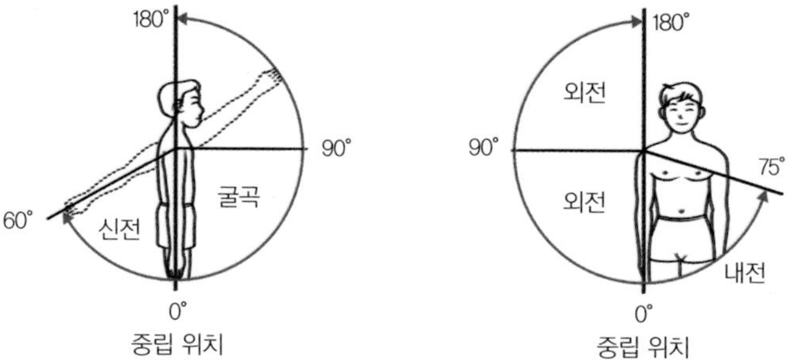

[그림 4-2] 관절가동범위의 예

(3) 근력

근력은 근육이 수축할 때 생기는 힘, 즉 팔다리 등의 근육이 줄어들면서 생기는 힘을 의미한다. 다시 말해 중력과 같이 움직임에 대한 저항이 있을 때, 근육이 힘의 정도를 실연하는 능력이다. 예를 들어, 팔을 들어 올리면 팔이 중력의 반대 방향으로 움직이게 되는데 이를 위해 중력, 즉 저항을 거스르고 팔을 올릴 만한 힘이 필요하다. 이러한 움직임을 가능하게 하는 근육의 힘의 정도를 근력이라고 한다.

2 운동기능 개선을 위한 음악치료

이 장에서는 Thaut 박사에 의해 제안된 신경학적 음악치료 내 운동재활 적용 기법을 중점적으로 소개한다. 기본적인 원리와 기법 구성, 임상현장에서 신경학적 손상 환자들을 대상으로 음악치료기법을 적용할 때 실제 음악의 치료적 적용에 대해 설명하고자 한다.

1. 리듬청각자극

1) 리듬청각자극 기법이란

리듬청각자극(Rhythmic Auditory Stimulation: RAS)은 리듬이 외부감각자극 중 청각을 통해 뇌의 운동중추에 자극을 주어 생리학적 반응을 유도하고, 운동조절기능의 증진과 반응을 촉진하는 테크닉이다(Thaut, 2015). RAS는 리듬이 인간행동에 미치는 다양한 수준의 연구를 바탕으로 한 근거기반의 기법으로 주목을 받았다. 이 기법의 특성상 의료 및 치료 분야에서 신경계 질환을 진단받은 환자의 보행 및 상지 재활에 적용되었는데, 이 과정에서 주요 요소인 리듬 제공이 주로 메트로놈에 의해 이루어져 마치 RAS 기법이 보행 시 메트로놈을 틀어 주는 기법인 것 같은 착각을 불러일으키기도 한다.

RAS에서 의미하는 리듬은 음악요소로서 리듬이다. 신체움직임에 영향을 주는 요소가 메트로놈과 같은 소리신호 수준이 아닌, 음악이라는 복합적 경험 내 분명하게 드러나는 리듬패턴에 의한 자극이다. RAS는 리듬동조화 원리에 기반하기 때문에 주로 주기적 움직임이 발생하는 운동과제에 적용하게 된다. 보행은 인간 움직임 중 가장 대표적인 주기적 움직임으로 RAS를 적용할 수 있는 행동에 가장 적합하다. 이 외에도 손가락 탭핑이나 일정패턴을 가진 반복적인 상지움직임에 적용하기도 한다.

2) RAS 관련 메커니즘

RAS가 기법화되는 과정에서 인간행동에 영향을 미치는 리듬의 역할과 기능에 대해 세부 메커니즘이 제시되었다. 리드믹한 신호에 의해 움직임이 동조화되는 과정에 관하여 여러 이론 제시 및 연구가 이루어지고 있다. 그중 음

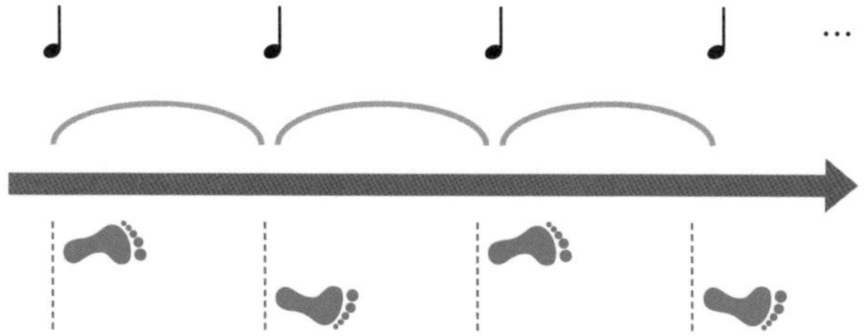

[그림 4-3] 일정하고 안정적인 박에 의해 보행의 주기가 맞춰지는 예

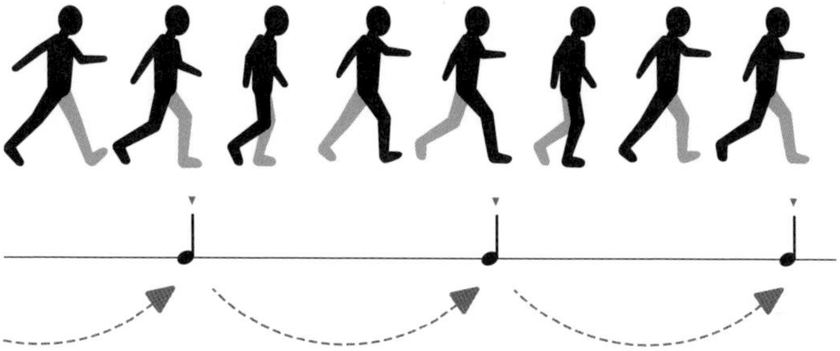

[그림 4-4] 보행 시 한 발을 딛고 그 다음 발을 디딜 때까지의 하나의 주기와 이에 상응하는 두 박의 간격을 보여 주는 예

악치료 기법으로서 RAS와 직접적으로 연관되는 메커니즘들을 살펴보고자 한다.

(1) 리듬동조화: 청각-운동 동조화

리듬자극에 따라 신체를 움직이는 동안 뇌 안에 있는 청각계와 운동계 간 상호작용이 일어나며, 이 과정을 리듬동조화(rhythmic entrainment)라고 부른다(Thaut, 2015). 동조화는 감각운동 일치화와 동일한 개념으로 볼 수 있다. 리듬을 통한 동기화는 외부자극에 의한 행동 변화로 일상생활에서도 발견된다. 리듬이 특히 신체움직임에 효과적으로 적용되는 이유는 청각계에서 시선정보처리가 민감하기 때문에 리듬이 효과적으로 적용되기 때문이다. 반복적인 움직임의 정보처리 과정에서 리듬이 하나의 타임키퍼(time keeper) 역할을 하고, 운동신경 네트워크를 활성화하여 시간적 움직임을 효율적으로 수행하는 데 도움을 준다.

또한 청각자극에 의한 운동반응의 동조화, 즉 청각-운동 동조화는 리듬청각자극과 같은 외부청각 신호에 의해 피질선조체로(corticostriatal pathway)가 활성화되어 나타나는 반응으로 해석되기도 한다(Sameiro-Barbosa & Geiser, 2016). 현재까지 확인된 청각-운동 동조화의 신경생리학적 원리나 상황, 최근의 연구 결과에서 손가락 탭핑과제를 수행하는 동안 건강한 성인들의 기저핵이 RAS에 의해 유도되는 도파민의 활성 반응을 확인하였다. 이는 RAS를 동반한 운동과제 수행력이 높아지는 원인 중의 하나로 제시되고 있다.

음악치료원리로서 리듬동조화를 설명하는 가장 강력한 이론은 망상체 활성화를 통해 대뇌로의 신경정보 투사가 생략되는 것이다. 일정한 리듬패턴으로 이루어진 음악(또는 청각)자극이 하나의 소리신호가 되어 망상체 경로를 거치며 근육이 활성화되고, 음악자극에 맞춰 적절하게 움직일 수 있도록 한다. 일반적으로 시상을 통해 대뇌의 여러 부위로 투사되는 신경신호들이 반복되는 리듬자극으로 인해 망상체로 직접 신호를 보내면서 좀 더 효율적인 움직임을 유도한다고 보고 있다. 결과적으로 시간적으로 예측이 가능한 참조체계(referent)를 형성하여 움직임이 규칙적으로 외부 자극에 맞춰지도록 한다. 청각계는 척수의 윗부분인 뇌간과 피질하부 그리고 피질 수준에서

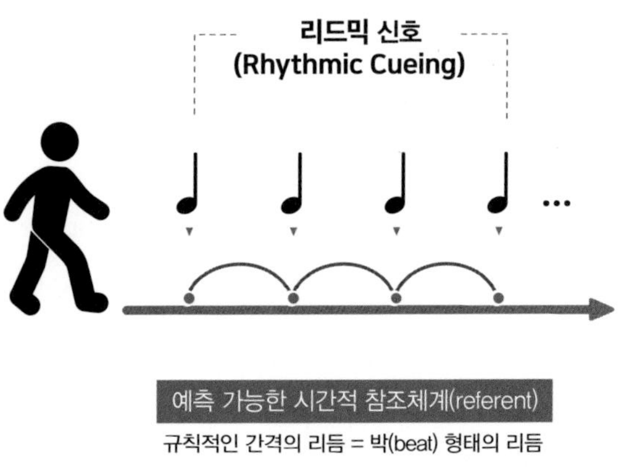

[그림 4-5] 규칙적인 리드믹 신호는 예측 가능한 시간적 참조체계를 형성하여 보행 시 움직임의 간격을 리듬 간격에 맞출 수 있도록 도움

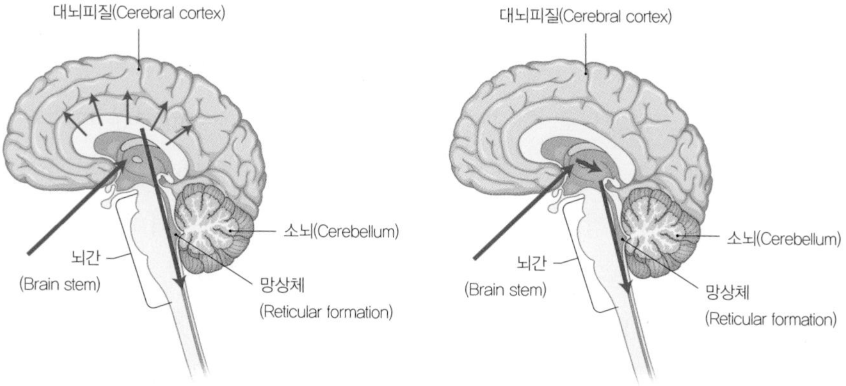

[그림 4-6] 일반적으로 외부에서 입력되는 청각자극이 대뇌피질을 거쳐서 척수로 자극이 전달되지만 반복적이고 규칙적인 청각자극의 망상체를 통해 직접 척수로 자극을 전달함

광범위하게 운동중추와 신경섬유가 연결되어 있다. 소리가 들어왔을 때 대뇌를 거쳐 정보를 처리하는 것이 일반적이나, 이러한 단계를 생략하고 망상체를 거쳐 정보를 보냄으로써 대뇌손상으로 인해 움직임에 제한이 있는 환자들에게도 RAS가 움직임 동조화를 유도하고 효율적인 움직임 수행을 도울 수 있다.

타이밍은 움직임의 질적 · 양적 측면에 모두 영향을 준다. 숙련된 음악가나 운동선수들이 특정 움직임을 크게 의식하지 않고 정확하고 정교하게 수행할 수 있는 것은, 이들이 다양한 정보를 빠르고 효율적으로 주고받을 수 있도록 대뇌와 소뇌 전반에 걸쳐 청각운동 상호작용을 위한 다양한 회로를 형성하기 때문이다. 특히 소뇌는 리드믹한 자극을 해석하는 데 중요한 역할을 하므로 음악적 수행에 있어 소뇌의 발달은 필수적이다. 소뇌는 리듬의 변화를 감지하는 능력과 안정적인 운동반응을 하는 능력에 관여한다. 소뇌병변이 있는 환자들의 경우 운동기능 및 타이밍 변화를 인지하는 데 어려움을 경험하지만 타이밍을 맞추는 잠재적인 능력에는 손상이 없다고 보고 있으며, 여러 연구를 통해 소뇌병변 환자들에게도 RAS 적용이 가능함을 알 수 있다.

(2) 청각경로의 점화

음악을 듣고 움직임을 수행하는 과정에서 가장 특징적인 현상은 청각경로의 점화(priming) 현상으로, 청각리듬에 의해 활성화된 청각뉴런의 발화속도가 운동뉴런의 발화패턴과 동조화되는 것을 확인할 수 있다. 청각자극은 운동계(motor system)을 점화시켜 움직임의 준비 단계를 만들어 주고, 적절하게 운동을 계획하는 데 도움을 준다. 이는 움직임의 효율을 높여 결과적으로 운동계획과 운동실행 변화를 유도한다.

(3) 운동효율성의 최적화

리듬과 함께하는 움직임의 혜택 중 하나는 움직임의 최적화이다. 동작 시 신호 제공을 위해 리듬을 사용하는 경우, 움직임의 궤적과 전체 시간에 걸쳐 리드믹한 동기화를 유도한다. 운동학적 효율성에 관한 연구 결과를 살펴보면 리듬제공의 유무에 따라 움직임의 궤적에 변화가 있는 것으로 밝혀졌다. 리듬제공에 의해 일어난 청각-운동 동조화와 점화 효과에 의해 불필요한 움직임이 최소화되고, 필요한 움직임만 수행하도록 유도함을 알 수 있다.

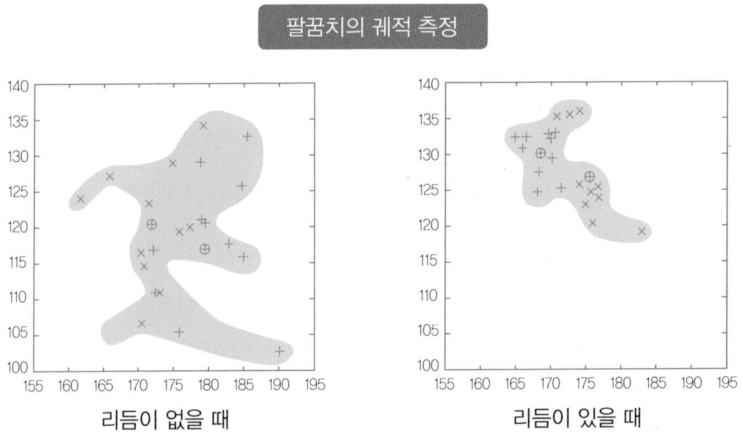

[그림 4-7] 두 지점을 손가락 끝으로 찍으면서 반복적으로 움직일 때 리듬의 유무에 따라 팔꿈치의 움직임 궤적의 범위, 즉 움직임이 얼마나 흔들리는지를 보여 준다. 이는 리듬이 있을 때 최적화하여 효율적인 움직임을 수행할 수 있음을 의미한다(Thaut et al., 2002).

(4) 리듬동기화 연구 결과

동조화의 기반이 되는 리듬동기화 관련 연구들을 통해 음악이 왜 주기적 움직임에 효과적으로 적용될 수 있는지 알 수 있다.

a. 음악에서 제공되는 요소(또는 리듬)은 운동반응 유도에 있어 시간적 구조화를 제공하고, 어느 정도의 속도와 간격으로 움직여야 하는지에 대한 내재적 틀을 만들어 준다. 내재적 틀은 반복되는 움직임에서 유용하게 사용되며, 안정적이고 정확한 운동반응이 지속적으로 일어나도록 한다.

b. 청각정보로서 리듬자극, 음악(또는 청각적, 또는 소리)자극은 의식화된 지각 이전 단계에서 청각 시스템 내 시간 정보를 처리하게 하여 운동 시스템이 효율적으로 작동되도록 돕는다. 즉, 외부에서 일정한 리듬패턴을 가진 음악이 들어오면 대뇌 안에서 리듬이 얼마나 시간적으로 간격이 떨어져 있는지에 대한 정보를 계산하고 이를 움직임 주기와 맞출 수 있도록 시간적 체계를 제공한다.

c. 리듬은 일반적으로 대뇌피질에서 처리되는 정보이나 운동(또는 신체 움직임)과 연계되면 움직임에 관한 정보처리의 효율성을 높인다. 리듬 지각(rhythm perception)과 리듬 재산출(rhythm production)이라는 두 개의 연계된 과정을 통해 대뇌피질 및 피질하부의 여러 네트워크를 활성화하고 다시 리듬 지각과 재산출이 효과적으로 유도된다.

3) RAS 프로토콜

신경학적 음악치료 기법에서 제시되는 RAS 프로토콜을 임상 적용 중심으로 정리해 보면 크게 적용 전 단계, 적용 단계, 소거 단계로 구분할 수 있는데, RAS를 효율적으로 실행하기 위해 프로토콜 단계를 4단계로 분류하였다. 효율적인 실행을 위해서 이 4단계에 따라 RAS를 적용할 수 있다.

(1) 1단계: 보행평가

① 보행의 시공간적 지표

- 보행속도: 환자가 보행한 거리(ex: 계측거리 10m)와 이에 소요된 시간(초)을 계측하여 산출
- 한걸음 폭(stride)의 길이
- 분당 보폭(분속수)
- 일반 성인의 평균 분속수: 110~120bpm

② 보행 분속수 측정방법

이 단계에서는 내담자의 보행 수준을 파악하기 위한 보행지표 측정이 실행된다. 분속수(cadence) 측정은 기본 보행지표인 걸음 수, 걷는 시간 등을 일정 거리 안에서 측정하여 분당 속도로 환산한다. 이를 위해서 바닥에 10m 혹은 특정 거리의 지점을 표시하고, 전후 평가에서 정확한 분속수 측정이 가능하도록 한다.

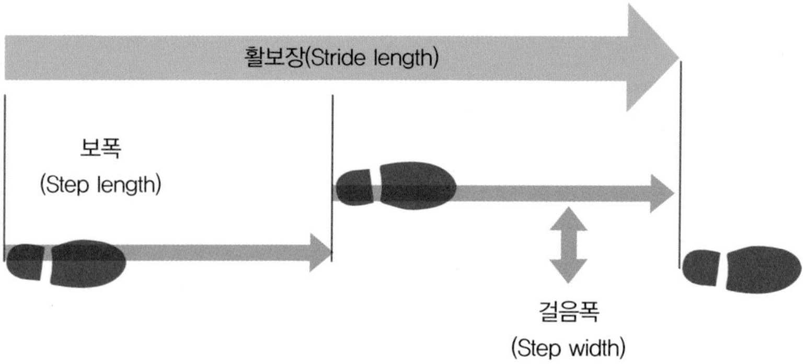

[그림 4-8] 보행 시 보폭(step length)과 활보장(stride length)

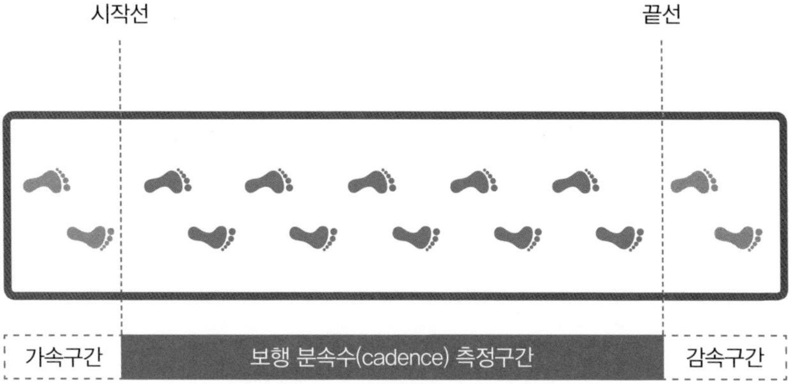

보행 분속수=보행수×60/보행시간

[그림 4-9] 보행 분속수 측정 방법

③ 보행 분속수 측정 절차

a. 약 10m의 직선거리를 확보하여 가속구간과 감속구간을 포함한 시작선과 끝선을 바닥에 표시한다.

b. 대상자가 보행 분속수 측정 구간의 시작선에 들어옴과 동시에 스톱워치의 시작버튼을 누른다(시작선을 밟은 경우도 포함).

c. 보행 분속수 측정 구간 내(테이프로 표시된 시작선과 끝선 사이) 보행 수를 센다.

d. 대상자가 보행 분속수 측정 구간의 끝선까지 보행을 마치면 스톱워치의 마침버튼을 눌러 측정을 멈춘다(끝선을 밟은 경우도 포함).

e. (보행수)×60/(보행시간)의 식을 사용하여 보행 분속수를 계산한다.

※ 보행측정을 통해 분속수 계산하기

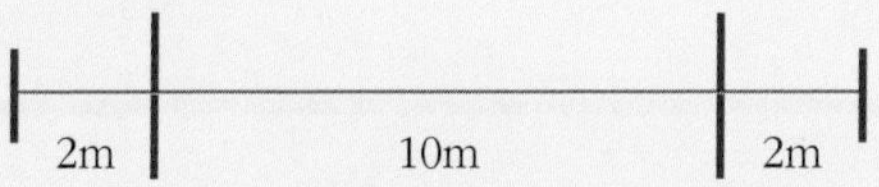

- 내담자가 가속구간 2m를 지나 시작선을 밟기 시작한 시점부터 걸음 수(보)를 세기 시작해서 끝점을 지나는 지점에서 스톱워치를 멈춘다. 이후 나머지 감속구간 2m를 걸어서 직선구간 보행을 마무리한다.
- 측정된 걸음 수(보): 20
- 측정된 시간: 10초
- 분속수: $\frac{(\text{보행수})\times 60}{(\text{보행시간})} = 120$

(2) 2단계: 동조화

1단계에서 수집된 보행 분속수를 메트로놈 비트로 바꾸어 RAS를 제공한다. 일반적으로 선행연구에서 메트로놈을 사용하여 RAS를 제공하기 때문에 마치 동조화를 위한 음악자극이 메트로놈인 것으로 오해하는 경우가 있다. 이는 연구에서 연구변인으로서 청각자극을 통제하고, 음악치료사나 음악훈련을 받은 자가 연구에 참여하지 않을 때 비트를 제공하는 방법으로 선택된다. 기본적으로 주기적이고 반복적인 비트(또는 리듬)에 의한 동조화를 확인하기 위한 연구들이기 때문에 메트로놈으로도 충분히 그 효과성을 확인할 수 있다. 다만 임상현장에서 내담자가 보행훈련을 일정시간 수행할 때 메트로놈 비트만을 듣는 것은 기능적·심리적으로 적절하지 않을 수 있으며, 음악이 가진 치료적 영향을 제한하는 선택이 될 수 있다. 저자는 실제 임상현장에서 화성 및 선율을 포함한 음악자극(또는 음악)을 구성하여 제공하였으며, 연구 결과에서 일관된 향상을 관찰하여 효과성을 확인하였다. 이에 임상현장에서의 RAS 적용에는 코드 전개 중심의 리듬자극 제공을 제안하는 바이며 기능 수준과 보행특성에 따라 음악적 응용 및 확장이 필요하다.

(3) 3단계: 보행 분속수의 조정

치료사는 내담자가 제공되는 리듬자극에 맞춰 동조화가 이루어지고 안정적으로 보행을 할 수 있도록 유도한다. 이후 충분한 훈련을 통해 일정한 보행속도가 유지됨을 확인한다. 1회기 이상 일정 보행속도가 유지되고 보행패턴이 안정적이라고 판단될 때 보행 분속수를 조정한다. 일반적으로 RAS 프로토콜에서 제시하는 조정범위는 제시된 속도의 5% 내외 선에서 증감하도록 한다. 이는 베버의 법칙(Weber's law)에 따라 지각 수준에서 알아차리기 이전 감각자극의 범위를 조정하는 것으로 속도의 변화가 지각 이전 수준 단계(subliminal)에서 자연스럽게 유도되도록 하기 위함이다. 내담자의 보행이 불안정하고 평균보다 지나치게 빠를 경우 감속을 목표로 적용하며, 내담자의 필요에 따라 심화 단계의 훈련, 즉 계단 오르내리기, 방향 바꾸어 걷기 등을 함께 병행한다.

※ 베버의 법칙(Weber's Law)

감각자극의 세기 변화를 감지할 때 자극의 세기 간 차이가 일정 비율 이상이 되어야 변화를 느낄 수 있다는 법칙이다(이나경, 2006).

(4) 4단계: RAS의 소거 및 기능재평가

충분한 보행훈련이 이루어진 후 내담자의 독립적이고 안정적인 보행이 확보되었다는 판단하에 일상에서의 독립적인 보행을 도모할 수 있도록 RAS를 점진적으로 소거한다. 이는 내담자가 일상생활에서도 일정 수준의 보행속도를 유지하는지 확인하는 과정으로 RAS가 소거된 상태에서 보행지표의 재측정을 통해 기능 변화의 수준을 확인할 수 있다.

〈표 4-1〉 RAS 프로토콜

단계		내용	참고
1	평가	보행평가 분속수(Cadence) 계산	보행지표 계산을 위해 바닥에 정확한 지점 표시
2	동조화 (entrainment)	분속수를 통해 얻어진 메트로놈 비트에 보행(걸음)을 맞추는 단계	병적 보행패턴으로 인해 불안정성이 높은 경우 보행 벨트를 사용함 보행 시 보폭과 팔 휘두르기에 대한 관찰이 중요함
3	분속수 조정	기존 분속수를 5%선에서 증감 평균보다 빠른 보행속도, 혹은 불안정한 보행인 경우 감속함	필요시 심화단계훈련(advanced level training), 회전, 계단 오르기, 방향 바꾸기 등
4	RAS 소거	독립적 보행의 확보 점진적 소거	
고려사항		• 치료사의 기본 박 유지능력이 중요함 • 편안한 보행을 위한 환경 조성이 사전에 이루어져야 함(빛, 온도, 공간 크기 등)	

※ Thaut 박사에 의해 제시된 여섯 가지 단계(Thaut, 2005, pp. 144-145)를 바탕으로 실제 임상현장에서 효율적으로 적용할 수 있도록 재조정된 단계임

4) 보행패턴의 관찰

음악치료사가 RAS를 보행에 적용할 때 유의해야 할 사항 중 하나가 보행패턴의 관찰이다. 신체해부학적 이해나 보행 자체에 대한 기능적 이해가 충분하지 않은 상황에서 '안정적'인 보행을 파악하고 이해하는 데 제한이 있을 수 있다. 따라서 여기에서는 보행기능의 기본적 이해와 주요 관찰 사항을 제안하고자 한다.

(1) 보행패턴 관찰

발목, 무릎, 엉덩이의 3개 부위의 관절을 중심으로 각 관절의 움직임이 조화로운지, 움직임이 지속적으로 일어나는지 관찰한다. 주된 보행구성요소로

는 무게중심점의 이동이 있는데, 보행 시 신체중심점이 지속적으로 움직여 골반회전이 일어난다. 슬관절 역시 보행에서 움직임이 일어나는 주요 관절로 발목관절과 연결되어 역동적으로 움직이고, 슬관절과 고관절은 회전운동을 통해 보행 시 걸음 폭을 넓게 하거나 속도를 올리기 위한 가속구간에서의 추진력을 얻기도 한다.

(2) 보행의 대칭성과 합리성

보행은 대칭적이어야 하며 균일하고 합리적으로 움직여야 한다. 다리가 필요한 만큼만 효율적으로 움직이고, 팔을 흔들어 보행의 안정성을 높인다. 보행 시 머리의 위치도 중요한데, 고개가 어디를 향하고 있는지도 합리적인 보행에서 안정성을 예측할 수 있는 주요 요인이 된다.

5) RAS의 적용

운동재활 목적의 음악치료 회기 실행 시 RAS 기법을 적용할 때 가장 중요한 부분은 RAS 음악의 구성이다. RAS의 기본적 의미는 청각적으로 제공되는 리드믹 신호에 기반하기 때문에 단순한 메트로놈 수준의 청각자극부터 음악을 듣는 것까지 광범위한 수준을 포함하고, 선행연구에서 '청각자극'에만 초점을 맞춰 설명하기 때문에 현장에 있는 음악치료사들에게 많은 혼란을 주기도 한다. 이에 실제 음악구성에 초점을 맞춰 음악 예시를 제공하여 움직임에 대한 동조화를 위한 적절한 음악구성 방안을 제시하고자 한다.

(1) 음악 리드믹 신호 구성

리드믹 신호를 제공하기 위해 일관되고 안정적인 박을 가진 음악을 구성하는 것이 필요하다. 이는 일반적으로 대칭적이고 안정적인 움직임을 확보하기 위해 2박 혹은 4박의 구조를 기반으로 하고 템포는 보행 분속수를 통해 측정된 bpm을 적용한다. 따라서 음악이 가진 박의 구조와 템포, 화성 등 음악 요소들의 구성이 보행안정성에 도움이 되어야 하며, 반복 움직임을 수행하는 동안 지속적으로 들어야 하는 신호의 역할을 하기 때문에 심리적 측면도 함께 고려되어야 한다.

① 보행안정성 확보를 위한 음악적 고려사항

음악을 만드는 방법은 세 가지로 나누어 볼 수 있는데 기존 곡을 재구성하는 방법, 치료사가 새로 만드는 방법, 그리고 박 중심으로 청각 신호를 제공하는 방법으로 구분된다. 어떠한 경우에도 RAS의 기본 원리는 리듬에 의한 동조화에 근거하기 때문에 내담자의 음악선호나 각성을 유도할 수 있는 다양한 음악요소를 활용하여 선율, 화성 등을 적용할 수 있으나 기본적으로는 안정적인 박이 최우선되어야 한다. 음악을 만드는 과정에서 다음의 세 가지 사항을 고려하여 효과적인 음악 신호로 구성한다.

첫째, 안정적인 보행을 지지하기 위한 음악으로서 베이스라인의 움직임이 최소화되어야 한다. 화성의 연속적인 전개에서 베이스라인의 움직임, 즉 음의 도약이 커질 경우 음 간격으로 인한 지각적으로 악센트가 형성될 수 있다. 이는 일정하고 대칭적인 보행을 유도하기 위한 리드믹 신호 적용원리에 상반된 적용으로 음악적으로 적절한 편곡이 반드시 필요하다.

[그림 4-10]에 제시된 A는 베이스라인의 도약이 크게 구성된 음악이고, B는

[그림 4-10] 베이스라인의 도약 수준이 높은 음악(A)과, 이를 조절하여 구성한 음악(B)의 예시

RAS 기법의 적용을 위해 이를 조절하여 구성한 예시이다.

둘째, 연주하는 음악을 구성하는 화음의 전개가 지나치게 넓지 않은 중간 정도의 음역대에서 진행되도록 한다. 이를 위해 치료사는 내담자가 음악을 들을 때 심리적 안정성이 유지될 수 있을지 판단하여 음악을 구성해야 한다. 즉, 기존 선율이 있는 경우 선율의 윤곽을, 치료사가 만든 새로운 음악을 사용하는 경우 화성 진행의 안정성을 검토해야 한다. 또한 너무 높거나 낮은 음역대의 음을 사용하지 않도록 주의해야 한다.

② 내담자의 음악선호 반영을 위한 리듬 이외의 음악요소 선택

기본적으로 선호곡 자체를 이용하기보다는 선호하는 스타일을 반영하여 보행에 적합한 음악을 선택하는 것이 적절하다. RAS의 기능에 적합한지를 먼저 검토한 뒤, 리듬을 조정해서 RAS 음악으로 구성한다.

내담자의 선호, 즉 기존 곡을 활용하는 경우 일정한 박이 강조되지 않는 곡이거나 당김음 등이 많은 불안정한 구조의 곡일 경우 4박 형태의 리듬으로 재구성하는 편곡작업이 필요하다. 이 부분은 음악치료사의 음악적 역량이 요구되는 부분으로, 지각적으로 음악의 원곡이 느껴지면서 리드믹 신호가 안정적으로 제공하는 것이 중요하다.

첫째, 리듬 외 음악요소 선택의 핵심은 리듬을 안정적으로 조정한 후에도 선율이 어느 정도 지각되는지를 확인하는 것이다. 보행속도와 원곡속도가 유사한지를 확인하고 선율윤곽을 결정하는 주요 음이 정박에서 움직이는지를 확인한다. 둘째, 화성의 복잡성 수준을 점검한다. 적절한 화성은 각성 수준을 높이고 동기를 유발할 수 있는 긍정적인 역할을 하는 요인이 된다. 다만 지나치게 복잡한 화성은 반복적으로 제공되는 보행신호의 역할로서 심리적 불안을 유발하지 않는지 살펴볼 필요가 있다.

[그림 4-11] 선율 윤곽의 안정성을 고려하여 기존 음악을 편곡한 음악의 예시

[그림 4-11]에 제시된 음악은 Beethoven의 〈교향곡 9번 Op.125 "합창": 환희의 송가〉로, 원곡의 선율이 상행과 하행을 반복하는 구조로 되어 있어, 화음 구성을 통해 이를 보다 안정적인 형태로 편곡하여 사용하였다.

RAS 기법을 적용할 때, 내담자의 음악적 선호도를 반영하여 기존 음악을 사용하기도 하지만, 기본적인 중재 음악의 구성은 치료사가 직접 하는 경우가 많다. 치료사가 직접 음악을 구성하게 되면 내담자의 기능 수준이 낮을 경우 보행 시 음악으로 인한 인지적 간섭을 고려할 수 있고, 무엇보다도 개별적 특성을 고려하여 기본적인 보행패턴을 유지할 수 있도록 음악을 구조화 할 수 있기 때문이다. 일반적으로 내담자가 지각하는 리드믹 신호가 적절한 화성복잡성을 갖도록 구성하는데 다음의 [그림 4-12]는 I-V^7-IV-V의 기본 화성을 기반으로 구성한 RAS 음악의 예시이다.

[그림 4-12] 화성진행패턴 I-V^7-IV-V을 사용한 RAS 음악 예시

(2) RAS 예시

① 보행안정성 확보를 위한 RAS 음악 구성

다음은 기존 곡의 리듬패턴을 활용한 예시이다. Beethoven의 교향곡 9번 중 〈환희의 송가〉나, Mozart 〈작은별 변주곡〉의 경우 기존 음악의 리듬패턴을 최대한 살려 활용할 수 있다.

[그림 4-13] 원곡선율(A)과 RAS 기법 적용을 위해 편곡한 음악(B)의 예시

A는 Elgar의 〈위풍당당행진곡〉의 선율이고, B는 RAS 기법의 적용을 위해 이를 편곡한 음악이다. 주 선율을 일정한 네 박에 맞춰 수정하고, 전체적인 화성의 진행과 음의 도약을 보행 기능을 반영하여 편곡하였다.

[그림 4-14] 적절한 화성복잡성을 통해 I-I-IV-V-I 의 순서로 진행되도록 구성된 RAS 음악의 예시

[그림 4-14]는 뇌졸중 성인 환자의 보행안정성 향상을 위한 음악으로, 치료사가 환자의 보행패턴을 주시하면서 안정적으로 박을 제공할 수 있는 수준

의 난이도로 구성되었다. 적절한 화음복잡성과 I–I–IV–V–I의 화성진행을 통해 안정적인 진행이 유지되어, 내담자가 분명하게 박(beat)을 지각하기에 용이하고 정서적으로도 지나친 긴장을 유발하지 않도록 하여 보행에 집중하는 것에 도움을 줄 수 있다.

② 재활동기 및 심리지원을 고려한 RAS 음악 적용

내담자의 재활동기 및 심리적 지원을 고려하여 보행훈련을 위한 RAS 음악에 특정 음악을 적용하는 경우, 베이스의 화성 움직임을 최소화하여 원곡의 다양하고 비예측적인 리듬패턴을 안정적인 패턴으로 변형하고, 선율의 흐름 중 주요한 음만을 남긴 후 화성을 전개하여 곡의 외현적 특성은 살리되 모든 음을 다 연주하지 않는 것이 도움이 될 수 있다.

[그림 4-15] 청소년 내담자의 보행재활을 위해 기존 음악을 편곡하여 구성한 예시

[그림 4-15]는 2015년 RAS 연구(박혜지, 2015)에 실제로 소개된 예시로, 지루하고 반복적인 재활프로그램 참여를 회피하던 청소년 내담자가 선호하는 최신 아이돌의 곡을 편곡하여 적용함으로써 지속적이고 적극적인 참여와 더불어 보행 기능 개선을 확인하였다.

2. 패턴화된 감각증진

운동재활에서 다양한 신체 움직임을 목표로 적용되는 패턴화된 감각증진(Patterned Sensory Enhancement: PSE)와 치료적 악기연주(Therapeutic

Instrument Music Performance: TIMP)는 RAS와 더불어 신체재활에 적용되는 주요 기법이다. RAS가 주기적 움직임에 초점을 맞춰 리듬동조화를 기반으로 재활을 도모하는 반면, PSE와 TIMP는 보다 다양한 음악요소를 적극적으로 활용하여 음악치료에서의 음악의 치료적 활용을 폭넓게 적용할 수 있다. 일상생활에서는 보행 이외에도 주로 상지를 사용하여 다양한 방향과 강도의 움직임이 수행된다. 상지동작은 다각적이고 복합적이다. 움직일 때 필요한 힘 조절이 각기 다르게 요구되어 구체적인 움직임이 하나의 패턴을 형성하고 복합적인 움직임이 하나의 순서를 통해 수행된다(예: 컵 들고 물 마시기). 이에 리듬과 더불어 다양한 음악요소가 어떻게 적용되는지를 살펴보고자 한다. 먼저 PSE에 대한 내용이다.

순차적으로 움직이는 일련의 움직임을 하나의 패턴으로 묶고, 관련된 움직임의 촉진을 위해 음악을 적용하는 PSE는 짜여 있는 움직임 패턴과 이에 맞춘 음악제공이 핵심이다. PSE는 음악치료사의 음악기술과 음악역량이 매우 높게 요구되는 기법이다. 내담자의 목표 움직임을 촉진하기 위해 일정 분량의 음악구(phrase)를 구성하는 과정에서 음악치료사의 음악지식과 기술, 음악성 등이 반영되어 구현되므로 높은 음악적 완성도를 기대할 수 있다.

1) 패턴화란 무엇을 의미하는가

상지를 사용하는 일상에서의 다양한 행동을 떠올려 보면, 컵을 들고 물을 마시거나 옷을 입기 위해 손과 손가락을 움직이는 등 여러 가지 동작을 연속적으로 하게 된다. 일방향의 반복적 움직임이 아닌 다양한 방향과 수준으로 움직이는 복잡한 동작들을 하나의 묶음 단위로 구성하는 것이 움직임의 패턴화를 의미하며, 음악치료사는 패턴화된 움직임에 맞춰 하나의 음악구성을 제공한다.

2) 감각의 증진은 무엇을 의미하는가

감각의 증진은 청각, 촉각, 시각 등 인간이 가지고 있는 다양한 감각기능이 통합적으로 연결되어, 감각 활용의 수준과 범위가 증가하는 것을 의미한다.

본인이 수행하고자 하는 움직임에 더해진 음악패턴이 감각증진을 도모하게 된다.

PSE의 기본 개념은 일상생활에서의 움직임 및 기능 개선을 위해 음악이 동작에 영향을 줄 수 있으므로, 리듬, 선율, 화성, 다이내믹 등의 다양한 음악요소 및 음향학적 요소들을 사용하여 시간, 공간, 힘에 대한 신호를 제공하는 것이다. 음악 내 리드믹한 패턴으로 구성된 악구들이 일정한 타이밍 신호와 전체 움직임에 대한 신호가 되어 목적을 가진 움직임을 준비, 조직, 실행하는 데 도움을 준다. 이 과정에서 적용된 음악요소들은 운동피질을 포함한 광범위한 뇌영역을 활성화하고, 움직임 수행의 수월성과 정확성 등이 증진된다.

3) PSE와 RAS의 차이는 무엇인가

기본적으로 PSE는 RAS 개념의 확장을 기반으로 하는데, RAS는 주기적이고 반복적인 움직임에 적용되는 리드믹 신호가 기본 원리이다. 반면, PSE는 일정한 순서의 복잡한 움직임을 음악의 시간적 구조에 기반하여 하나의 패턴으로 만들어 주고, 움직임 촉진을 위한 다양한 음악요소를 사용하여 움직임 패턴 전체에 신호를 제공한다.

4) PSE의 치료 내 적용

기본적으로 PSE 기법은 재활 이외의 음악치료 회기 내에서도 다양하게 활용 가능하고, 이미 많은 음악치료사가 신체 움직임을 필요로 하는 음악치료 적용안(Application Plan: AP)을 구성할 때 사용하고 있는 개념이다. 음악치료 활동 내 스트레칭과 같은 움직임 활성화가 필요한 경우, 움직임의 범위와 속도 등을 음악에 반영하여 건반이나 기타 등으로 움직임 신호를 만들어서 제공하는 것이다. 가장 중요한 것은 음악에 맞춰 움직이는 것이 아니라 움직임에 맞춘 음악이 제공되는 것이다. 일반적으로 녹음음악이나 기존에 작곡된 음악이 움직임을 유도하기 위해 제공될 경우 치료사의 반주(또는 음악)에 맞춰 신체를 움직이며, 이는 댄스나 체조 등에서 많이 관찰된다. 반면에 PSE를 활용하였을 때는 음악치료사가 환자의 개별적인 목표 움직임에 따라 소요되는 시간과 움직임의 궤적, 움직임의 연속성 등을 고려하여 음악을 구성한다. 이를 반복하면서 음악을 청각적으로 수용되는 감각을 증진하는데, 동시에 더 큰 음량, 더 많은 음표의 사용 등을 통해 움직임의 패턴을 확장한다.

음악 적용 외에도 음악치료사에게 요구되는 가장 중요한 기술이 '움직임에 대한 관찰' 기술이다. 뇌졸중 등과 같은 진단명으로 인해 움직임의 제한이 있는 내담자들의 경우 어려움이 관찰되는 움직임 구간을 파악하고 힘의 문제인지 관절가동범위의 문제인지 등을 변별하는 과정이 필요하다. 예를 들어, 어깨 돌리기와 팔 돌리기는 움직임의 궤적과 속도 및 힘의 범위가 다르고, 각 움직임의 특성에 따라 적용하는 다이내믹, 음악적 구의 길이, 음량 등이 다르다. 따라서 내담자의 목표행동에 대한 관찰이 우선시되어야 한다. 관찰을 바탕으로 구성된 음악적 신호가 일차적으로 목표 신체 움직임을 촉진하고, 이차적으로 음악을 통한 재활동기의 증진과 움직임에 대한 불편감에서 주의를 전환하는 혜택을 함께 기대할 수 있다.

5) PSE 큐

(1) 공간 큐(Spatial cue)

움직임의 공간적 신호를 제공하기 위한 음악 적용은 기본적으로 공간 내 위치하는 신체 부위를 기준으로 움직임의 방향을 고려하여 위, 아래, 양옆 등 움직임의 공간 파악을 기본으로 한다. 팔을 올리거나 내리고, 몸통을 옆으로 돌리거나 제자리로 돌아오는 움직임을 비롯하여 연속된 여러 동작, 즉 컵을 잡기 위해 손을 뻗고, 컵을 들어올리고, 입 근처로 팔을 구부리는 동작은 다양한 공간 움직임을 포함한다. 음악치료사는 음악이 가지고 있는 다양한 요소를 적극 활용하여 내담자가 인지할 수 있는 움직임에 대한 음악적 패턴을 만들어서 제공할 수 있다. 주요 음악요소들을 중심으로 적용방법을 살펴보면 〈표 4-2〉와 같다.

〈표 4-2〉 공간 큐 음악요소별 적용방법

음악요소	적용방법
음고	기본적으로 가장 명료한 인지적 신호는 높고 낮음이다. 아르페지오나 음계의 이동방향에 따라 움직임의 높낮이 반영이 가능하다.
음량	몸의 중앙선을 중심으로 동작이 멀어지면 음량이 커지고, 가까워지면 음량이 작아진다.
음길이	동작을 유지할 때 fermata(페르마타𝄐), rit(리타르단도) 등을 사용하여 음을 끌어서 움직임의 연장을 유도한다.
화성	화성 구성에 포함된 음의 다양성을 반영하는데, 작은 움직임은 단순한 코드로, 큰 움직임은 복잡한 코드로 반영한다.

(2) 속도 큐(Temporal cue)

움직임의 속도, 즉 얼마나 빨리 혹은 느리게 움직이는가를 음악적으로 반영하는 신호이다. 음악요소별 움직임의 속도 조절을 유도하는 역할과 방법은 〈표 4-3〉과 같다.

〈표 4-3〉 속도 큐 음악요소별 적용방법

음악요소	적용방법
템포 (tempo)	움직임의 속도를 고려하여 음악 템포를 결정할 때 복합적인 움직임의 여러 가지 단순동작을 분리해서 각각에 적합한 속도를 반영한다. 내담자의 움직임 단계별 속도를 파악하는 것이 가장 중요하다.
박자 (meter)	템포 설정을 위해 파악된 여러 단계의 움직임을 하나의 패턴으로 구성하고 어떤 단위로 묶어서 음악 구로 반영할 것인지를 결정한다. 3박 혹은 4박 계열의 움직임으로 구성하고, 전체 제공할 음악 신호의 박을 결정한다.
구조 (form)	여러 가지 동작이 연속적으로 이루어질 때 이를 하나의 패턴으로 구성한 것이 음악구조이며, 동작의 크기와 관여하는 움직임 정도에 따라 적절한 구조화가 중요하다. 예를 들어, 앉기, 일어서기와 같은 연속된 동작을 재활에서 적용할 때, 의자에서 일어나는 동안의 움직임과 일어서서 균형을 유지하는 동작 등에 두 개의 분리된 박을 적용하고 AB구조로 연결하여 적용할 수 있다.

(3) 힘의 큐(Force cue)

움직임에 소요되는 힘, 즉 근력 혹은 중력을 거스르며 움직이는 동작 등에서 요구되는 힘은 뇌손상으로 인해 움직임의 통제가 어려운 내담자들에게 가장 도전적인 과제이기도 하다. 특히 환측의 경우, 힘 조절에 제한이 있는 경우 음악에서 제공되는 힘에 대한 신호는 내담자의 움직임을 지지하는 중요한 역할을 한다.

가장 중요한 두 가지 음악요소는 음량과 화성이다. 움직임을 위해 사용해야 하는 근육의 양이 많은 대근육 움직임, 혹은 악력과 같은 소근육의 조절 등을 위해 점진적인 음량의 변화와 포르테시시모(fff)와 같은 음량 신호를 제공하여 청각을 통한 움직임 자극(또는 변화) 및 지지를 제공한다. 화성의 경우 주로 근육의 긴장과 해소 과정에 적용하는데, 힘이 필요한 곳에 많은 수의 음으로 구성된 화성을 구성하고 힘이 덜 필요한 곳에 적은 수의 음으로 구성된 화성을 제공할 경우 힘이 들어갈 때와 힘을 뺄 때를 구분할 수 있다. 화성의 부화음(또는 텐션화음)을 통한 긴장감 상승 및 정화음(또는 주화음)으로의 해결을 유도하여 자연스럽게 힘의 조절을 돕는다.

6) PSE의 치료적 메커니즘

PSE는 다소 복잡한 수준의 운동 움직임에 대한 재활, 발달, 유지를 위한 기법이다. 기본적으로는 RAS의 치료원리를 기반으로, 좀 더 적극적인 음악요소들의 활용을 통해 치료적 메커니즘 청각-운동 상호작용을 바탕으로 한다. 앞에서 설명했듯이 RAS의 확장 개념이기 때문에 기본적으로 음악동조화에 기반한다.

음악동조화를 통해 청각-운동기능 간 연합이 유도되고, 리듬과 더불어 다양한 음악요소가 광범위한 뇌영역 활성화를 유도한다. 특정 움직임에 맞춰 시간, 공간, 힘의 큐를 음악에 반영함으로써 움직임 신호에 대한 점화 작용뿐 아니라 전체 움직임 구간에 대한 타이밍 신호가 제공된다. 예를 들어, 동작을 크게 유도하기 위해 화성을 펼쳐서 연주하면 내담자의 뇌에서는 운동에 관여

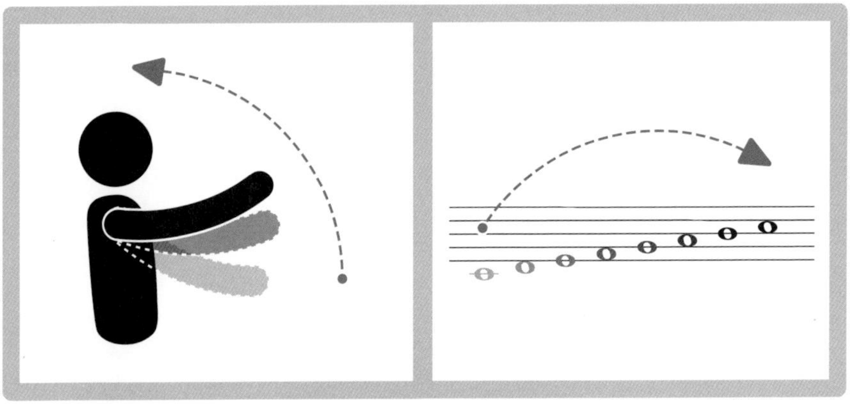

[그림 4-16] PSE 적용 시 움직임과 음악의 연계성

하는 뉴런과 움직임을 통제하는 회로(circuit)가 활성화한다. 이처럼 모든 움직임을 음악패턴에 반영하는 PSE 기법은 다소 복잡한 수준의 움직임에 대한 재활을 위해 구성되며 음악치료에서 음악의 고유성이 특히 강조되는 기법이다.

또한 음악 지각적 측면에서 PSE의 신체 움직임 적용은 부분이 아닌 전체에 대한 지각을 유도하기 때문에 게슈탈트 원리에 기반한다고 볼 수 있다. 복잡하고 여러 단계로 구분된 움직임을 하나의 연결된 움직임으로 인식하고, 움직임의 시작과 끝을 하나의 음악패턴으로 묶는다. 때문에 내담자는 PSE를 의미 있는 하나의 음악적 신호로 받아들여 동작수행 시 수월성과 연속성을 돕는다.

※ 음악동조화

리듬동조화 개념을 확장한 것으로 리듬 수준의 단순 청각자극이 아닌 다양한 음악요소가 결합된 하나의 음악이 움직임에 대한 리드믹 큐 역할을 하기 때문에 '음악동조화'라는 용어를 사용한다(김세민 외, 2020 참조).

7) PSE 음악치료 예시

[그림 4-17]은 음악의 각 구간이 팔을 들어 올릴 때 요구되는 세부동작을 포함하고, 선율의 방향과 다이나믹 등의 음악요소가 동작의 특성을 반영하도록 구성되었다.

[그림 4-17] 어깨관절의 가동범위증가를 위해 팔을 들어올리는 동작을 유도하는 PSE 음악의 예시

[그림 4-18]은 앉은 자세에서 무릎관절의 굴곡을 유지하면서 들어 올리는 동작을 위해 동작의 범위, 힘, 그리고 소요 시간 등을 반영한 다양한 음악요소가 적용되었다.

[그림 4-18] 전보행 훈련 시 적용되는 PSE 음악의 예시

3. 치료적 악기연주

1) 치료적 악기연주란 무엇인가

치료적 악기연주(Therapeutic Instrument Music Performance: TIMP)는 PSE와 유사한 원리를 기반으로 적용되는 음악치료기법으로, 악기를 통해 목적화된 움직임이 구체화되고, 움직임의 시작과 끝에 대한 정확한 타이밍 신호를 얻을 수 있는 특징이 있다. 실제 사물을 사용하여 동작을 유도하거나 움직임의 궤적을 유도하는 과제기반훈련의 확장적 개념이다. 내담자가 악기를 연주하면 악기소리와 연주를 위한 움직임이 청각운동연합을 활성화하고 움직임을 촉진할 수 있는 장점이 있다. PSE가 움직임에 대한 청각적 피드백을 치료사의 음악제공을 통해 경험한다면, TIMP는 보다 능동적으로 내담자 스스로 악기연주에 참여함으로써 청각적 피드백을 발생시키고 움직임을 유도한다.

2) 악기연주의 치료적 효과

신체재활에서의 악기연주는 여러 가지 치료적 장점을 가지고 있다. 첫째, 악기라는 사물을 직접 사용하기 때문에 내담자의 주의 수준이 높아지고, 연주 과정 자체로 청각적 자극뿐 아니라 본인의 움직임에 대한 인식이 보다 구체적으로 이루어질 수 있다. 둘째, 악기연주 과정에서 청각, 촉각, 시각 등 다감각 활용이 유도되어 감각정보처리 수준이 높아지고, 이는 다양한 뇌영역의 활성화 및 운동청각 이외의 다양한 감각운동 연합을 유도하여 뇌 안의 네트워크 활용이 적극적으로 이루어진다. 셋째, 음악구조의 활용은 움직임의 패턴을 반영하여 보다 체계적으로 감각운동 정보처리를 돕는다. 움직임의 시간, 공간, 힘의 다이내믹을 악기연주 과정에 녹여 내어 악기의 무게, 연주방법, 악기의 위치 등 악기활용방법을 다양하게 음악적 구조 안에 반영할 수 있다. 넷째, 악기의 특성이 곧 치료적 악기연주의 장점이 될 수 있다. 유사한 음색이나 유사한 형태의 손 타악기도 신체재활에 필요한 관절가동범위, 근력, 독립적인 움직임을 유도하기 위해 치료사의 전문적 판단하에 다르게 선택될 수 있다. 해당 악기의 어떤 특성이 가장 중요한지, 어떤 악기의 특성이 해당 움직임에 가장 중요한지 등을 전문적으로 판단하는 과정이 이 기법의 활용에서 특히 필수적이다.

3) 치료적 악기의 활용

(1) 신체재활의 필요 파악

내담자의 신체재활 치료목표와 움직임에서 관찰되는 문제점은 가장 우선적으로 파악되고 규명되어야 한다. 목표행동과 진단명에 근거한 필요의 설정은 가장 필수적인 단계이다.

(2) 악기의 선택

재활에서 요구되는 움직임은 어떤 과정을 통해 유도되는가를 알아본 뒤, 이에 적합한 악기와 연주방법을 결정한다. 특히 환측의 경우 움직임 범위와 힘의 조절이 매우 제한적이므로 이를 고려한 악기선택이 중요하다. 예시로 뇌손상 환자의 환측 움직임 유도를 위해 작은 움직임에도 큰 소리(또는 청각적 피드백)를 얻을 수 있는 악기를 선택하여 움직임을 촉진할 수 있다. 구체적으로 적용해 보면 뇌손상 환자의 환측 손 앞에 작은 움직임에도 큰 공명을 얻을 수 있는 윈드차임을 활용하여 일정한 음악적 구조 안에서 움직임을 촉진할 수 있다.

(3) 악기연주 과제 수준의 확장

악기연주가 성공적으로 이루어지고 충분한 반복연주가 가능해지면, 이후 악기위치나 음악요소의 변형 등을 통해 운동과제의 수준을 조절할 수 있다. 이때, 악기를 포함한 다양한 음악자원을 변경하거나 확장하여, 재활에서 필요로 하는 운동과제가 충분히 수행되어 성공적인 경험이 이루어지도록 구성한다.

4) TIMP의 치료 메커니즘

상지재활에 주로 적용되는 PSE와 TIMP는 유사한 치료 메커니즘을 기반으로 한다. 다만 악기연주가 주를 이루는 TIMP의 경우 감각운동 연결에 악기연주 동작이 과제로 이어지기 때문에 움직임의 주기가 보다 명확하게 구분된다.

TIMP의 가장 중요한 음악치료 메커니즘은 감각운동 동조화(sensorimotor synchronization)이다. 감각-청각 신호가 움직임과 하나를 이루는 감각운동 동조화는 움직임의 결과로 만들어지는 소리가 하나의 피드백이 되고 청각 피드백이 자신의 운동감각에 동조화되는 것을 의미한다. RAS는 주기적 움직임에 신호를 제공하여 주기에 대한 신호를 제공하고, PSE기법에서 움직임 패턴을 하나의 음악패턴 신호로 구성하여 다양하고 복잡한 수준의 움직임이 이에 상응하는 음악패턴에 반영된다. TIMP는 자신의 움직임에 대한 피드백을 음악, 특히 악기연주소리로 받기 때문에 감각-청각 신호를 단순히 외부에 의존하기보다는 음악치료사의 음악적 제공과 함께 내담자 스스로 산출한다는 특징이 있다. 따라서 TIMP 회기에서 음악치료사가 어떤 수준의 반주를 할 것인지, 어떻게 음악연주를 구조화할 것인지가 치료 효과를 유도하는 데 중요한 요인이다. 내담자가 자신의 연주에 대한 피드백이 청각적으로 들릴 수 있도록 치료 과정을 구성하는 것이 필수적이다.

5) 재활에서의 치료적 악기연주

(1) 재활원리에 기반한 악기연주

악기를 통한 운동학습은 움직임에 대한 청각적 피드백 제공, 리듬구조의 변형 등을 통해 악기연주 동안 충분한 운동연습이 이루어지도록 한다. 리듬구조의 경우 일정 비트를 반복적으로 연주하게 하는 데 효과적이며, 특히 자신의 리듬연주에 대한 리듬-운동 간 연합 및 운동기능에 관여하는 뇌영역 활성화에 도움이 된다. 감각자극을 보다 구체적이고 적극적으로 활용하는 악기연주는 재활세팅 내 내담자들에게 즐거움을 동반한 의미 있는 과제역할을 할 뿐 아니라 많은 반복을 유도한다. 충분한 반복횟수 확보를 위해 템포나 구조 등과 같은 음악의 요소를 조정할 수 있다.

(2) TIMP의 역할

치료적 악기연주는 두 가지 특징적인 역할을 수행한다. 첫째, 특정한 기능적 일상생활 움직임에 대한 연습에 음악적 결과물이 연결되어 움직임의 활성화를 돕는 역할을 한다. 둘째, 악기연주를 통한 음악적 피드백이 자신의 움직임에 대한 흥미와 동기유발을 높여 더 많은 과제행동 수행과 높은 수준의 과제참여를 유도하는 역할을 한다.

6) TIMP의 임상적 적용

(1) 전통적 연주방법의 변화

모든 악기는 음향학적 원리에 기반하여 소리산출에 필요한 연주방법을 가지고 있다. 단순한 손 타악기부터 오케스트라에서 주로 연주되는 바이올린, 플룻 등과 같은 악기까지 모두 특정 연주방법이 요구된다. 손 타악기의 경우 간단한 손 움직임에 의해서도 연주가 가능하지만 현악기나 건반과 같이 다양한 음악요소를 산출하는 악기들은 고유의 연주방법에 대한 학습이 선행되어야 한다. 이러한 악기연주를 전통적인 악기연주로 구분하며, 치료적 악기연주에는 이와 대비되는 개념인 비전통적 악기연주가 적용된다.

비전통적 악기연주는 원래 고유의 연주방법이 아닌 방법으로 악기소리를 산출하는 것으로, 비전통적이라는 개념은 기능적 움직임이 무엇인가를 파악하는 데서 출발한다. 연주를 위한 움직임이 재활의 필요에 부합하는 것이 우선시되며, 필요한 움직임에 맞춰 연주방법을 바꾸는 것으로 이해할 수 있다.

(2) 연주방법의 확장

전통적인 악기연주에서 고난이도의 소근육, 대근육 활용이 주를 이룬다면 비전통적인 악기연주에서 중요한 핵심은 어떻게 응용하고 재활의 필요에 맞춰 확장 및 변경할 수 있는가이다. 내담자의 상태에 따라 연주방법을 바꿀 수 있고, 요구되는 동작의 복잡성 수준을 조절할 수 있도록 악기 자체에 대한 어느 정도 변형도 필요하다. 악기에 벨크로 등을 부착하여 손에 잡지 않고 악기를 연주하거나(예: 말렛을 손에 쥐는 데 제한이 있는 뇌성마비아동이나 뇌졸중 성인 등이 손바닥에 벨크로를 끼고 말렛을 벨크로에 끼워서 연주하는 방법) 기타 피크의 손잡이 부분을 확대하여 손끝집기에 기능제한이 있는 내담자의 기타 스트로크를 유도할 수 있다.

(3) 기법에 적용되는 주요 음악요소

PSE에서 소개된 음악요소들의 이해를 바탕으로 TIMP에서는 악기 적용에 따른 특징화된 음악요소들이 포함된다.

① 박과 구조

기본적으로 리드믹하지 않은 상지 움직임에 대한 연주동작이 이루어지기 때문에 내담자의 움직임 분석을 바탕으로 음악제공을 하기 위해서는 박(meter)를 파악하는 것이 중요하다. 2박 혹은 3박 계열로 움직임을 음악구조에 반영하기 위해서는 동작의 순서와 속도 등 움직임의 다양한 속성을 잘 파악하고 적용해야 한다. 따라서 연주되는 악기의 전반적인 음악구성에 대한 박의 선택과 구조화가 필수적이다. 그룹치료에서 TIMP를 활용할 경우 기본 비트 외 리듬의 분할을 통하여 개인 간 차이를 반영할 수 있다. 모두가 공통적으로 연주 가능한 수준에서 기본 박을 설정하고, 이후 분할 박을 통해 서로 다른 내담자들의 연주를 독려하고 청각적 피드백을 받을 수 있도록 돕는다.

② 악센트

악기연주 시 발생하는 소리지점은 악센트로 반영될 수 있는데 이는 하나의 음악 구를 구성하는 데도 중요한 역할을 한다. 무율악기의 경우 소리발생 지점이 악센트의 역할을 할 수 있도록 구성하고, 유율악기의 경우 서로 다른 음높이나 다른 음색의 두 가지 악기를 사용하여 자연스러운 음악적 악센트를 만들 수 있다. 청각적 피드백이 감각운동 동기화에서 주요한 역할을 하기 때문에 악센트를 활용하여 본인의 연주 시 사용된 움직임의 힘과 범위에 대해 청각적 피드백을 받을 수 있도록 돕는다.

③ 템포

TIMP에서 제공되는 음악의 템포는 시행하는 움직임의 속도에 맞춰져야 한다. 음악치료사는 내담자의 움직임에 대한 관찰을 우선적으로 실행하고, 움직임의 속도를 파악하여 어떤 템포가 적절한지를 판단해야 한다. 정해진 하나의 음악 템포에 동작을 맞추는 것이 아니고 본인의 수행이 가능한 템포로 악기연주를 실행하고, 이후 기능 수준의 향상에 맞춰 변형해야 한다.

④ 음고

공간적 힘을 반영하는 음고는 TIMP에서도 유율악기의 활용을 통해 적용될 수 있다. 높은 음을 공간에서 위에 배치하고 낮은 음을 아래에 배치하여

PSE와의 차이: 공간적 움직임을 음악적으로 채우기보다는 endpoint 의 타이밍 강조

[그림 4-19] TIMP의 실행방식에서 PSE와의 차이

청각적 피드백과 움직임의 동기화가 적절히 이루어지도록 돕는다.

4) TIMP에서 노래 부르기의 역할

악기연주 과정에서 특정 노래가 떠오르거나, 혹은 치료사가 제공하는 음악 반주가 기존의 곡일 경우 내담자가 노래를 부르는 것을 관찰할 수 있다. 이는 음악경험과 심리적 동기유발이라는 측면에서 긍정적인 영향을 미치는 반면, 뇌손상 환자의 이중과제 수행이라는 측면에서 악기연주의 템포가 느려지거나 멈추는 등 운동과제 수행에 어려움을 주기도 한다. 노래 부르기와 악기연주를 병행하는 것은 실질적으로 이중과제 수행으로 이어져, 인지, 신체, 언어 등 다양한 기능영역의 활성화 및 행동과제 수행으로 연결된다. 따라서 내담자에 대한 직접적 관찰 후 뇌손상 정도에 따라 노래 부르기를 제공할지에 대해 치료사의 전문적인 판단이 요구된다.

반주를 할 때 멜로디가 선명하게 들리면 내담자는 이를 노래를 부르라는 신호로 인식할 수 있다. 따라서 기존곡을 사용할 경우 멜로디가 어느 정도 선명하게 드러나게 할 것인지 치료사가 결정해야 하며, 기본 박이 가장 중요하므로 코드나 왼손 반주에서 박을 유지하는 것은 중요하다. 반면, 노래 부르기를 통해 치료경험에 대한 긍정적 경험과 정서적 지지가 필요하다고 판단된 경우 내담자의 노래 부르기를 격려하고, 음악치료사도 함께 노래 부르기에 참여하여 내담자를 지지할 수 있다.

7) TIMP 음악 예시

[그림 4-20]에서 A는 내담자가 악기를 연주하는 것을 표현한 그림이고, B는 사용된 음악의 예시이다. 탬버린을 특정 높이에 위치하도록 받침대로 고정시킨 후, 목표지점에 거꾸로 위치시켜, 내담자가 무릎을 올렸을 때 무릎과 탬버린의 접촉을 통해 청각적 피드백을 얻을 수 있도록 구성하였다. 악보에 표기된 '연주' 부분에서 무릎을 위로 올려 악기를 연주하게 하는데, 내담자의 기능 수준과 재활목표에 따라 연주 횟수를 확장할 수 있다. 예시음악은 기존

의 친숙한 곡이나 치료사가 만든 곡 모두 가능하며, 음악 구조를 활용하여 연주 시점을 명확하게 제시하도록 구조화하는 것이 가장 중요하다.

[그림 4-20] 악기 변형을 통한 TIMP 기법 적용 음악 활동(A)과 사용 음악(B)의 예시

참고문헌

김세민, 여명선, 김수지(2020). 척수손상환자의 보행기능 향상을 위한 음악 동조화 자극 적용 사례. 재활복지, 24(4), 235-256.

박혜지(2015). 외상성 뇌손상 청소년 대상 리듬청각자극(RAS) 보행훈련 시 선율 적용 사례. 인간행동과 음악연구, 12(2), 19-36.

이나경(2006). 심리학의 관점에서 본 음향심리 연구. 한국소음진동공학회지, 10(3), 375-382.

Altenmüller, E., & Schlaug, G. (2013). Neurological aspects of neurolgoic music therapy. *Music and Medicine*, 5(4), 210-216.

Bigliassi, M., Karageorghis, C. I., Nowicky, A. V., Orges, G., & Wright, M. J. (2016). Cerebral mecahnisms underlying the effects of music during a fatiguing isometric ankle-dorsiflexion task. *Psychophysiology, 53*, 1472-1483.

Ghai, S., Ghai, I., Schmitz, G., & Effenberg, A. O. (2018). Effect of rhythmic auditory cueing on Parkinsonian gait: a systematic review and meta-analysis. *Scientific Reports, 8*(1), 1-19.

Kim, S. J., Kwak, E. E., Park, E. S., & Cho, S. R. (2012). Differential effects of rhythmic auditory stimulation and neurodevelopmental treatment/Bobath on gait patterns in adults with cerebral palsy: a randomized controlled trial. *Clinical Rehabilitation, 26*(1), 904-914.

Krakauer, J. W., Hadjiosif, A. M., Xu, J., Wong, A. L., & Haith, A. M. (2019). Motor learning. *Comprehensive Physiology, 9*, 613-663.

Karageorghis, C. I., & Priest, D. L. (2012). Music in the exercise domain: a review and synthesis (Part I). *International Review of Sport and Exercise Psychology, 5*(1), 44-66.

Morillon, B., & Schroeder, C. E. (2015). Neuronal oscillations as a mechanistic substrate of auditory temporal prediction. *Annals of the New York Academy of Sciences, 1337*(1), 26-31.

Sameiro-Barbosa, C. M., & Geiser, E. (2016). Sensory entrainment mechanisms in auditory perception: neural synchronization cortico-striatal activation. *Frontiers in Neuroscience, 10*, 361.

Storke, M. J., Kwan, M. Y., Gibala, M. J., & Martin Ginis, K. A. (2015). Music enhances performance and perceived enjoyment of sprint interval exercise. *Medicine & Science in Sports & Exercise, 47*(5), 1052-1060.

Terry, P. C., Karageorghis, C. I., Curran, M. L., & Martin, O. V. (2020). Effects of music in exercise and sport: a meta-analytic review. *Psychological Bulletin, 146*(2), 91-117.

Thaut, M. H. (2015). The discovery of human auditory-motor entrainment and its role in the development of neurologic music therapy. *Progress in Brain Research, 217*, 253-266.

Thaut, M. H., & Abiru, M. (2010). Rhythmic auditory stimulation in rehabilitation of movement disorders: a review of current research. *Music Perception, 27*(4), 263-269.

Thaut, M. H., Kenyon, G. P., Hurt, C. P., McIntosh, G. C., & Hoemberg, V. (2002). Kinematic optimization of spatiotemporal patterns in paretic arm training with stroke patients. *Neuropsychologia*, *40*, 1073-1081.

Thaut, M. H., McIntosh, G. C., & Hoemberg, V. (2015). Neurobiological foundations of neurologic music therapy: rhythmic entrainment and the motor system. *Frontiers in Psychology*, *5*, 1185.

제5장

언어재활에서 음악의 치료적 적용

1 언어재활을 위한 음악치료 내 주요 개념

말운동장애와 언어장애와 관련하여 음악의 치료적 적용을 위해 먼저 음악과 말하기 사이의 연관성을 살펴보고자 한다.

1. 말산출과 말지각

말은 인간만이 가능한 고유의 행동으로, 입을 통해 목소리로 정보를 출력하는 말산출(speech production) 과정과 귀를 통해 전달된 목소리를 듣고 정보를 이해하는 말지각(speech perception) 과정으로 구성된다. 때때로 '언어'와 '말' 두 가지 용어를 혼용하기 때문에 언어의 문제와 말의 문제를 동일하게 인식하기도 한다. 그러나 말지각과 말산출은 뇌에서 각각 담당하는 주 영역이 다르며, 지각과 산출 두 가지 기능이 연합할 수 있도록 궁상다발이라는 신경섬유가 각 영역을 연결한다(김향희, 2012). 따라서 소리정보인 말을 청각적으로 전달받는 데 어려움이 있으면 화자(말하는 사람)의 의사를 파악하는 데

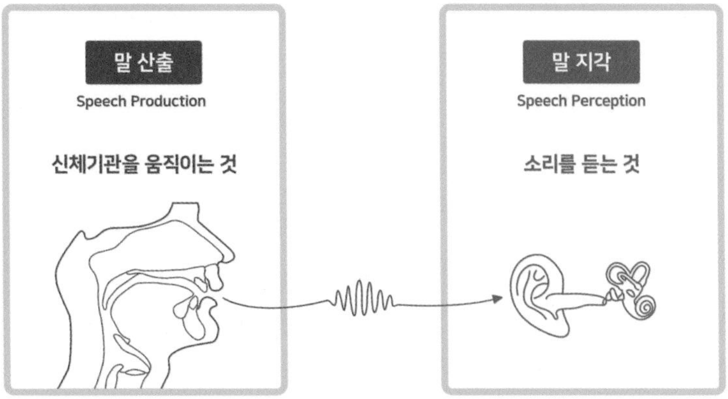

[그림 5-1] 말산출과 말지각 관계

어려움을 겪을 수 있으며, 말산출 시 본인이 지각한 말소리가 왜곡되어 말 명료도나 발음, 음성 등에 문제가 나타난다. 말지각과 말산출을 구분하여 설명하는 이유는 신경언어장애의 진단명 중 지각의 문제를 가진 진단명과 산출의 문제를 가진 진단명이 구분되기 때문이다. 어떤 문제인지를 정확하게 인식하고 음악치료 적용안을 만드는 것은 음악치료사들에게 중요하다.

말소리지각은 인간에게만 국한된 신경 매커니즘을 기반으로 한 하나의 심리 과정으로, 말소리라는 형태로 들리는 단어나 문장을 지각하는 것뿐 아니라 음소 차원의 소리정보들을 인지하는 것, 그 정보를 기억하여 분석하고 이해하는 것까지를 포함한다(Heald & Nusbaum, 2014). 다시 말해서 말지각의 범위에는 인지 과정이 포함되는데, 음성지각(phonetic perception)과 단어재인(word recognition)의 심리적 과정이 동반된다(Samuel, 2011). 외부로부터 들려오는 말소리를 의사소통 상황에서 의미 있는 언어로 지각하고 이해하는 과정에는 단순히 듣기만 하는 수동적 경험뿐 아니라 이에 상응하는 활발한 언어자극 및 인지경험이 함께 작동되기 때문에 인지발달과 밀접한 관련성을 가진다.

좀 더 세부적으로 살펴보면, 말소리를 지각하기 위해서는 복잡한 처리 과정이 요구되어, 상향식 처리와 하향식 처리 과정이 동시에 일어난다. 상향식 처리 과정은 말소리가 청자의 귀로 들어와 뇌로 전달되어 그 음소 단위들을 하나의 단어, 문장, 문단 단위로 지각하고 이해하는 과정이다. 이와 동시에 하향식 처리 과정, 즉 입력된 정보를 파악하는 과정에서 말소리가 제시된 맥락과 함께 기존에 가지고 있던 판단, 지식, 기대 등의 개념도 영향을 주는 것이다(이영미, 2013; Rossi-Katz & Arehart, 2009). 따라서 말소리지각은 사용되는 단어의 음운 간 유사성이나 듣기 환경(소음 등) 등의 영향을 받는다.

음악 또한 청각매체로서 지각과 산출이 연속적으로 이루어지는 특성을 가지고 있다. 방금 들은 음악이 어떤 음악인지, 어떤 악기로 연주되었는지 등을 파악하는 과정에 문제가 있는 음악지각의 어려움과 건반 위의 손가락을 개별적으로 움직이지 못하거나 악보에 있는 노래를 멜로디에 맞게 부르는 산출의 어려움은 각기 구분되는 다른 기능영역의 문제이다. 둘 중 어떤 어려움인지에 따라 해결을 위한 접근법이 다르듯 말지각과 말산출 역시 치료사의 중재 접근에 차이가 있어야 한다.

언어재활을 위해 음악치료에 의뢰되는 환자들의 언어/말 문제가 말지각의 어려움인지 말산출의 어려움인지 구분하는 것은 치료목표에 부합되는 음악 활동 구성의 주요 치료요소를 규명하는 데 중요하다. 음악치료 중재를 구성할 때, 말지각의 어려움에 속하는 실어증의 경우 노래 부르기에서 노래가 갖는 가사의 의미와 가사가 어떻게 말소리화되는가에 초점이 맞춰진다. 말산출의 어려움에 속하는 마비말장애의 경우에는 노래 부르기에 관여하는 근육의 움직임과 얼마나 많은 호흡, 어떤 강도의 음악 구(phrase)를 반복하는지가 모두 고려되어야 한다.

2. 말과 음악

1) 말리듬과 음악리듬

말과 음악은 서로 다른 특징을 가진 인간행동의 결과물이지만 실행을 위해서 순서화된 체계를 거쳐 산출의 과정이 이루어지는 공통점을 가지고 있다(Jancke, 2012; Patel, 2010). 말리듬은 언어를 시간적으로 구조화한 것을 의미하는데, 언어학적 특성에 따라 리듬을 형성하는 방식은 강세(stress-timed)에 기반하거나 음절(syllable-timed)의 길이에 의해 만들어진다(Grabe & Low, 2002). 즉, 리듬은 소리의 시간적 길이와 강세에 의해 만들어지는데, 말소리와 음악 모두 발생하는 소리의 속성을 시간적 구조에 따라 조절하여 리듬을 산출할 수 있다.

말은 음악에 비해 정기적이고 규칙적인 특성이 강하지 않고 단어나 문장 내 음소의 길이 등의 변이성이 크다. 따라서 강조하고자 하는 단어의 의미에 따라 강세를 주거나 음도 및 모음발성을 길게 끄는 등 다양한 전략을 사용하여 말리듬을 더 명료하게 산출할 수 있으며, 반대로 잘못된 전략을 사용하면

불분명한 말이 산출될 수 있다(Patel, 2011). 이러한 변이성으로 인해 뇌손상 환자들의 말기능 회복에 어려움이 증가한다. 반면에 구조화된 음악리듬은 일정한 패턴과 반복적 구조, 그리고 이에 따른 예측성을 가지고 있으며, 말산출 시 타이밍 및 말속도 등을 조절하게 할 수 있어 치료도구로서 적절한 역할을 할 수 있다.

말리듬은 말산출 과정에서 발견되는 특성 중 음악요소와 가장 유사한 속성으로, 시간적 구조를 가진 청각적 매체라는 공통점이 있다. 말하기와 음악 모두 구조화된 리듬에 기반하여 산출되는데, 조음 혹은 음정 등이 만들어지면서 연속적인 이벤트가 형성되고, 이는 타이밍, 악센트, 그루핑이라는 체계적인 패턴을 만든다(Ding et al., 2017; Patel, 2003). 따라서 말할 때 그리고 음악을 들을 때 반복적으로 들리는 일정한 패턴을 지각함으로써 박을 느낄 수 있고 일관된 구조를 인지할 수 있다(Tierney et al., 2018).

2) 말 운율과 선율

말산출 시 운율(prosody)은 말소리를 얼마나 길게, 크게 혹은 높게 내는가 등 다양한 변수를 가진 언어의 특성을 의미하는데, 음도(pitch), 강도(loudness), 지속시간(duration), 쉼(pause)과 같은 초분절적(suprasegmental) 음향학적 단서가 다양한 측면에서 언어에 반영되어 효과적인 의사전달을 돕는다(Erickson, 2005). 자연스러운 말하기는 이렇듯 다양한 운율 활용을 통해 이루어지는데, 의사소통 시 상대방의 이해를 도우면서 언어의 뜻과 그 이면의 정서를 전달한다(Hirschberg, 2002). 억양(intonation)은 발화에 선율적 요소를 부가하여 정서와 태도를 표현하거나 화용론적 기능을 포함한 다양한 언어학적 기능을 가지고 있다(Nolan, 2006). 강세 또한 음절에 부여되어 말의 명확도를 높여 주는 주요한 요인이 되며, 쉼(pause)은 발화 시 의미에 따라 하나 혹은 여러 단락으로 나누는 역할을 한다. 지속시간(duration time)이란 발화 시작 시점부터 마치는 시점까지의 시간인데, 발화의 지속시간이 지나치게 길어지거나 부적절한 쉼을 섞어 대화할 경우 의미전달에 어려움이 발생한다.

뇌손상으로 인해 중추신경계의 직 · 간접적인 손상을 입은 환자들의 경우 구어 운율에 변화가 발생한다. 말산출에 사용되는 근육의 약화, 부정확함, 불협응 등으로 인해 말속도, 강도 등에 영향을 받고 부자연스럽거나 단조로운 운율로 인해 문맥의 내용과 상황에 적절하게 의사소통하는 데 어려움을 경험한다(Ilie et al., 2017). 특히 말장애 환자들의 경우, 부족한 호흡량이나 저하된 호흡조절능력으로 인해 운율장애를 겪는데, 이로 인해 자신의 감정을 드러내거나 의도를 분명하게 전달하는 것에도 제한이 발생한다.

선율 역시 음높이, 길이, 세기 등의 특성을 가지고 다양한 맥락과 정서를 표현하는 음악요소로 말소리와 지각적 · 음향학적으로 유사성을 가지고 있다(Ilie & Thompson, 2006). 음악에서 선율은 음의 높고 낮음에 대한 공간적 차원과 음길이의 길고 짧음에 대한 시간적 차원에 따른 음들이 나열된 것으로(정현주, 2015), 음고와 음의 길이가 일정한 패턴을 가지고 배열된다. 즉, 선율이라는 수평적인 음들의 관계는 조성, 화성 등의 부가적인 요소에 의해 영향을 받는다. 말소리와 결합된 선율은 정서적 맥락을 전달할 뿐 아니라 가사를 통한 의미표현이 함께 이루어진다.

3. 치료도구로서의 노래 부르기

음악치료에서 다양한 목적을 가지고 가장 빈번히 적용되는 노래 부르기는, 노래라는 대상을 목소리산출 과정을 통해 외부로 내보내는 '부르는 과정'과 본인이 만들어 낸 소리를 다시 귀로 듣는 '듣기 과정'이 동시에 복합적으로 이루어지는 행위이다. 일반적으로 노래를 부르는 것은 표현적 활동으로서 목소리의 외현화에 초점을 맞추지만, 실제 듣기 과정을 통해 뇌로 정보를 입력하는 과정과 부르는 과정에서 만들어지는 공기 에너지의 움직임, 이를 위한 다양한 근육의 움직임 등이 요구된다. 더불어 심리 · 정서적 반응이 함께 유도되어 노래 부르기 경험의 고유성이 강화된다. 노래 부르기는 듣기보다 여러 단계의 과제가 더 많이 요구되는 음악행동으로서, 음악치료의 기본이

되는 세 가지 주요 음악행동인 음악감상, 노래 부르기, 악기연주는 동일한 수준의 행동이 아님을 인식해야 한다.

이는 음악치료사가 음악 중재안을 구성할 때 관찰되는 내담자의 특정 문제가 어느 단계의 문제인지를 먼저 파악하고 어떻게 노래를 부를지, 어떤 수준의 정보를 뇌로 입력하는 것이 적절한지(예: 복잡한 반주패턴의 사용 등), 어떤 근육 움직임이 어느 정도 요구되어야 하는지를 고려하여 구성해야 한다. 이는 노래 부르기에서 일반적으로 경험하는 듣기 좋은 노래보다는 치료목표에 따라 어떤 멜로디를, 어떤 가사를 어떻게 불러야 하는지에 초점이 맞추어야 함을 의미한다.

특히 신경언어장애에 접근하기 위한 노래 부르기 등 치료적 음악구성은 음악구성은 재활이라는 특수목적을 위한 기능적 접근에 기반하기 때문에 일반적 선호나 친숙성보다는 치료원리와 기능재활의 목적이 우선시되어야 한다. 음악선호는 개인성을 반영하는 음악의 긍정적 측면이지만 치료환경에서 선호가 항상 내담자의 필요에 부응하지는 않는다. 다시 말해서 기능의 변화는 선호에 의해 발생하는 것이 아니라 증상에 접근하는 원리가 선택되고, 이러한 치료원리가 작동될 때 변화를 유도할 수 있다.

1) 노래 부르기의 특징

노래 부르기는 음성을 사용해서 음악적 소리를 만드는 행동으로 호흡, 발성, 조음, 공명과 관련된 근육계에 직접적인 자극을 통해 이루어진다. 매우 강하고 빠른 들숨과 길고 조절된 날숨이 관여하는 노래 부르기는 일반적인 음성산출 시보다 더욱 높은 강도의 음성을 만들어 내고 많은 음성조절력을 필요로 한다. 따라서 말산출 과정의 문제점에 대응하여 효과적인 치료방법으로 사용될 수 있다. 노래 부르기의 생리학적 특징을 정리해 보면 다음와 같다.

(1) 음성을 사용한 음악적 소리

편안한 상태에서 말할 때와 비교했을 때 움직임에 관여하는 근육의 양과 조절의 수준이 높기 때문에 일반적으로는 난이도가 높은 과제라 할 수 있다. 다시 말해서 노래 부르기 행위 자체는 말하기보다 어려운 과제이며, 특히 기능의 제한을 가진 내담자들에게는 도전적인 과제가 될 수 있다. 따라서 음악치료사의 치료적 적용, 내담자 필요에 대한 이해가 중요하며, 노래의 선택부터 구성, 반주와 진행 등 전체 과정에서 음악의 치료적 적용이 반드시 필요하다.

(2) 강하고 빠른 들숨과 통제되고 연장된 날숨

노래를 부를 때 일정 길이의 음을 연속적으로 산출해야 하기 때문에 음악구(phrase)의 길이에 따라 날숨의 연장이 필요하며, 이는 곧 강하고 빠른 들숨이 요구됨을 의미한다. 일반적으로 신경언어장애 환자들이 갖는 공통적 어려움이 빠르게 숨을 들이쉬거나 가지고 있는 숨을 길게 유지하는 부분으로 이들에게는 노래 부르기 자체가 도전적인 과제이다. 이에 음악치료사의 음악적 조정, 노래 내 음악요소의 활용, 음악 반주를 통한 지지 등을 통해 적절한 타이밍에 충분한 공기를 마실 수 있는 시간을 제공하는 것이 중요하다.

노래 부르기는 말하기에 비해 통제되고 연장된 날숨과 강하고 빠른 들숨이 요구되기 때문에 일반적인 편안한 상태에서 말하기와는 생리학적으로 다른 수준의 조절력이 요구된다. 말하기와 노래 부르기는 동일한 해부학적 구조를 공유하지만 실제 요구되는 압력과 조절력은 차이가 크기 때문에 노래 부르기를 치료적으로 적용하는 데 있어 강도 및 음악 구의 조절은 특히 중요하다.

생명유지를 위한 일반적인 호흡에서의 들숨과 날숨의 비율이 40:60인데 비해, 말하기 시 비율은 10:90으로 짧은 들숨과 긴 날숨 동안 의사소통을 하게 된다(남도현, 최홍식, 2007). 말하기보다 더 많은 소리의 조절이 요구되는 노래 부르기는 더욱 통제되고 연장된 들숨과 날숨의 조절이 이루어지며, 노래를 위해 빠르고 짧게 숨을 들이마신 뒤 대부분의 시간 동안 소리를 내기 위해 호흡을 조절하게 된다. 특히 뇌손상 환자의 경우 호흡 관련 근육의 조절과 말산출 기관의 조절 어려움으로 인해 더 많은 에너지와 노력을 요하게 된다.

(3) 말하기와 노래 부르기의 유사성

노래 부르기는 말하기와 동일한 해부학적 구조물을 공유하여 소리산출 과정의 유사성을 갖고 있다. 음성산출 과정에서 요구되는 생리학적 · 음향학적 원리가 유사하여 다양한 언어재활기법에서 노래를 통한 말산출 유도 과정이 활용된다. 말하기와 노래 부르기 모두 공통적으로 일정한 음고, 음역, 템포, 리듬패턴 등을 가지고 있으며, 산출 과정에 필요한 언어체계를 어떻게 조절하는가에 따라 특정 근육 움직임이나 기능 등을 재활하는 데 도움을 줄 수 있다.

2) 노래 부르기의 심리정서적 특징

(1) 삶의 이야기, 노래

일반적으로 노래 부르기는 '노래'에 포함된 가사와 구조가 '부르기'라는 목소리산출 과정에 관여하는 생리학적 움직임과 호흡을 사용하는 복합적인 음악행동이다. 노래는 가사와 음악구조 및 요소로 구성된 하나의 음악자료이다. 만들어진 노래가 목소리와 악기를 통해 전달될 때 하나의 음악으로 인지되는데, 노래를 부르는 동안 가사가 전달되는 과정에서의 음악구조 및 요소들은 다양한 감정 경험, 연상 및 회상 등을 가능하게 하여 궁극적으로 개인이 삶 속에서 경험하는 다양한 이야기를 전달할 수 있다. 또한 노래가사의 의미와 이를 구성하는 음악적 구조나 형식 등이 복합적 음악요소의 역할을 하여 다양한 심리정서 반응을 촉진할 수 있다. 어떤 노래가사를 부르는가에 따라 개인의 문제를 표현할 수도 있고, 말로 전달하기 어려운 다양한 내면의 어려움을 구체화할 수 있다.

(2) 개인 고유의 악기, 목소리

목소리는 개인 고유의 특성으로 자신을 표현하는 의사소통의 방법이자 음악을 만들어 내는 악기이다. 신체를 직접 활용하기 때문에 생리학적으로 말산출기능의 활용뿐 아니라 내면의 심리 · 정서적 상태가 외현화될 수 있다.

이는 노래 부르기가 심리 · 정서적으로 활용될 수 있는 가장 큰 치료적 근원으로 목소리를 통해 표현되는 가사와 소리는 개인을 드러내는 과정이 된다. 따라서 언어재활을 목표로 노래 부르기를 하는 과정에서도 부르고 있는 가사와 목소리 등에 심리적인 반응과 변화가 유도될 수 있으며, 노래 부르기가 갖는 복합적인 치료혜택이 될 수 있음을 의미한다.

2 언어 및 말기능 개선을 위한 음악치료

신경손상 환자의 언어재활은 발달 단계상 언어와 말기능의 습득이 완료된 이후 기능의 상실 혹은 손상에 대한 회복을 목표로 한다. 이에 비해 아동은 아직 발달 과정상 더 습득해야 할 언어능력이 남아 있으므로 발달적 촉진 전략이 요구된다. 즉, 아동에 대한 언어 영역의 접근은 수용언어와 표현언어 영역으로 구분되며, 의미론, 구문론, 화용론 등과 관련된 문제를 중심으로 접근하는 것에 비해, 성인 신경손상 환자의 경우 말하기, 알아듣기, 따라 말하기, 이름 대기, 읽기, 쓰기 등의 언어기능 관련 과제 수행을 중심으로 접근한다. 이와 같이 발달장애아동과 성인 신경손상 환자에 대해 언어재활 접근은 각각 다른 치료적 관점이 요구된다.

성인의 언어장애 접근 시 언어기능 회복에 영향을 줄 수 있는 요인들을 살펴보면 개인적 요인, 신경학적 요인, 치료 관련 요인으로 구분할 수 있다. 각각의 내용은 [그림 5-2]와 같다. 이는 일반적으로 진단평가 과정에서 획득하는 기본 정보 외에도 내담자가 받고 있는 관련 치료요인들의 정보가 중요함을 보여 주는 것으로, 진단명 외에 주 손상 부위와 정도, 유병기간 등이 치료의 강도와 내용 구성에 영향을 미치는 중요한 요인으로 작용한다는 것을 알 수 있다.

신경언어장애의 문제들은 실제 하나의 증상에 국한되지 않고 환자의 다른 기능영역의 문제와 함께 여러 가지 증상이 동시에 발현되기 때문에 다각적인

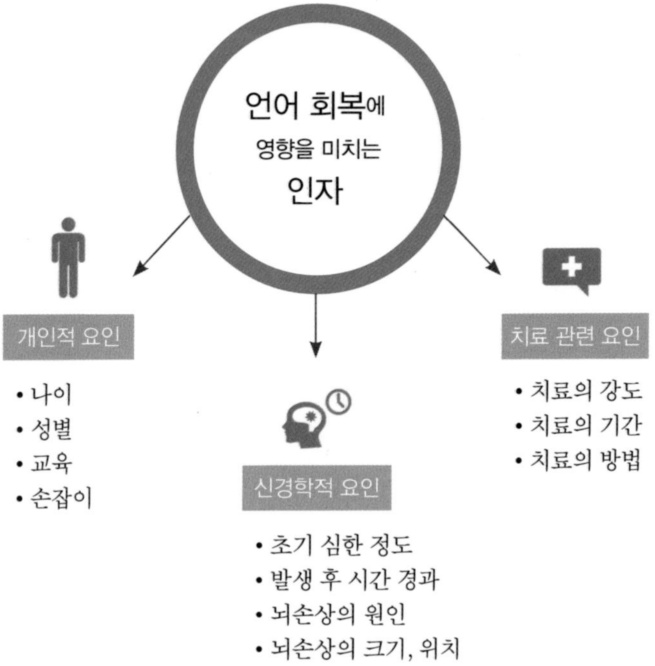

[그림 5-2] 언어기능 회복에 영향을 미치는 개인적, 신경학적, 치료 관련 요인

치료 접근이 요구된다. 또한 말기능과 언어기능을 동시에 개입할 수 있는 다양한 매체와 전략의 활용이 중요하다. 말하기와 음악이 갖는 공통적 요소와 원리들을 이용한 다양한 치료기법이 개발되고 있으며, 특히 해부학적 구조물을 공유하는 노래 부르기의 경우 말산출에 직접적인 개입을 할 수 있는 효과적인 방법으로 사용되고 있다.

이 장에서는 언어재활 내 음악의 적용이 어떻게 가능한지 어떻게 적용하는 것이 적절한지에 대한 원리와 적용방법을 설명하고자 한다. 특히 기존의 Thaut 박사에 의해 소개된 언어재활 목적의 신경학적 음악치료 기법과 함께 저자가 임상현장에서 다양한 신경학적 진단명을 가진 환자들과 음악치료 중재 및 연구를 수행하면서 체계화한 중재방안을 소개하겠다. 복합적인 문제를 보이는 뇌손상 환자의 여러 문제에 효과적으로 접근하기 위해 일반적으로 두 가지 이상의 기법을 복합적으로 적용하거나 응용 · 확장한다. 이에 기본적인 원리의 이해를 바탕으로 실제 임상에서의 다각적인 접근이 중요하며, 궁극적으로는 신경언어장애에 대한 보다 정확한 이해와 팀 접근에서의 전문가 간 소통을 바탕으로 음악치료를 접근하는 것이 바람직하다.

3 가창요소기반 단계적 말기능 중재 프로토콜

음악치료 임상의 실제적 필요에 기반하여 말장애로 인한 발생하는 문제점들을 말산출 과정에서 주로 다루어져야 할 문제점을 규명하고 이에 대해 음악을 어떻게 치료적으로 구성하고 적용할 것인가를 소개하고자 한다. 이 프로토콜은 저자의 임상과 연구 결과를 토대로 구성된 것으로 신경손상 내담자들의 말기능 개선을 목적으로 구성되었다. 가창요소기반 단계적 말기능 중재 프로토콜은 크게 네 가지 단계로, 첫째, 도입 단계에서 호흡과 관련된 상체 근육의 긴장이완을 유도하고, 둘째, 호흡의 과정을 다양한 형태로 반복하는 호흡조절력 훈련, 셋째, 음악요소가 다양하게 통합된 발성훈련, 넷째, 찬트 혹은 노래 부르기의 통합된 형태의 언어리듬과 운율의 자연스러운 수행을 돕는 과정으로 구성되어 있다. 이는 말운동장애를 가진 내담자들에게 개인별 주 증상에 맞춰 필요한 단계를 응용·확장하여 제공함으로써 말하기라는 하나의 복합적이고 통합적인 기능을 개선할 수 있도록 한다.

1. 긴장이완 및 음성 워밍업

대부분의 말장애 환자는 경직, 마비 등 뇌손상으로 인한 말산출 근육 및 신경조절에 이상이 있으므로, 청지각적으로 의사소통에 어려움이 있는 상태로 판단되었다면 말산출 과정 전반에 걸쳐 근육 움직임을 원활히 하기 위한 워밍업이 필요하다. 가장 기본이 되는 호흡과 관련된 상체 근육과 어깨, 목 근육의 긴장이완 유도를 위한 상체 움직임, 스트레칭 등이 필요하다. 이를 위해 예측 가능한 멜로디 라인을 반복적으로 사용하여 긴장이완이 유도될 수 있는 일정한 템포와 리듬구조를 제공하는 것이 중요하다.

따라서 예측 가능한 멜로디 라인, 안정적인 화성 및 리듬구조의 반복을 일정한 템포로 제공하여 내담자가 신체적 긴장이완뿐 아니라 심리적 안정성도 함께 확보할 수 있도록 한다. 음악치료사는 이때 PSE를 적용할 수 있으며, 움직임의 방향과 유지가 필요한 동작 등을 사전에 점검하여 필요한 상체근육의 충분한 이완을 유도한다.

다음의 음악 예시는 긴장이완을 위해 호흡을 하기 위한 PSE 음악으로, 들숨 시 상행멜로디, 날숨 시 하행멜로디를 적용한 것이다. 연주 시 다양한 음악기호를 활용하여 충분한 들숨과 날숨의 시간을 제공한다.

[그림 5-3] 긴장이완을 위한 PSE 음악의 예시

실제 들숨과 날숨의 패턴를 반영하여 각 구간을 다른 박(meter)으로 구성하고, 치료목표를 위해 날숨이 길게 유도될 수 있도록 구조화되었다. 연주 시 다양한 악상 기호를 활용하여 음량 및 음고, 음역 등의 변화를 통해 반복되는 들숨과 날숨에 대한 음악적 신호를 변별하도록 하고, 내담자 기능 수준에 적절한 들숨과 날숨의 시간을 제공할 수 있다.

2. 호흡조절력 훈련

이 단계는 호흡조절을 위해 다양한 소리를 만들거나 호흡패턴을 구성하여 음악과 함께 반복하는 단계이다. 숨을 들이쉬고 내쉬는 부분에 상향 및 하향의 음계를 적용하여 음악을 구성한다. 마비말장애 환자의 경우 충분한 들숨을 확보하는 데 어려움이 있기 때문에 호흡패턴의 구성이 날숨 이후 들숨에 대한 명료한 음악적 신호가 중요하다. 또한 호흡근의 조절력 훈련이 중요하여 내담자가 짧게 혹은 길게 다양한 길이의 호흡을 반복할 수 있도록 구성해야 한다.

찬트 혹은 노래 부르기를 사용할 경우 가사가 반복되는 구간과 쉬는 구간을 통해 명확하게 분리되어야 하며, 성문하압의 증가가 유도될 수 있도록 유지해야 하는 음의 길이나 스타카토 등 다양한 음악요소의 활용이 필요하다.

치료사는 내담자가 음악의 상행선율에 맞춰 숨을 들이마시게 하고, 들숨 구간을 유지하도록 트레몰로를 활용하여 음악을 제공한다. 이때, 내담자의 체간이 들렸는지 반드시 확인한 후 하행선율을 제공하여 날숨을 내쉬도록 한다. 들숨 날숨의 반복 외에 호흡을 잠시 멈추는 단계를 통해 호흡 관련 근육의 조절이 요구되도록 음악을 구성하였다.

[그림 5-4] 호흡 조절을 위한 PSE 음악의 예시

[그림 5-4]와 같이 내담자의 기능에 맞춰 치료사가 직접 음악을 만들 수도 있고, 기존의 친숙한 음악의 리듬 혹은 선율의 패턴을 부분적으로 활용할 수도 있다. 다음에 제시된 예시는 기존 음악이 어떻게 치료적으로 적용될 수 있는지 보여 준다.

[그림 5-5] 친숙한 노래의 반복되는 악구를 음악적 신호로 활용한 예시

버스커버스커의 〈여수밤바다〉나 이장희의 〈나 그대에게 모두 드리리〉 등, 기존의 곡 중 특정 리듬패턴이 반복적으로 제시되는 음악 구간의 부분을 활용하였다. 내담자는 치료사가 제시하는 음악을 듣고 날숨의 길이를 일정하게 산출하는 데 도움을 받을 수 있다. 내담자의 기능 수준에 따라 /아/ 발성을 시행하거나, 날숨을 내쉬도록 과제를 제공할 수 있다. 치료사는 내담자의 들숨 및 날숨의 길이를 음악 구간을 활용하여 조절할 수 있다.

3. 발성훈련

이 단계는 음악요소를 활용하여 적극적으로 발성을 유도하는 단계이다. 말장애 환자들에게서 공통적으로 관찰되는 기식성 발성이나 낮은 음도 등은 치료적으로 구성된 노래를 부르는 과정에서 관련 기관의 훈련이 유도될 수 있다. 성대내전의 증가를 유도하는 악센트를 넣은 모음 발성은 기본 주파수를 개선시킬 수 있을 뿐 아니라 후두근육의 긴장 조절을 위한 모음발성의 횟수 조절이나 템포 조절 등은 다양한 원인에 의한 음성의 질 개선에도 직접적인 영향을 줄 수 있다.

[그림 5-6] 악센트 발성을 위한 음악의 예시 1

[그림 5-6]에서 보여 주는 것은 규칙적으로 제공되는 음악 신호에 따라 최대한 들숨을 마신 후 악센트를 넣어 발성하도록 하는 음악으로, 치료사가 연주하는 세 번의 신호 중에서 세 번째 연주되는 강한 박을 들으며 최대한 숨을 들이마시고, 네 번째 박에 맞춰 악센트를 넣어 강하게 발성하도록 유도한다.

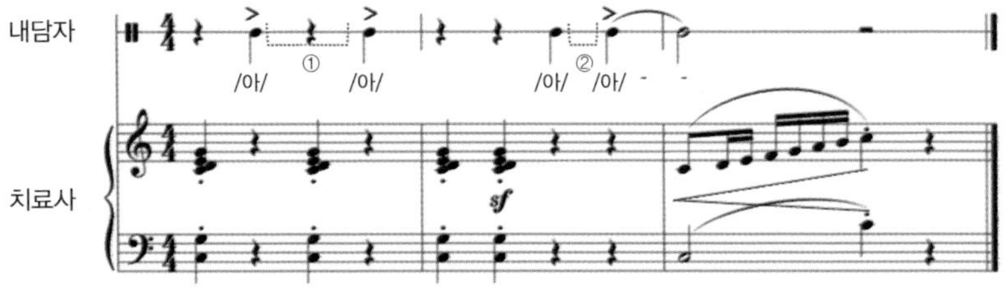

[그림 5-7] 악센트 발성을 위한 음악의 예시 2

[그림 5-7]은 치료사의 스타카토 연주를 발성에 대한 신호로 활용한 음악의 예시로, 내담자의 치료목표 혹은 기능 수준에 따라 숨을 들이마시는 구간을 ①과 ② 등과 같이 다르게 조정할 수 있다.

4. 찬트와 노래 부르기

말장애 접근에 있어 가장 공통적으로 적용되는 찬트와 노래 부르기는 말산출 과정 전반에서 공통적으로 관여하는 해부학적 기관과 신경 네트워크로 인해 내담자들에게 효과적인 치료경험으로 제공될 수 있다. 찬트와 노래 부르기가 가진 음악요소 중 리듬과 음악 구는 들숨과 날숨의 길이를 조절할 뿐 아니라 호흡과 발성의 협응을 유도하는 효과적인 치료요소로서 호흡근 강화와 함께 전체적인 소리산출의 협응력을 높일 수 있다.

특히 노래 부르기가 갖는 의도적인 들숨, 즉 음의 길이를 산출하기 위해 오랫동안 음을 끄는 상황은 성대의 공기압력의 증가와 음성의 강도 향상에 직접적으로 영향을 주고, 이 과정에서 역시 호흡근 조절력이 향상될 수 있다. 따라서 내담자의 필요에 맞춰 적절한 강도와 길이의 음악 구를 발성하도록 하는 것은 자연스러운 말산출 과정에서 들숨과 날숨의 조절력을 함께 유도해 준다.

찬트가 가진 리드믹한 구절과 악센트, 억양 등의 유형은 분명하고 일정한 박자를 반복하는 데 효과적일 뿐 아니라 호흡을 위한 신호유도가 자연스럽게 이루어져 별도의 언어적 지시 없이도 내담자들이 효과적으로 호흡패턴을 찾고 이에 맞는 발화를 하도록 돕는다. 악센트는 말장애 환자의 재활에서 주요한 음악요소로서 지속적으로 반복되는 리듬패턴, 음악 구에서 악센트는 힘의 신호뿐 아니라 호흡의 타이밍을 알려 주는 역할을 한다.

종합적으로 살펴보면 찬트와 노래 부르기는 자연스러운 언어리듬과 운율을 형성하는 데 긍정적인 역할을 할 뿐 아니라 호흡패턴의 안정화, 음량의 향상 등 의사소통 맥락에서 효과적인 개선을 유도하는 방법이다.

4 언어재활 내 신경학적 음악치료 기법

1. 리드믹 말하기를 위한 신호 제공하기

1) RSC 개요 및 치료원리

이 기법을 보다 구체적으로 명명하자면 리드믹한 말산출을 위한 음악신호의 제공이라고 할 수 있다. 리드믹 말하기를 위한 신호 제공하기(Rhythmic Speech Ceing: RSC)는 말산출 특성 중 리듬적인 부분에 초점을 맞춰 음악치료 기법으로 제시된 경우인데, 말하기 특성에서 리듬패턴의 복잡성, 길이 등을 조절하고 리듬이 갖는 시간적 구조를 치료의 주 구성요소로 적용하는 기법이다. 노래를 부를 때 표현되는 리듬, 선율, 가사 등 여러 음악요소를 주 리듬을 주 요소로 사용하기 때문에 리듬의 복잡성, 리듬패턴의 길이 등을 적절하게 말하기의 재활 필요에 맞춰 적용한다. RSC의 가장 주요 특징은 리듬자극을 통해 말하기의 속도를 조절하는 것으로, 말할 때 멈추는 정도를 음악 구의 구성과 리듬의 시간적 간격 조정을 통해 향상시킬 수 있다.

기법 명칭에서 알 수 있듯이 리듬이 주 음악요소로 적용되는 기법으로 리듬-운동 동조화 원리와 리듬과 연관된 말하기 요소들, 즉 말할 때의 속도나 유창성의 향상에 영향을 준다. 말산출을 위해 구강 근육과 발성에 관여하는 다양한 구조물의 움직임을 리드믹한 음악 구에서 제공되는 다이내믹, 템포, 리듬패턴 등에 의해 조절되도록 하는 것이다. 따라서 음악요소들이 어떻게 선택되고 구성되는가가 가장 중요한 치료구성원리이며, 이때 산출하고자 하는 말의 길이나 난이도 등을 고려하여 가사를 구성하고 이를 적절한 리듬 구에 반영하는 것이 중요하다.

2) 주 치료목표

RSC 기법이 적용되는 주 치료목표는 말 명료도 향상, 조음정확도 향상, 말의 유창성 향상 등이 있다. 치료 시작 전 내담자의 신경언어장애에 대한 평가결과를 확인하여 연하장애의 유무나 동반장애를 파악해야 하고, 이를 바탕으로 치료에 사용하고자 하는 기능적인 문장의 길이나 난이도 등을 결정해야 한다.

3) RSC의 임상 적용

RSC는 다음과 같은 과정을 통해 임상현장에서 적용한다.

(1) 문장에 적합한 리듬패턴 만들기

설정된 목표에 따라 음악치료사는 말하기 과제에 필요한 내담자에게 적합한 기능적 문장들을 선정하고, 리드믹한 음악 구를 선택한다. 문장은 주로 일상에서 쉽게 생각할 수 있는 문장이나 노래가사 등에 있는 문장을 사용하여 편안하게 말하면서 리드믹하게 산출되는지를 확인한다.

(2) 리듬에 맞춰 우세손 탭핑하기

주어지는 리듬자극에 맞춰 우세손을 사용하여 탭핑을 한다. 이 과정은 청각-운동을 연합하는 과정으로 내담자의 손 움직임이 청각적으로 입력되는 리듬패턴과 함께 움직이면서 뇌운동영역을 활성화시킨다.

(3) 문장을 말하면서 리듬 탭핑하기

내담자에게 적절한 템포와 음량을 확인한 뒤 노래가사에 있는 문장을 읽으면서 탭핑을 한다. 이때 노래가사를 사용하는 경우, 구어로 말하기에 적합한 내용과 길이의 문장인지 반드시 살펴보아야 한다. 또한 멜로디 중심의 서정적인 가사보다는 반복해서 산출하는 말하기 과제로서 리드믹한 말하기가 가능한지 확인해야 한다. 예를 들어, 원곡의 템포가 빠르고 가사가 많은 노래의 경우 내담자가 천천히 말하면서도 원곡에 비해 매우 느리다는 심리적 부담감을 느낄 수 있다. 따라서 음악치료사는 사전평가에서 파악된 내담자의 음악자원을 면밀히 살펴보고 전문적인 판단을 해야 한다.

(4) 문장 읽기

일상 내에서 내담자가 쉽게 사용하거나 이해할 수 있는 익숙한 것들과 관련된 문장을 만들어서 읽도록 한다(예: 물 주세요, 리모콘이 필요해요 등). 이때, 문장산출에 적합한 리듬패턴을 만들어 리드믹한 말하기를 하도록 유도한다.

(5) 리드믹 신호 맞춰 말하기

앞 단계가 충분히 성공적으로 이루어지면 리드믹 신호에 맞춰 자유롭게 이야기하도록 한다. 음악치료사와 간단한 질문을 주고 답을 하면서 실제 의사소통 측면에서 말하기가 이루어지도록 한다.

(6) 확장된 말하기

앞 단계의 확장 단계로 신문기사의 제목이나 원하는 주제를 크게 이야기하도록 격려한다. 이는 향후 일상생활로의 전이가 어느 정도 가능한지를 확인할 수 있는 방법으로, 본인이 원하는 주제, 원하는 내용을 적절한 음량과 유창하게 말하는 데 초점을 맞춰 진행한다.

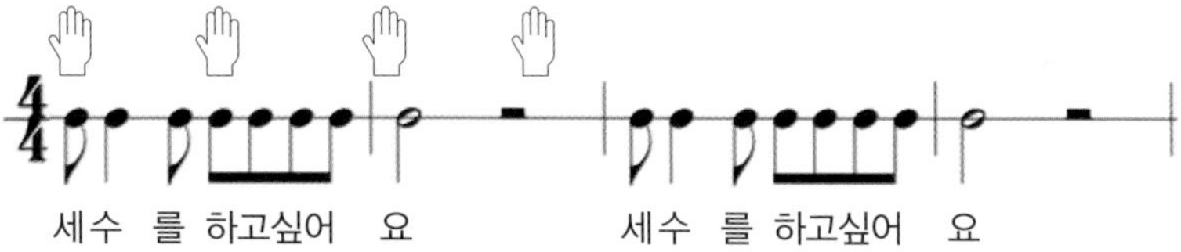

[그림 5-8] 말 기능 향상을 위해 RSC 기법에 친숙한 노래의 리듬패턴을 활용한 예시

[그림 5-8]은 "세수를 하고 싶어요."라는 문장 과제의 수행을 위해 김광석의 〈바람이 불어오는 곳〉에 반복적으로 제시되는 리듬패턴을 단순화하여 사용하였다. 내담자의 수행에 따라 치료사가 제공하는 음악의 수준을 조절하여, 리듬패턴만을 사용하다가 이후에는 선율과 화성을 추가하여 제공할 수 있다.

2. 구강운동 및 호흡연습

1) OMREX 개요 및 치료원리

구강운동 및 호흡연습(Oral Motor and Respiratory Exercise: OMREX)은 입의 움직임에 관여하는 근육과 소리산출에 중요한 역할을 하는 호흡을 함께 촉진하는 기법으로, 노래 부르기, 관악기 등 날숨을 통해 호흡의 양을 조절하고 호흡이 외부로 나가는 과정에서의 구강 근육을 사용하는 음악활동을 주로 사용한다. 간혹 관악기를 부는 활동(악기연주)과 이 기법을 동일하게 생각하는 경우가 있다. 실제 리코더, 하모니카와 같은 악기를 부는 활동은 음악적 산출물이 음정을 통해 즉각적으로 피드백을 받기 때문에 연주를 하는 동안 악기의 소리에 대한 만족이나 음정의 정확도 등 실제 구강이나 호흡 이외의 다른 관심사에 초점이 맞춰진다. 따라서 사용되는 악기가 부는 악기이지만 실제 적용범위는 얼마나 입술을 꼭 다물고 그 상태를 유지할 수 있는가, 호흡을 내보내는 과정에서 어떤 입모양을 해야 하고 얼마나 큰 소리가 필요한가 등 실제 관여하는 신체적 개입의 정도에 맞춰 회기가 구성되어야 한다.

주 치료원리는 노래 부르기나 부는 악기를 연주할 때 들숨 및 날숨을 조절하는 근육의 움직임을 촉진하고 필요에 따라 호흡의 양과 타이밍 등을 조절하여 음성산출 시 호흡량과 소리 크기, 발음의 정확도 등을 높이는 것이다. 기본적으로 말하기와 노래 부르기 시 호흡과 조음기관의 해부학적 · 생리학적 원리를 공유하는 것으로 음악이 가진 고유의 요소들, 즉 음고, 다이내믹, 템포 등을 호흡기능과 발화에 필요한 조음기관의 근육조절의 필요에 맞춰 구성하는 것이다.

2) 치료목표

구강운동과 호흡의 범위에 국한되어 적용되기 때문에 치료목표의 범위도 말할 때 호흡이나 조음의 정확성에 초점을 맞춘다. 주로 마비말장애를 가진 내담자들에게 주로 적용되는데, 호흡의 강도, 호흡조절력, 말 명료도 등이 주 목표로 설정한다. 최근에는 신경재활 환자군 외에도 다운 증후군이나 COPD 등과 같은 호흡문제를 가진 다른 대상군에게도 확대 적용되고 있다.

3) OMREX의 임상 적용

첫째, 기법을 적용할 때 부는 악기를 선택할 경우, 치료사는 여러 가지 치료적 고려사항을 살펴봐야 한다. 치료에서 사용되는 다양한 부는 악기는 실제 악기 원리와 특성에 따라 강조되는 기능이 다를 수 있다. 호흡계 관련 근육 조절과 폐활량의 증가가 주 목표인 OMREX는 주로 부는 악기를 선택하여 구강 근육의 집중적인 사용과 공기저항을 넘어 소리를 산출하게 하는 방법을 적용하기 때문에 악기의 사용 여부와 어느 정도의 근육 사용이 관여하는지를 면밀히 살펴봐야 한다.

둘째, 모든 부는 악기는 공통적으로 입술을 완전히 닫아야 소리가 울림통을 통해 공명이 일어난다. 입이 닫는 부분의 크기나 모양에 따라 구강 근육의 사용 정도가 다를 수 있으며, 소리를 산출하는 데 필요 이상의 저항이 발생할 경우, 날숨을 유지하거나 조절하는 데 큰 어려움을 겪는다. 리코더, 카주 등에 비해 멜로디언은 공기가 전달되는 관의 길이가 길어 실제 뇌손상 환자가 소리를 산출하는 데까지 공기의 양과 압력(힘)이 많이 요구될 수 있다.

셋째, 따라서 악기선택 시 입술의 힘, 입 다물기, 소리산출 시 청각적으로 들리는 피드백이 호흡의 길이나 양을 충분히 반영할 수 있는지 등을 살펴봐야 한다. 하모니카와 같이 날숨과 들숨 모두에서 소리가 산출될 경우 내담자가 음악을 통해 청각적으로 받는 운동조절의 피드백이 어떤 것인지 구분하는 데 혼란스러울 수 있으므로 음악구성의 구조화가 매우 중요하다.

넷째, 치료사의 자작곡 사용이 내담자의 일반적 선호곡 사용보다 치료적으로 효율성이 높을 수 있다. 호흡의 길이와 강도를 조절하고 타이밍을 제공해야 하므로 일반적으로 호흡이나 구강에 문제가 없는 일반적인 상황을 전제로 만들어진 노래는 치료사의 응용과 확장을 많이 필요로 한다. 이에 반해, 치료사의 자작곡은 치료사가 내담자의 기능 수준과 필요에 맞춰 날숨과 들숨의 길이 및 악기 부는 타이밍, 횟수, 반복 길이 등을 반영한 자작곡은 재활목적을 달성하는 데 더욱 용이하다.

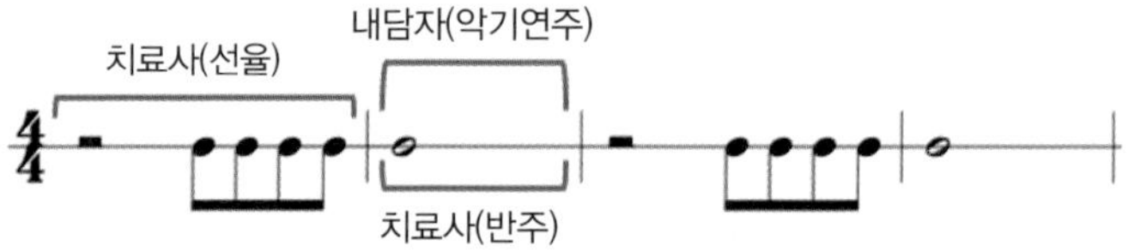

[그림 5-9] 호흡 기능 향상을 위해 OMREX 기법에 친숙한 노래의 선율을 활용한 예시

멜로디언이나 콰이어혼 등, 입술을 다물고 연주하는 취주악기를 일정한 구간마다 불도록 하는 음악의 예시로, Branford Marsalis의 곡, 〈Mo' Better Blues〉에서 반복되는 구간을 활용하였다. 치료사 연주를 통해 반복되는 선율을 큐로 하여 내담자가 연주하는 동안 치료사가 반복되는 반주부를 연주하여 음악을 완성할 수 있다. 내담자가 악기를 연주하는 동안 치료사가 반주의 다이나믹, 템포, 길이 등을 조정하여 입술을 다문 상태에서 최대한 길게 연주할 수 있도록 유도하는 효과가 있다.

[그림 5-10] 호흡 기능 향상을 위해 OMREX 기법에 친숙한 노래의 선율을 활용한 예시

[그림 5-10]에서 네모 상자로 표시된 부분이 내담자의 연주구간으로, 먼저 치료사의 음악을 통해 들숨에 대한 신호를 제공하고, 다음 마디에서 내담자가 연주하도록 구조화하였다. 내담자의 기능 수준에 따라 연주에 필요한 날

숨의 길이를 짧거나 길게 변형할 수 있고, 연주 횟수를 조절하여 호흡 조절력 향상에 도움을 줄 수 있다.

이 외에도 기존 곡을 재구성하는 경우 반복되는 선율이나 리듬패턴을 활용하여 첫마디가 들숨, 다음 마디가 날숨이 되도록 구조화할 수 있다. 내담자 구간은 내담자의 호흡조절력 수준에 맞춰 느리게 연주하거나 마디를 추가하여 구성할 수 있다.

3. 음성억양기법

1) VIT 개요 및 치료원리

음성억양기법(Vocal Intonation Therapy: VIT)은 단순한 음성을 산출하는 과정에서 관련 기관과 움직임의 조절을 통해 음성의 질과 호흡기능의 향상을 도모하는 치료기법이다. 이 기법에서는 음성(vocalization) 산출 수행을 반복적으로 훈련하기 때문에 개인이 가진 음성문제를 집중적으로 볼 뿐 아니라 음성의 질 개선도 함께 관찰할 수 있다. 또한 음성조절을 유도하기 위해 음고나 음성의 다이내믹을 다양하게 활용하여 호흡과 공명, 말산출 시 음색, 음성의 질 전반의 향상을 도모할 수 있다.

비교적 간단한 원리와 기법이므로 주로 다른 기법과 함께 적용하여 목소리를 다양하게 사용해 보는 경험을 할 수 있으며 자신의 목소리에 대한 다양한 경험을 할 수 있다는 점에서 활용도가 높은 기법이라고 할 수 있다. 따라서 주로 음성에 장애가 있는 대상군 모두에게 적용 가능한데 선천적 언어장애, 특히 구순구개열과 같이 구조적인 문제로 인한 음성발화의 문제를 가진 내담자나 신경학적 질환으로 인한 말장애, 불안으로 인한 심리적 병인의 음성장애 등에 다양하게 활용이 가능하다.

2) 치료목표

주로 호흡조절, 호흡훈련 등이 주 목표를 이루며 음성을 다양하게 산출하는 과정에서 사용하는 근육을 타겟으로 하는 경우 조음 관련 근육의 조절훈련도 목표로 실행할 수 있다.

3) VIT의 임상 적용

음성산출이 주 활동이므로 모음발성을 주로 사용한 노래 부르기를 적용한다. 얼굴, 목, 상체 등의 긴장이완, 횡격막, 호흡훈련 등을 먼저 실시하여 호흡근의 준비가 충분히 이루어지도록 하며, 소리를 만들어 내는 과정이 음악적 피드백이 될 수 있도록 음악치료사의 충분한 음악구조화 및 반주 제공이 필요하다.

호흡조절이 주 목표일 경우 들숨과 날숨의 길이를 내담자의 기능 수준에 맞춰 패턴화해야 하며, 특히 들숨에 대한 충분한 시간적 신호가 있어야 음성을 산출하기 위한 호흡조절을 충분히 유도할 수 있다. 또한 모음발성을 다양한 음정으로 산출하면서 억양의 변화를 유도하게 되는데, 이는 후두근과 구강 근육의 움직임의 수축과 이완을 필요로 하며, 이때 다양한 말산출 근육 움직임의 반복이 이루어진다. 이 과정에서 음정의 정확도는 중요하지 않으며 하나의 음정에서 다른 음정으로의 이동이 시도되었는지, 변화가 있는지에 초점을 맞추어야 한다.

[그림 5-11] VIT 기법의 활용을 위해 친숙한 음악을 사용한 예시

치료사는 내담자에게 친숙한 음악의 두 마디를 음악 신호로 제시하고, 내담자가 /아/ 발성 혹은 허밍을 통해 음고를 이동하며 소리를 산출을 할 수 있

도록 구조화한다. 이때, 치료사는 내담자의 수행 목표가 정확한 음정을 산출하는 것이 아닌, 다양한 음 간격의 발성 활동을 반복되는 음악 구조 안에서 시행하는 것이라는 점을 내담자가 알도록 한 후 활동을 진행한다.

4. 음악적 언어자극법

1) MUSTIM의 개요 및 치료원리

실어증 치료기법으로 자주 사용되는 음악적 언어자극법(Musical Speech Stimulation: MUSTIM)은 일종의 자동화된 하나의 문구를 반사적으로 말하게 하는 원리를 이용한 기법으로 이미 반복 학습된 노래 선율과 선율에 연합된 가사를 기능적인 말하기에 연결하는 것이다. 다시 말해서 단어를 생산하는데 있어 노래의 일부를 활용하여 일정 부분의 노래를 먼저 부르면 나머지 부분의 노래를 자동적으로 부르게 되어 반사적 말하기가 이루어지는 원리이다. 일종의 단어와 문장 채우기가 이루어지는 과정으로 리드믹 챈트와도 유사한 구조와 원리를 가지고 있다.

이 기법의 핵심은 내담자가 기존에 인지적으로 이미 익숙하게 알고 있는 노래를 활용하는 것으로 인지체계에서의 어려움 없이 단어가 산출되어야 하며, 이 과정에서 자동화된 말하기가 반복적으로 훈련되고 이를 통한 말 명료도, 발화의 타이밍을 적절하게 조절할 수 있다. 음고가 있는 노래 부르기를 통해 말하는 과정을 촉진하는 것은 뇌의 양반구를 모두 활성화할 뿐 아니라 친숙한 어구를 사용하기 때문에 반복훈련에 대한 심리적 동기를 충분히 지원하여 언어재활에서 많은 어려움을 겪는 실어증 환자에게 큰 도움이 되는 기법이다.

2) MUSTIM의 적용

음악치료 적용에 있어 치료사의 노래 선택과 반주의 적절한 활용이 매우 중요한데, 재활의 목적에 적절한 내담자에게 친숙한 노래의 일부를 선택하고 음악자극을 서서히 소거해 나가면서 자동화된 문장 완성을 반복하는 과정이 필요하다. 선행연구에서 이 기법에 대한 잘못된 적용의 예시가 종종 발견되는데, 성인 언어재활 환자를 대상으로 쉽고 간단한 동요를 반복해서 부르거나 일반적으로 잘 알려진 가요를 부르는 것이 MUSTIM 기법의 적용으로 기술되는 경우가 있다. 친숙성은 이 기법의 치료원리가 아니며, 자동화된 문장 완성에 있어 단어와 문장 완성이 노래악구의 가사를 이용하는 것이다. 이 노래가 기존에 인지체계 안에 있는 노래의 특정 부분에서 가져오되 점차 소거되면서 말하기 단계로 전환되어야 하며, 이후 자유롭게 변형하여 다양한 문장 완성 단계로 활용할 수 있어야 한다.

5. 치료적 노래 부르기

음악치료에서 노래 부르기는 가장 기본적인 음악활동으로 모든 대상군에서 거의 모든 목표활동에 적용되는 음악행동이다. 치료적 노래 부르기가 일반적인 음악치료 회기에서 치료목표를 가진 노래 부르기와 무엇이 다른지 차별점을 알기 어렵다는 의견이 있다. 신경학적 음악치료 기법으로서 치료적 노래 부르기의 명료한 이해를 위해 이 장에서는 신경손상 환자를 대상으로 치료목표에 맞춰 구체적인 치료적 변형 및 응용이 이루어진 노래 부르기를 치료적 노래 부르기라고 정의한다.

치료적 노래 부르기는 일반화된 노래활동, 즉 분위기 전환이나 특정 치료목표와 연결되지 않은 노래 부르기와는 확연히 구분되는 기법으로, 노래 부르기라는 총체적인 음악경험이 구체적인 치료목표를 달성하는 데 직접적으로 연결된다. 말산출 과정에서의 호흡, 발성, 조음 중 내담자의 문제에 맞춰 노래의 특정 음악 구를 활용하여 리듬패턴, 음정의 도약, 혹은 가사의 반복 등을 집중적으로 사용한다. 기존의 노래를 처음부터 끝까지 부르는 것은 일반적인 노래 부르기이며, 치료적 노래 부르기에서 치료사는 치료목표의 성취를 위해 내담자에게 도움이 될 수 있는 구간을 선정하고 노래가 주는 혜택을 충분히 활용할 수 있도록 멜로디 라인, 리듬 등의 음악요소 혹은 가사와 같은 비음악요소 등을 적절히 변형하여 사용해야 한다.

6. 멜로디 억양 치료

1) MIT의 특성

일반적으로 가장 많이 알려진 음악기반 언어치료기법인 멜로디 억양 치료(Melodic Intonation Therapy: MIT)는 70년대 뇌손상 환자를 대상으로 언어기능 향상을 위해 고안된 기법으로(Albert et al., 1973), 실어증 환자의 노래 부르기 기능이 보존된다는 것을 임상관찰을 통해 발견하고, 이를 기반으로 우반구에서 주로 담당하는 음악과 말 운율(prosody)를 활용하는 치료모델로 제시한 것이다. 이 기법은 말 운율에 초점을 맞춰 3~4개의 음도를 사용하여 멜로디 라인을 만들고, 이를 선율화하여 허밍, 노래 부르기, 말하기의 순으로 순차적인 언어작업을 수행한다. 이때, 노래 부르기에서 일반적인 말하기 속도보다 느리고 정확한 리듬과 보다 강한 강세를 사용하고, 이러한 특성이 실어증 환자들의 문장발화 오류를 감소시키는 데 도움을 준다고 보고하였다(Sparks & Holland, 1976).

MIT 기법의 주요 원리는 말과 노래의 운율적 유사성에 기반하는데, 말의 억양과 리듬, 노래의 선율과 리듬을 매칭시켜 목표한 단어나 문장의 음운, 운율적 정보와 관련된 음악요소를 이용하여 자연스러운 언어산출을 유도한다. 또한 말할 때 우반구 활성화를 위해 왼손 탭핑을 하는데, 이는 노래나 말하기를 시작하기에 선행한다.

2) MIT 관련 최근 이슈들

이 기법은 구어의 문구를 유창하게 말하게 하기 위해 멜로디, 리듬, 음성발화(치료사와 함께 혹은 혼자서), 왼손 탭핑 등을 순서적으로 구성한 일련의 훈련 프로그램으로, 치료원리 규명을 위한 다양한 연구가 수행되고 있다. 2000년대 이후 다양한 뇌영상기법이 발달하고 이를 기반으로 한 연구들이 증가하면서 선율에 대한 뇌활성화 영역이 우반구에 국한되지 않음을 확인하였고, 선율의 정보 중 어떤 음악적 요소가 복합적으로 존재하는가에 따라 음악의 시간적 정보는 좌측에, 음의 진행과 화성, 선율 등은 우측에 집중적으로 분포되어 있음을 확인하였다. 다양한 선행분석 결과를 보면 MIT에서 강조하는 멜로디 요소가 집중적으로 사용되지 않더라도 '반복'에 의한 개선의 효과가 어느 정도 일관되게 나타나는 것을 알 수 있었으며, 언어장애의 특성상 다른 어족의 언어들, 특히 말의 운율이 두드러지지 않는 언어에 적용했을 때의 효과성에 대한 보고는 일관적이지 않다.

최근에 다양한 언어문화권에서 수행된 MIT 연구를 살펴보면 MIT가 가진 치료특성 중 선율 이외에도 음성화의 반복, 왼손 탭핑, 사용하는 어구의 특성 등이 중요한 치료변인으로 대두되고 있다. 또한 언어적 특성에서 리듬이 갖는 중요성이 강조되고 있으며, 언어재활에서 리듬의 역할이 많은 연구를 통해 강조되어 왔다(Boucher et al., 2001; Thompson et al., 2016). 특히 왼손 탭핑과 리드믹 구어를 산출하는 것은 조음을 향상시키는 데 효과적인 것으로 알려져 있는데, 이 기법에서 언어를 산출하게 하는 데 가장 중요한 역할을 하는 것으로 여겨진다(Curtis et al., 2019; Merrett et al., 2014; Stahl et al., 2011). 이러한 지속적인 연구 결과를 볼 때 멜로디 억양 치료의 음악적 연관성과 효과성에 대한 보다 심화된 연구가 요구되며, 특히 기초 연구를 통한 음악치료 논거 확립이 중요한 시점이다.

3) MIT의 실행

MIT는 손상되지 않은 비언어적 기능, 즉 음의 높이나 음길이 등의 요소들을 활용하여 비언어적 기능에서 언어적 기능으로의 대체를 유도하는 기법이다. 따라서 시작 단계에서는 허밍하기나 유니슨으로 음을 따라 부르는 등 단순한 선율을 음성으로 부르는 것에 초점을 두다가 완전한 노래 형식으로 발화를 유도하면서 목표발화의 전체 길이를 늘려간다. 처음 적용 시에는 총 4단계를 따르는데, ① 허밍하기, ② 유니슨(unison)으로 음 따라 부르기, ③ 즉각적으로 선율화된 구절의 반복, ④ 최종 실행을 확인하는 질문에 답하기를 시행한다.

4) MIT 기법 적용 시 고려사항

(1) 목표단어의 범위

목표단어는 주로 단순한 2~3음절의 단어가 선택된다. 일상에서의 고빈도 단어나 문장을 활용하며, 내담자가 생활에서 직접 쓰는 단어, 실용적이고 필요한 말을 중심으로 선택한다. 내담자에게 가장 필요한 단어 중심으로 선택하며 난이도 조절이 가능하도록 하여(예시: 물, 물 주세요., 물 한 컵만 주세요. 등), 문장의 길이 연장이 가능하도록 구성한다.

(2) 선율의 범위

선율은 우반구 활성화를 유도하는 주요한 요소로 자연스러운 운율을 활용한다. 허밍, 반복 등의 절차를 고려해 단순하고 참여하기 쉬운 운율을 선택한다. 주로 3~4개의 음을 사용하여 운율을 구성하며, 음소를 강조하기 위한 리듬 혹은 악센트의 사용 등도 가능하다.

(3) 왼손 탭핑의 적용

산출되는 문장의 리듬 길이를 고려하여 탭핑한다. 음절당 탭핑하기보다는 말하고자 하는 문장이 자연스럽게 산출될 수 있는 리듬패턴을 찾고 이에 맞춰 탭핑한다. 이는 우반구 활성화를 위한 과정으로 내담자가 말하기 속도에 대한 페이스를 확인할 수 있고, 음소발화를 지속적이고 일정한 속도로 할 수 있도록 신호를 제공하는 역할을 한다.

(4) 내적 시연

문장을 순서대로 말하기 위한 운동명령의 어려움에 대한 훈련으로 매우 효과적인 내적 시연(inner rehearsal)은 조용히 목표문장에 음을 맞추고 산출해야 하는 문장을 한 번에 말하게 하기 위한 과정이다.

(5) 음악치료사의 반주

음악치료사가 제공하는 음악반주는 단순한 동기유발이나 심리적 만족에 앞서 뇌의 우반구 활성화에 매우 중요한 역할을 한다. 선율 정보뿐 아니라 화성 정보를 함께 제공함으로써 내담자가 산출하는 멜로디 이외의 영역에서의 음악지각적 활성화를 유도할 수 있다.

(6) 음정의 정확성

비유창성 실어증 환자가 이 기법에 참여하는 주 목적은 언어를 사용해서 말을 하는 것으로, 음정에 맞는 노래 부르기는 치료의 관심사가 아니다. 발음이 부정확하거나 음정에 맞추지 못하더라도 음에 대한 수정보다는 말산출 자체를 격려하고 긍정적인 피드백을 함으로써 산출을 반복할 수 있게 돕는 것이 중요하다.

(7) 단계별 수행

모든 단계를 반드시 다 수행해야 하는가? 여러 단계가 체계적으로 구성된 것이 이 기법의 특징이며, 단계별 반복을 통해서 재활의 목표성취가 더 수월해질 수 있다. 다만 내담자의 말하기 기능 수준에 따라 조절이 가능하며, 수월하게 할 수 있는 단계와 시간과 노력이 많이 필요한 단계를 잘 파악해서 음악치료사의 음악반주 및 긍정적 피드백이 제공되어야 한다.

참고문헌

남도현, 최홍식(2007). 호흡과 발성. 서울: 군자출판사.

이영미(2013). 양측 인공와우이식 아동의 말지각과 듣기 노력. 이화여자대학교 대학원 박사학위논문.

이현복(2000). 남북한 언어의 발음 차이에 관하여. 교육한글, 13, 43-54.

정현주(2015). 음악치료학의 이해와 적용(개정판). 서울: 이화여자대학교 출판부.

한지연, 이옥분, 심이슬(2008). 구강기류 분석에 근거한 정상 성인의 문단 읽기 시 호흡그룹 특성. 음성과학, 15(4), 135-146.

한지연(2011). 정상 성인 여성의 구문길이에 따른 읽기에서의 호흡그룹 특성. 언어치료연구, 20(1), 191-206.

Albert, M. L., Sparks, R. W., & Helm, N. A. (1973). Melodic intonation therapy for aphasia. *Archives of Neurology, 29*(2), 130-131.

Bangert, M., Peschel, T., Schlaug, G., Rotte, M., Drescher, D., Hinrichs, H. et al. (2006). Shared networks for auditory and motor processing in professional pianists: Evidence from fMRI conjunction. *Neuroimage, 30*, 917-926.

Boliek, C. A., Hixon, T. J., Watson, P. J., & Morgan, W. J. (1996). Vocalization and breathing during the first year of life. *Journal of Voice, 10*(1), 1-22.

Boucher, V., Garcia, L. J., Fleurant, J., & Paradis, J. (2001). Variable efficacy of rhythm and tone in melody-based interventions: implications for the assumption of a right-hemisphere facilitation in non-fluent aphasia. *Aphasiology, 15*(2), 131-149.

Curtis, S., Nicholas, M. L., Pittmann, R., & Zipse, L. (2019). Tap your hand if you feel the beat: differential effects of tapping in melodic intonation therapy. *Aphasiology, 34*(5), 580-602.

Ding, N., Patel, A. D., Chen, L., Butler, H., Luo, C., & Poeppel, D. (2017). Temporal modulations in speech and music. *Neuroscience & Biobehavioral Reviews, 81B*, 181-187.

Duffy, J. R. (2005). *Motor speech disorders: Substrates, differential diagnosis, and management*. 2. St. Louis, MO: Elsevier Mosby.

Erickson, D. (2005). Expressive speech: production, perception and application to speech synthesis. *Acoustical Science and Technology, 26*(4), 317-325.

Ferrand, C. T. (2013). *Speech science*. NJ: Pearson Education, Inc.

Grabe, E., & Low, E. L. (2002). Durational variability in speech and the rhythm class hypothesis. *Papers in Laboratory Phonology, 7*(1982), 515-546.

Heald, S. L. M., & Nusbaum, H. C. (2014). Speech perception as an active cognitive process. *Frontiers in Systems Neuroscience, 8*, 35. doi.10.3389/fnsys.2014.00035

Hirschberg, J. (2002). Communication and prosody: Functional aspects of prosody. *Speech Communication, 36*(1-2), 31-43.

Ilie, G., Cusimano, M. D., & Li, W. (2017). Prosodic processing post traumatic brain injury—a systematic review. *Systematic Reviews, 6*(1), 1-18.

Ilie, G., & Thompson, W. F. (2006). A comparison of acoustic cues in music and speech for three dimensions of affect. *Music Perception, 23*(4), 319-330.

Jancke, L. (2012). The relationship between music and language. *Frontiers in Psychology, 3*, 123.

Kleber, B., Veit, R., Birbaumer, N., Gruzelier, J., & Lotze, M. (2009). The brain of opera singers: experience-dependent changes in functional activation. *Cerebral Cortex*, doi:10.1093/cercor/bhp177.

Merrett, D. L., Peretz, I., & Wilson, S. J. (2014). Neurobiological, cognitive, and emotional mechanisms in melodic intonation therapy. *Frontiers in Human Neuroscience, 8*, 401.

Nolan, F. (2006). Intonation. In B. Aarts & A. McMahon (Eds.), *The handbook of English linguistics* (pp. 385-405). Black well Publishing.

Patel, A. D. (2003). Language, music, syntax and the brain. *Nature Neuroscience, 6*, 674-681.

Patel, A. D. (2010). *Music, language, and the brain*. Oxford university press.

Patel, A. D. (2011). Why would musical training benefit the neural encoding of speech? The OPERA hypothesis. *Frontiers in Psychology, 2*, 142.

Patel, A. D. (2018). Rhythm in language and music: parallels and differences. *Annals of the New York Academy of Sciences, 999*, 1, 140-143.

Ratnovsky, A., Elad, D., & Halpern, P. (2008). Mechanics of respiratory muscles. *Respiratory Physiology & Neurobiology, 163*, 82-89.

Rossi-Katz, J., & Arehart, K. H. (2009). Message and talker identification in older adults: effects of task, distinctiveness of the talkers' voices, and meaningfulness of the competing message. *Journal of Speech, Language, and Hearing Research, 52*(2), 435-453.

Samuel, A. G. (2011). Speech perception. *Annual Review of Psychology, 62*, 49-72.

Smith, A., & Zelaznik, H. N. (2004). Development of functional synergies for speech motor coordination in childhood and adolescence. *Developmental Psychobiology, 45*(1), 22-33.

Sparks, R. W., & Holland, A. L. (1976). Method: Melodic intonation therapy for aphasia. *Journal of Speech and Hearing Disorders, 41*(3), 287-297.

Stahl, B., Kotz, S. A., Henseler, I., Turner, R., & Geyer, S. (2011). Rhythm in disguise: why singing may not hold the key to recovery from aphasia. *Brain, 134*(10), 3083-3093.

Thompson, N., Storie, S., & Purdy, S. (2016). "Catching the tune or channelling the beat: A pilot study investigating the role of rhythm in therapeutic singing for aphasia. *New Zealand Journal of Music Therapy, 14*, 122-161.

Tierney, A., Patel, A. D., & Breen, M. (2018). Repetition enhances the musicality of speech and tone stimuli to similar degrees. *Music Perception, 35*(5), 573-578.

제6장

인지재활에서 음악의 치료적 적용

1 인지재활을 위한 음악치료 내 주요 개념

이 장에서는 인지재활을 위한 음악치료를 설명하기 위해 앞의 운동재활 및 언어재활에서의 음악치료와는 다르게 인지기능의 이해 및 원리를 자세히 소개하고 음악의 치료적 적용이 가능하도록 구성하였다. 전반적인 내용을 주의, 기억, 집행기능으로 구분하여 정리하였고, 이 중에서 주의는 신경학적 음악치료에서 소개된 기법들을 설명하였다. 이후 기억 및 집행기능은 해당 기능의 이해를 높이기 위해 개념을 소개하고 인지전략을 설명하여 음악치료사들이 임상현장에서 음악의 치료적 적용이 가능하도록 돕고자 하였다.

1. 인지기능의 이해와 평가

1) 인지기능의 이해

인지기능은 일반적으로 다양한 환경과 상황 속에서 제공되는 정보를 학습하거나 결정하기 위해 사고 혹은 판단이 요구될 때 사용되는 능력을 의미한다. 인지라는 개념에는 아는 것(knowing)과 이해하는 것(understanding)이 모두 포함되며, 외부에서 입력되는 정보를 처리하고 판단하는 과정으로 정의된다(Pendleton & Schultz-Krohn, 2006). 또한 인지의 영역에는 주의, 기억력, 집행기능, 문제해결능력 등의 다양한 하위기능이 포함되며, 우리는 이러한 기능을 총체적으로 활용하여 일상생활에 필요한 지적 활동을 할 수 있다.

인지정보처리 과정은 수동적으로 정보를 수용하는 과정과 이를 능동적으로 처리하는 지적 과정 모두를 포함한다. 촉각, 청각, 시각, 후각, 미각, 운동감각으로부터 입력된 정보를 변형하고 그것을 사용하여 환경과 적절하게 상호작용하는 지각 과정과, 뇌의 정보를 처리하고 저장한 다음 다시 인출하여 활용하는 인지 과정으로 구분된다(Nes et al., 2021). 즉, 지각이 개인이 가진 감각을 활용하여 입력된 정보를 규명하고 해석하는 'sense-making' 과정인 반면, 인지는 지각된 정보를 활용하는 'thinking' 과정으로 이해할 수 있다.

인지기능의 하위기능은 지각, 주의, 단기기억, 장기기억, 집행기능 등으로 세분화할 수 있다(이정모 외, 2017). 각 하위기능은 학문적으로 분리하여 설명할 수 있으나 실제 활용하는 측면에서는 명확하게 분리되지 않기 때문에 실생활에서 인지기능은 주어진 정보의 수준과 과제의 속성에 따라 연속적으로 일어나는 하나의 과정으로 볼 수 있다. 예를 들면, 주의기능의 문제가 발생한 경우 정보 입력 단계에서의 문제이므로 이후 단계인 단기기억이나 집행기능 활용 등에서도 온전하게 기능을 활용하는 데 한계가 있으며, 주의기능이 향상되었다는 것은 주의기능만 좋아졌다는 것이 아니라 전반적인 인지기능 활용이 보다 용이해졌다는 것을 의미한다.

운동기능과 언어기능의 경우 관찰을 통해 기능의 수준과 역할을 이해하는 것이 비교적 용이한 반면, 뇌로 입력되는 정보를 처리하는 과정인 인지기능은 직접적인 관찰이 아니라 인지기능을 통해 명령을 전달받은 행동반응을 통해 이해해야 한다는 어려움이 있다. 따라서 인지영역에 대해 접근할 때는 목표 과제 및 과제 수행에 수반되는 행동반응에 대한 정확한 이해가 필요하다.

2) 인지기능의 평가

인지기능을 평가할 때 중요한 점은 얼마나 객관적으로 환자의 기능 수준을 파악하는가이다. 인지기능이 갖는 연속적이고 복잡한 정보처리의 과정의 특성을 고려해야 하므로 인지기능평가에는 다각적인 방법이 활용된다. 주로 대화, 관찰, 인터뷰 등을 통해 내담자가 일상생활에서의 과제 수행 수준과 관련된 인지손상의 여부를 추정하고, 표준화된 검사도구를 활용하여 실제 수행 수준을 통한 손상의 정도를 파악한다. 또한 진단명, 뇌손상 부위, 교육 수준, 연령 등 다양한 요소를 고려하여 종합적인 판단을 하는데, 이를 개인적 요인과 외부적 요인으로 구분하여 살펴보면 다음과 같다.

(1) 개인적 요인

인지기능은 다른 기능영역에 비해 개인차가 큰 기능으로, 개인이 환경과 상호작용을 통해 형성한 인지기능 활용의 방법과 정도, 저장한 정보의 수준 등에서 차이가 나타난다. 개인적 요소에는 주로 관찰되는 행동상의 어려움이나 주의 수준, 감각처리 과정과 지각의 어려움, 피로와 통증, 감각손상이나 운동손상, 교육 정도, 언어와 의사소통기술, 타인 혹은 환경과의 상호작용 시 문화적 측면 그리고 개인이 형성하고 있는 가치 등에서 다양성이 나타난다.

(2) 외부적 요인

인지기능을 관찰할 때 영향을 미칠 수 있는 외부적 요인에는 물리적 환경(소음, 온도, 채광, 주변 상황 등), 치료사의 행동(평가 수행에 대한 치료사의 감정 반응 등), 다른 사람의 존재나 부재(치료사 외에 보호자, 다른 평가자가 있는지 없는지 등)이 포함되며, 인지기능검사를 반복적으로 실시할 때 검사의 객관성 확보를 위해 이전과 동일한 외부적 요인을 유지하는 것이 매우 중요하다.

인지기능평가에서 고려해야 할 점들은 음악치료 환경에서도 동일하게 적용되어 인지기능평가를 위해 구성하는 '음악과제'가 어떤 수준으로, 어떤 기능을 포함하는지를 살펴보아야 한다. 이는 객관적 평가에 있어 중요한 요인이 된다. 특히 하위인지기능을 구체적으로 평가하기 위해 음악중재 내용을 구성할 때, 과제의 난이도나 구성 내용이 특정 인지기능이 아닌 전반적 기능을 다 활용하거나 목표인지기능이 실제 많이 활용되지 않는 과제인 경우 치료 과정과 목표성취에 있어 타당한 치료 결과를 도출하는 데 어려움이 있으므로 주의해야 한다.

2. 인지기능영역

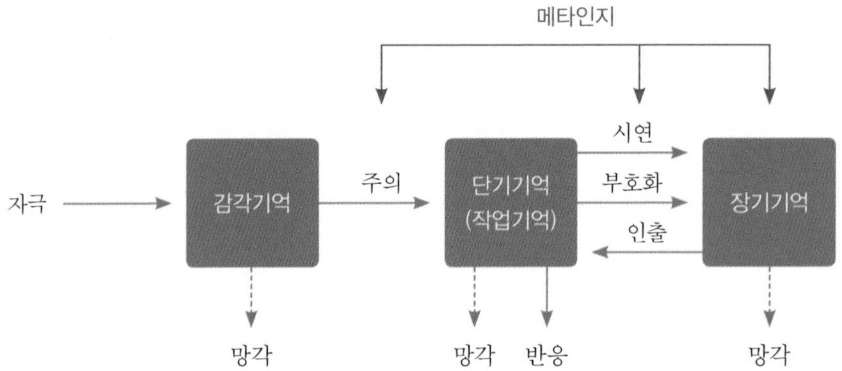

[그림 6-1] 정보처리 진행 단계(Atkinson & Shiffrin, 1968)

1) 주의

(1) 주의의 이해

주의(attention)란 환경의 정보나 자극에 반응하는 능력을 의미하는데, 뇌로 입력되는 많은 정보 중 특정한 정보를 선택하여 처리하는 것을 의미하기도 한다. 따라서 주의를 정보의 선택 과정으로 볼 때, 이 과정을 사용하는 수준을 심리학적 측면과 신경학적 측면의 두 가지로 구분할 수 있다. 심리학적 수준에서 활용되는 주의는 처리하고자 하는 자원 중 선호하는 자원에 반응하는 것으로, 조절의 기능을 강조한 해석으로 볼 수 있다. 이에 반해 신경학적 수준에서 해석하는 주의는 신경학적 선택 반응으로, 뇌에서 이루어지는 반응에 초점을 맞춘다. 이와 같은 구분에 따르면, 주의의 수준 및 유지기능을 측정하기 위해서는 평가 과정에 다양한 과제를 사용해야 한다(Reed, 2014).

주의의 범주에 속하는 각성(alertness or arousal)은 좀 더 기초적인 수준에서의 반응을 의미하는데, 각성은 행동을 하기 위해 뇌가 이를 준비하는 단계에서 뇌간부터 대뇌겉질의 생리적 활동을 시작하는 것을 뜻한다(Fischer et al., 2008). 각성이 없으면 외부 환경으로부터 정보를 받아들이는 것이 어렵고 특정반응을 하지 못하므로 주의의 문제를 다루기 위해서는 각성 여부를 확인할 필요가 있다. 혼수상태나 졸린 상태 등과 같이 각성 수준이 낮으면 외부에 대한 반응 수준이 낮아지는데, 예를 들어 졸음이 오는 상황에서는 영화를 보더라도 영화 내용을 파악할 수 없는 것과 같다. 따라서 내담자의 각성 수준이 낮으면 특정 활동이나 평가 등을 시작하기 전에 충분히 깨어서 정보 입력 및 인출 과정이 원활히 일어날 수 있도록 사전활동을 구성할 필요가 있다.

(2) 주의기능에 따른 분류

주의는 기능적 측면에 따라 세부적으로 나뉘는데, 초점(focused), 지속(sustained), 선택(selective), 교대(alternative), 분할(divided) 등으로 구분할 수 있다(Thaut, 2005).

① 포커스/초점주의

초점주의(focusing attention)는 특정한 시각, 청각, 촉각 자극 등 분리된 반응에 주의를 집중하는 능력을 의미한다. 초점주의는 주의를 어디에 기울였는가를 알 수 있는 기능으로, 입력되는 정보의 초기 단계에서 주의를 한곳에 집중하는 것을 뜻한다. 따라서 초점주의가 이루어지지 않으면 지속주의나 그 이후 단계의 인지 과정이 원활히 이루어지기 어렵다.

② 지속주의

지속주의(sustaining attention)는 주의가 초점화되어 외부 정보가 입력되기 시작하고, 그 이후 주의를 해당 정보에 계속 유지하는 단계이다. 주로 연속되거나 반복적인 활동을 하는 동안 지속적인 행동적 반응이 유지되는 능력을 의미한다.

③ 선택주의

선택주의(selective attention)는 '선택'이라는 단어가 의미하듯이 실제 입력되는 다양한 감각자극 중 하나를 선택하는 과정의 단계이다. 과제를 수행하는 데 필요한 정보를 입력되는 많은 정보 중에서 특정 정보를 선택하는 인지적 기제이다. 지속주의의 확장된 단계로 경쟁이 되는 자극들을 차단하고 동시에 방해자극을 무시하는가가 중요하다.

선택주의의 예로 알려진 '칵테일파티 현상'은 배경소음이 많고 다양한 상호작용이 동시에 일어나는 파티 현장에서 내가 원하는 사람과 지속적으로 의사소통을 하기 위해서 다른 정보들을 무시하고 대화에 주의를 기울일 수 있는 기제를 설명한다. 긴 대화를 유지하기 위해서 지속적으로 특정 정보에 주의를 기울이는 것과 입력되는 다른 정보를 무시하는 것이 동시에 이루어지는 상황을 의미한다.

④ 교대주의

주의를 하나에서 다른 것으로 옮기는 것을 교대주의(alternating attention)라고 한다. 선택주의의 확장 개념으로 선택한 주의를 다른 주의로 다시 옮기는 주의전환 단계이다. 인지 단계가 연속적이고 통합적인 과정임을 고려해 볼 때, 교대주의는 초점주의를 통해 정보 입력에 대한 주의가 활성화되고 이를 유지한 뒤 동시에 입력되는 다른 주의를 무시하고 집중하는 능력을 발휘하는 것과 이후 선택한 주의를 다른 주의로 전환하면서 여러 가지 정보에 골고루 주의를 기울일 수 있는 능력 모두를 포함한다.

⑤ 분할주의

주의기능의 단계 중 가장 상위단계에 속하는 분할주의(divided attention)는 동시에 제공되는 여러 자극 모두에 골고루 주의를 분할해서 적용하는 능력을 의미한다. 이는 다양한 과제를 동시에 수행하는 현대인들에게 요구되는 인지기능으로 모든 사람이 반드시 다 활용하는 기능이라기보다는 수행하는 과제에 따라, 혹은 필요에 따라 활용하는 능력이다.

(3) 주의폭과 주의집중

신경재활에서 관심을 갖는 주의는 뇌손상 이전 일상에서 활용하던 일정 수준의 기능으로 뇌손상에 의해 문제가 발생한 상태를 의미한다. 주의는 일반적으로 모든 일상과제의 수행과도 연관되어 다양한 각도로 관찰할 수 있다. 음악치료의 다양한 대상군에게 관찰되는 주의기능은 주로 얼마 동안 주의를 유지하는지, 어떤 강도로 지속되는지, 다른 곳으로 주의 이동이 가능한지, 얼마나 빨리 이동이 가능한지 등의 다양한 측면으로 관찰된다.

주의폭(attention span)은 한 대상에 주의가 얼마나 오랫동안 지속되는지를 말하는 것으로 주로 측정한 주의의 지속시간이 어떻게 변화하는지를 볼 수 있다. 주의집중은 '집중'이라는 단어가 의미하듯이 얼마나 강하게 몰두하여 주의가 유지되는지를 보는 것이므로 단순히 시간이 오래가는 것 이상의 상태를 의미한다(Erbay, 2013). 주의집중력의 측정은 어렵고 집중을 통해 이해되거나 얻어진 정보를 확인하기 때문에 개인의 집중력의 수준을 양적으로 변환하는 데는 어려움이 있다. 따라서 주의 활용 능력에 보다 초점을 맞춰 선택 혹은 변환 등이 가능한지, 얼마나 정확하게 빠르게 이동이 가능한지 등이 음악치료 회기 내에서 보다 관찰 및 평가가 용이하다.

2) 기억

(1) 단기기억과 작업기억

기억은 정보를 얼마나 오랫동안 유지하고 인출이 가능한가에 기반을 두고 단기기억과 장기기억으로 분리되는데, 1970년대 이후로는 작업기억(working memory)를 분리하여 단기기억을 더 세분화하였다(Baddeley & Hitch, 1974). 짧은 시간 내 정보의 인출이라는 측면에서 한발 더 나아가 실제 수행하는 과제에서 활용을 할 수 있는가에 초점을 맞춘 작업기억은, 기능상으로 엄격히 분리하기는 어렵지만 인지 정보를 처리하는 과정 전반에서 어떠한 어려움을 경험하는가에 따라 치료목표를 설정하는 데 중요한 요인이다.

작업기억은 의식적으로 정신적 노력이 어느 정도 필요한 과정으로 정신적 작업공간의 의미를 갖는다(Baddeley & Hitch, 1974). 예를 들면, 문장을 읽고 이해할 때 단어들의 의미는 장기기억에서 인출되고 단어 간 조합이 이루어진다. 이러한 조합이 이루어지는 공간이 바로 작업기억을 활용하는 공간이다. 따라서 작업기억이 손상되면 단순하고 익숙한 작업을 수행에는 큰 영향을 미치지 않으나, 복잡하고 다양한 과제를 동시에 수행할 때는 많은 어려움이 나타난다.

널리 알려진 인간의 즉각적인 기억용량은 7±2의 단위로, 일반적인 전화번호나 암기가 필요한 정보를 제공할 때 이러한 용량을 감안하여 정보를 구성한다. 이러한 하나의 저장 단위를 기억의 덩이(chunk)라고 부른다. 개별적으로 분리된 정보에 비해 하나의 덩이가 된 정보는 기억의 저장이 용이하고, 향후 인출 시에도 정보에 대한 구분이나 확인이 보다 용이하다는 장점이 있다.

대부분의 인지검사 및 인지 수준의 평가 등은 언어를 통해 이루어진다. 일반적으로 정보가 '언어'라는 소리를 통해 입력되고 인출되기 때문에, 대부분의 소리정보의 처리 과정에서 일어나는 기억의 과정을 보다 세분화하기 위해 작업기억의 개념이 제시되었다.

외부의 정보가 언어를 통해 입력될 때 대뇌에서는 조음루프(phonological loop, 음운루프)를 통해 언어정보를 이해하고 방금 들은 말을 청각적 되뇌기

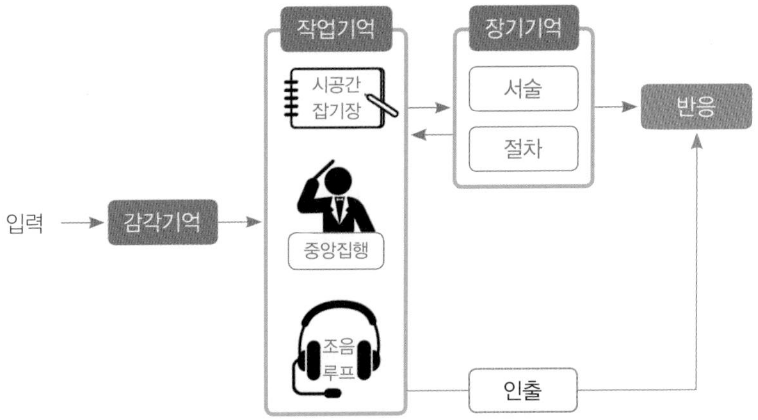

[그림 6-2] 작업기억의 기본 틀

과정을 하기 위해 해당 언어정보를 잠시 유지한다. 예를 들어, 도시 이름 5개를 말해 주고 다시 따라 말하게 할 경우, 5개의 도시 이름을 들으면서 앞에 들은 도시 이름을 잠시 되뇌이고 잠시 정보의 공간에 유지시켜야 5개를 정확하게 다시 말할 수 있다. 이 과정이 언어정보를 잠시 유지하기 위한 작업기억의 활용이며, 언어 이외에 동작의 순서나 시각적 패턴의 기억을 위해서는 시공간 잡기장를 활용한다. 보다 복잡한 기억과제를 하는 경우에는 인지적 통제 과정이 더 많이 요구되는데 여러 정보의 통합 및 처리를 위해 중앙통제(central executive) 기능을 통한 작업이 활용되고 이 또한 작업기억의 일부에 포함된다. 이는 Baddeley(1986)에 의해 제시된 작업기억의 기본 틀로, 실제 시간적으로 금방 회상했는지 오래된 정보를 회상했는지의 측면이 아닌 직접 과제 수행에서 요구되는 빠르고 순간적인 기억의 활용을 설명하는 틀로 사용하고 있다.

※ 덩이와 덩이짓기

덩이란 측정될 수 있는 인간의 기본 기억 단위이다(Simon, 1974). 기억의 용량에 대한 많은 연구에서 덩이는 하나의 개념으로 단기기억을 장기기억으로 변환하는 중요한 역할을 하는 기저로 알려져 있다(De Groot, 2014). 덩이짓기는 제공된 자극을 덩이 단위로 구분하고 단기기억력의 부하를 감소시키는 역할을 한다(Huntley et al., 2011)

(2) 장기기억

오래전의 정보를 떠올려 반응하는 장기기억은 저장된 정보의 종류나 특성에 따라 다양한 하위기억으로 구분된다. 장기기억에서 '무엇(what)'인지를 기억하는 서술기억은 사람, 사물, 장소, 사건 또는 사실에 대한 기억으로 구분하는데, 이를 바탕으로 일반적으로 알고 있고, 기억하고 있는 것이 무엇인지를 확인할 수 있다. 세부적으로는 단어의 뜻이나 정보의 맥락을 기억하는 의미기억과 하나의 사건을 기억하는 일화기억으로 구분된다.

'어떻게(How)'에 대한 정보를 기억하는 절차기억은 기술이나 행위, 조작방법과 같은 반복적인 수행을 통해 습득되어 오랫동안 기억하는 것을 의미한다.

가장 대표적인 예가 자전거 타기인데, 어린 시절 일련의 과정을 통해 몸에 습득이 되었다면 오랫동안 자전거를 타지 않다가 성인이 되어 다시 자전거를 탈 때 어떤 순서로 어떻게 타야 하는지를 자동적으로 기억하는 것을 의미한다.

'언제(When)'에 대한 정보를 기억하는 전향적 기억은 해야 할 일과 해야 할 때에 대한 기억을 의미한다. 주로 외부적 단서를 필요로 하거나, 계속해서 주의를 기울이는 데 사용되는 기억이다.

(3) 정보처리 과정과 인지전략

장기기억이 형성되려면 단기기억이 정보의 반복 습득을 통해 공고화 과정이 일어나야 하는데 해마의 신경세포의 활성화가 필요하다. 장기기억의 형성 과정의 특성을 살펴보면, 첫째는 다양한 경로의 정보 자극 반복시연(rehearsal)으로, 이 과정에서 불필요한 자극은 억제하고 관련된 자극을 적절하게 연합하여 제공한다(조주연, 이은정, 2012). 둘째는 정보의 정교화(elaboration)로, 자료를 의미 있게 하기 위해 새 정보를 이전 정보와 관련시켜 특정한 연관성을 지니도록 만드는 전략이다. 셋째는 조직화(organization)로, 새로운 지식을 더 큰 기존의 개념틀 속으로 통합시키기 위해 정보를 군집화하는 전략으로 개요를 작성하거나 도표를 만드는 방법 등이 있다. 이러한 인지전략을 통해 정보를 효율적으로 저장할 수 있다(김여희, 2010). 다양한 인지전략 중 정보의 덩이짓기는 장기기억 형성에 중요한 역할을 한다. 넷째는 정서의 활용으로, 해마가 기억 내용을 피질로 보내면 피질에 장기기억으로 보존되는데, 이때 편도체가 해마기억 선별에 영향을 준다(Lewis, 2008). 정서가 개입된 기억은 장기기억화를 공고히 하고 오랜 시간 후에도 쉽게 회상되는 것으로 알려져 있다(Alberini, 2005).

단기기억과 장기기억 모두 입력된 정보를 인출하는 과정을 필요로 하며, 장기기억에 저장되어 있는 많은 정보 속에서 특정한 정보를 찾아내기 위해서는 기억 과정 전반에 적절한 전략의 활용이 필요하다. 내적 방법(기억술, 반복 암송, 상상하기 등)과 외적 방법(일기 쓰기, 리스트 만들기 등) 등 다양한 방법이 적용될 수 있다. 기억전략을 적용한 인지재활을 통해 내담자들은 특정 정보를 효과적으로 기억할 수 있으며 일반적으로 입력부터 인출까지의 전 과정에 걸쳐 다양한 전략을 활용한다.

정보의 입력 단계에서 가장 일반적으로 활용되는 전략은 덩이짓기(chunking)이다. 이는 정보를 부호화하는 과정에서 정보를 일정한 형태로 부호화하는 과정을 의미한다. 음악치료에서는 음악의 다양한 요소를 덩이짓기의 전략으로 활용할 수 있으며, 악센트나 박의 길이 등을 활용해서 음악구를 하나로 묶어서 기억할 수 있도록 돕는다. 이 외에도 음악과 정보의 연합을 통해 특정한 악기소리와 정보를 연결하거나, 특정 정보에서 음악을 떠올리게 하는 연상법 등을 활용할 수 있다.

정보의 인출 단계에서는 이전에 입력한 정보를 떠올리는 과정에 필요하며, 이에 대한 단서로 음악을 활용하는 방법이 있다. 입력 단계에서 짝지어져 입력된 정보를 인출 단계에서 연상되는 음악정보로 실제 입력된 정보를 찾도록 돕는 것이다.

이 외에도 정보를 습득하는 과정에서 중심단어를 선택하여 반복암송(repeated rehearsal)하거나, 인출상황을 미리 예상하고 외우기 등 다양한 입력 단계의 전략뿐 아니라 인출 단계에서 순서에 따라 회상하거나 하나씩 전 단계로 돌아가서 정보를 떠올릴 수 있도록 역추적하는 방법이 있다.

기본적으로 적절한 전략을 활용하지 않으면 정보를 기억에 두는 것이 어렵다. 일상생활에서 입력되는 많은 정보가 실제 기억에 저장되지 않고 사라지는 것은 개인이 특정 전략을 활용하지 않기 때문이다. 반대로 치료 과정에서 기억에 어려움이 있는 내담자들이 기억정보 저장을 위해 음악을 전략적으로 활용하기 위해서는 치료 회기 내에서 기억훈련을 경험해 보는 것 이상으로 본인 스스로 전략을 사용할 만큼 반복경험과 동기가 함께 부여되어야 한다.

3) 집행기능

집행기능(executive function)은 개인이 환경에 맞추어 사고와 행동을 적절

〈표 6-1〉 정보처리 과정에 따른 인지전략 용어 및 정의

단계	전략
주의	• 반복 • 제시되는 정보를 다른 정보와 구별되게 명료화하기
부호화	• 주변의 여러 정보를 기억 속에 저장하기 위해 정보를 변형하는 과정 • 덩이짓기, 사전지식과 연합하기, 시각연상 등
저장 및 유지	• 부호화된 정보를 기억 속에 두는 과정 • 내용 점검하기 등
인출	• 저장된 정보를 필요할 때 기억 속에서 끄집어내는 과정 • 연상, 회상 등

하게 조절할 수 있는 상위인지능력을 의미한다(Banich, 2009). 앞에 설명된 정보 입력과 인출의 과정 이외에 주어진 상황과 과제를 성공적으로 해결하기 위한 종합적 기능으로, 이전 단계의 인지기능들에 비해 개인차가 크다.

(1) 집행기능의 구성요인

집행기능은 반응억제(response inhibition)와 억제조절(inhibitory control), 목표설정, 인지적 유연성, 주의력, 계획 및 조직화 등과 같은 다양한 구성요인을 포함한다.

반응억제와 억제조절은 한 행동에서 다른 행동으로 단순하게 전환하는 능력과 함께 어떤 과제나 행동으로 전환할 것인가를 결정하는 능력을 포함한다. 이 과정에서는 이전 반응을 억제하고 다음 과제로의 전환이 필요하며, 해당 기능을 확인하기 위해서는 고-노-고(GO-NO-GO)검사와 같은 전두엽 기능 활용 능력 검사를 실시한다.

목표설정은 자신의 강점과 약점에 대한 자각과 과제난이도에 대한 판단이 필요한 기능이다. 이는 직면한 과제를 해결하기 위해 환경 내 구체적인 정보를 기반으로 아직 일어나지 않은 일들을 예측하는 것이다. 일반적으로 복합과제를 수행할 때 수행 순서를 결정하며 최종목표를 두고 일의 순서를 결정

한다(예: 커피 만들기 등). 어떤 순서로 만드는가에 대한 정답은 없으나 한 단계에서 그 다음 단계로 진행되는 것을 논리적으로 구성할 수 있다.

인지적 유연성은 어떤 상황이나 과제를 다양한 각도에서 바라보거나 다양한 반응을 산출할 수 있는 능력을 의미한다. 주로 하나의 개념을 다른 개념으로 바꾸는 능력을 측정하는데, 환경 내 일어나고 있는 일에 대한 모니터링 능력이 중요한 영향을 미친다.

주의력은 목표달성을 위한 가장 기본적인 기능으로, 주로 전전두엽의 주의 관련 영역 활성화에 의해 작용하며 집행기능의 손상 시 가장 어려움을 보이는 영역이기도 하다. 주로 스트룹 검사와 같이 다양한 일련의 정보에 대해 지속적으로 주의를 기울이는지를 살펴보며, 모든 과제 수행에서 요구된다.

계획 및 조직화는 문제에 대한 해결방법을 찾는 것으로, 목표달성을 위해서 무엇을 먼저 할 것인지 계획하고 수행하기 위한 구체적인 조직화가 필수적이다. 일반적으로 목표달성을 위한 하위단계들을 수행하는 동안 궁극적인 목표가 무엇인지 기억해야 하고, 목표달성을 위해 유연성과 적응성이 요구되며, 지금까지 달성한 것과 달성해야 하는 부분을 구분할 수 있어야 한다.

이처럼 집행기능은 전체적인 수행에서 인지적 · 행동적 측면을 관장하는 능력으로, 단순 인지기능의 범주를 벗어나 정서조절도 함께 관여하는 넓은 범위의 상위기능이다. 인지기능은 행동과 정서 사이에 균형을 맞추고, 새 정보를 습득할 때 이전 정보를 바탕으로 사고를 수정하거나 정서적 동기를 유지하는 종합적인 기능이다.

(2) 집행기능과 정서조절

감정의 표현은 일반적으로 감정반응을 선택하고 적절한 수정을 통해 조절하는 능력을 동반한다. 감정조절에 문제가 있는 경우 '지나치게 감정적'이거나 '지나치게 예민한' 사람으로 묘사되는데, 주로 외현적으로 표현된 행동을 통해 판단한다.

감정은 기본적으로 계속 움직이는 속성을 가지기 때문에, 이를 적절한 범위에서 움직이도록 하는 정서조절 능력은 중요하다. 정서조절은 집행기능 활용에 기반이 되는 요인으로, 목표지향적 행동과 상황에 대한 정보 입력은 정서의 영향을 받는다. 집행기능을 통해 목표가 무엇이었는지, 예측된 결과가 무엇인지 기억하고 상황에 대한 모니터링 반응 수준 조절 등이 지속적으로 활용되어야 정서적 안정감을 유지할 수 있다.

3. 인지검사의 이해

신경손상 내담자는 주의, 지각 등의 기본적인 인지정보처리 과정뿐 아니라 언어, 추론, 문제해결 등의 상위인지처리 과정에서도 어려움을 보이는 경우가 많다. 내담자의 손상 및 잔존 기능의 구분을 위해서는 객관화·표준화된 검사가 필요한데, 인지영역의 종속 변인에 관련되는 평가도구는 일반적인 인지검사와 신경심리검사로 구분할 수 있다. 인지검사는 지능검사와 같이 학습능력이나 진로결정 등, 발달학적 예후에 대한 정보를 얻기 위해 시행되며, 신경심리검사는 주로 신경학적 손상으로 인한 내담자의 인지기능 수준을 평가하기 위해 시행된다. 따라서 인지검사는 발달 단계에 기준을 두고 문항이 구성된 반면, 신경심리검사의 경우 인지기능의 세부 항목을 기준으로 문항이 구성된 특징이 있다.

1) 주의평가

먼저 주의평가는 각성, 지속주의, 선택주의, 교대주의, 분할주의 등의 기능을 측정한다.

반응시간검사는 불빛이나 짧은 소리 등의 특정 자극을 지각할 때마다 버튼을 누르도록 하여 자극 제시에 따른 피험자의 반응 시간을 통해 위상성 각성(phasic arousal)을 측정하는 방법이다.

이와 구분되는 개념으로 지속주의(경계)가 있는데, 다소 길고 단조로운 간격으로 자극이 제시되면 자극이 감지될 때마다 특정한 방법으로 반응하도록 하는 것이다. 각성평가가 반응 시간을 측정하는 것에 비해, 지속주의는 과제를 얼마나 지속적으로 수행하는가에 초점을 둔다는 점에서 구별된다.

선택주의는 일반적으로 지면을 사용하여 지우기 과제(cancellation task)로 평가하며, 숫자나 문자, 기호 등의 자극 중 특정한 목표자극에 대해 표시한다. 이때, 목표 조건을 복잡하게 하여 난이도를 조절하거나 방해요소를 추가하여 구성할 수 있다. 또 다른 대표적인 시각적 선택주의검사로는 스트룹 검사(Stroop test, Golden & Freshwater, 1978)가 있다. 이 검사는 먼저 검은 글씨로 된 색깔 이름을 소리 내어 읽고, 여러 색깔로 인쇄된 X자의 색 이름을 소리 내어 말한다. 이후 글씨와 인쇄된 색깔이 일치하지 않는 조건(노란색으로 인쇄된 '빨강'이라는 글씨)으로 글자의 색 이름을 소리 내어 읽는다. 처음의 두 조건과 마지막 조건을 수행한 속도 및 정확성의 차이가 클수록 선택주의에 어려움이 있는 것으로 평가된다.

연속계산검사(Serial calculation test)는 교대주의를 측정하는 검사로, 처음 제시한 숫자에서 특정 수를 연속하여 빼도록 하는 방법으로 시행된다. 피험자의 수행이 안정되면 검사자는 수행방법을 변경하여 더하기로 전환할 수 있다.

분할주의를 평가하는 방법으로는 숫자 거꾸로 말하기 검사(Digit backward test)가 있는데, 검사자가 숫자의 몇 개의 숫자를 들려주면 피험자가 그 숫자들을 거꾸로 반복하여 말하는 것이다. 같은 방법으로 단어의 철자나 요일 등을 사용하여 평가하는 방법도 있다.

2) 기억평가

다음으로 기억을 평가하는 방법들을 살펴보면, 보유폭, 새로운 정보의 유지 및 회상, 정보의 인출 등에 대한 평가를 위한 종합적 회상평가(Comprehensive retrospective memory test battery)를 사용한다. 보유폭(retention span)은 1회 노출된 정보를 기억에 저장할 수 있는 정보의 양을 의미하는데, 이를 측정하는 방법은 즉시회상과 단기회상이다. 즉시회상의 대표적인 방법은 숫자폭검사(Digit span test)로, 검사자가 한 자리 숫자를 무작위로 들려주면 피험자가 이를 듣고 바로 따라 말하는 것이다. 보통 2~3개로 시작하여, 점점 개수를 늘리며, 피험자가 오답을 말할 때까지 진행한다. 단기회상검사는 검사자가 자극 목록을 읽은 후 몇 초에서 몇 분 후 피험자가 대답하도록 하는 것으로, 보통 두 가지 방법으로 시행된다. 하나는 하위폭(subspan)검사로, 피험자가 오류 없이 단어를 말할 때까지 단어 목록을 반복하여 들려주고 몇 분 동안 다른 활동을 하게 한 후 목표 단어를 말하게 하는 것이다. 이와는 달리 상위폭(supraspan)보유검사는 검사자가 피험자의 즉시 보유폭을 초과하는 수의 자극을 소리 내어 읽어 준 뒤 피험자에게 기억나는 자극을 모두 말하도록 하는 것이다.

3) 집행기능평가와 종합신경심리검사

상위인지기능인 집행기능은 반응유연성, 계획성, 사고력, 문제해결, 추상적 사고 등의 항목을 통해 평가된다. 반응유연성이 손상되면 보속증(perseveration)이 나타나는 경우가 많은데, 이는 상황적 요구가 변화할 때 주의의 재분배 및 이에 대한 전략의 수립에 어려움이 발생하기 때문이다. 이는 선로잇기검사(Trail Making Test: TMT)를 통해 계획성과 함께 측정되는데, 글자, 숫자 또는 글자와 숫자가 임의로 배열된 종이를 제시하여 일정한 규칙에 따라 순서에 따라 연결하도록 한다. 분류검사(Categorization and sorting test)는 추상적 사고를 평가하는 방법이다. 이 검사에서 피험자는 시행착오 과정을 통해 자극을 분류하는 방식을 결정하게 되는데, 대표적인 검사인 위스콘신카드분류검사(Wisconsin Card Sorting Test: WCST, Grant & Berg, 1948)는 4개의 기호, 색상, 수로 구성된 카드를 분류 반응에 대한 검사자의 피드백에 따라 색상-모양-수의 순서로 반복하여 분류하는 과제로 진행된다.

대표적인 신경심리검사인 서울신경심리검사(Seoul Neuropsychological Screening Battery: SNSB)는 주의, 언어, 시공간, 기억, 전두엽 및 집행 기능 등을 포괄하는 종합신경심리검사이다. 각 개별 검사를 통해 부분적인 인지기능을 평가하거나, 개별 검사를 통해 산출된 각 항목의 점수를 변환하여 종합적인 인지기능을 평가할 수 있다(Ahn et al., 2010).

각 개별 검사와 관련 인지기능을 살펴보면, 먼저 주의 및 기억 기능의 평가를 위해 숫자폭검사와 글자지우기검사가 시행된다. 숫자폭검사는 평가자가 불러 주는 숫자를 기억하여 순서대로 혹은 거꾸로 따라 말하는 과제로, 마지막으로 기억하여 말한 숫자의 자릿수가 측정 점수가 된다. 즉시회상과 지연회상을 위해서는 서울언어학습검사(Seoul Verbal Learning Test: SVLT)가 시행되는데, 즉시회상은 제시된 12개의 단어를 바로 기억하여 말하는 과제로 3회 실시 후 반응한 단어의 개수를 합산하여 점수를 산출한다. 지연회상은 단어가 제시되고 나서 20분 후에 기억하여 말하는 과제인데, 일반적으로 20분간의 지연 구간에 다른 개별 신경심리검사를 시행하며, 기억나는 단어를 말하게 하거나, 제시되었던 단어인지 아닌지 맞추게 하는 재인(recognition) 형태의 평가가 함께 시행된다.

전두엽 및 집행기능 평가에는 전두엽대비검사(Contrasting program) 고-노-고검사(Go-No-Go), 주먹-손날-손바닥검사(Fist-edge-palm), 양손교차운동검사(Alternating hand movement) 등의 검사가 사용된다. 모든 평가는 피검자가 책상 위에 손을 놓고 수행하는 형태로 진행되며, 전두엽대비검사는 평가자가 검지를 펴면 피검자가 검지와 중지를 펴고, 평가자가 검지와 중지를 펴 보이면 피검자가 반대로 검지를 펴 보이는 과제이다. 전두엽대비검사 중 고-노-고검사는 이와 유사하지만 조금 차이가 있는데, 검사자가 검지와 중지를 통해 지시하는 수(1 혹은 2)에 따라 검지를 펴거나 주먹을 쥐는 것이다. 주먹-손날-손바닥검사는 주먹 쥐기, 손바닥 옆으로 세우기, 손바닥 눕히기 등의 세 동작을 연속하여 차례로 시행하고, 양손교차운동검사는 한 손은 바닥을 향해 펴고, 동시에 다른 한 손은 주먹을 쥐는 동작을 교대로 시행하는 과제이다. 모든 과제는 20회 시행 중 정반응 횟수를 측정하며, 10회 수행 중 오반응이 관찰되지 않으면 정상, 오반응이 1회 이상 관찰되면 비정상으로 평가한다. 집행기능을 측정하는 다른 평가방법으로 선로잇기검사(Trail making test)가 있다. 이는 1에서 14까지 연결하는 A 파트와 숫자와 요일을 교대로 연결하게 하는 B 파트로 나뉜다. 관련된 선행연구를 보면(Kim & Yoo, 2019), 일반 노인을 대상으로 음악활동과 인지과제로 구성된 음악치료 회기를 8주간 매 회기 30분씩 16회기 동안 시행하고 대조군과 비교한 결과, 선로잇기검사(B 파트)를 통한 집행기능평가에서 유의한 차이가 나타났다.

2 인지기능 개선을 위한 음악치료

1. 음악과 인지기능

음악이 인지기능에 미치는 영향은 오랫동안 많은 사람의 관심을 받아 왔으며, 모차르트 효과 등과 같은 여러 흥미로운 가설이 제시되었다. 이러한 가설들을 바탕으로 인지발달에 도움이 되는 음악을 만들거나, 특정 클래식 음악이 인지기능 개선에 도움이 된다는 연구가 소개되기도 하였다. 하지만 인지재활 참여 내담자들에게는 보다 객관적이고 강력한 임상근거가 필요하다. 재활영역별로 비교해 보면 운동재활이나 언어재활에 비해 인지재활에서의 음악치료 연구는 상대적으로 부족한 상황이다. 따라서 인지재활 목표의 음악치료 회기 진행을 위해서는 음악과 인지기능 간 연관성, 치료원리의 이해가 무엇보다도 중요하다. 이에 여기서는 음악과 인지기능의 특성과 치료원리, 음악의 치료적 적용방법을 설명하고자 한다.

인지기능을 목표영역으로 설정한 음악치료 회기에서는 단순한 음악의 긍정적인 혜택을 넘어 원리에 기반한 변화를 유도해야 한다. 특히 뇌손상에 의해 발생한 인지문제에 대해 음악을 적용할 때는 일상적인 수준의 음악경험으로는 치료적 변화를 유도하는 데 한계가 있다. 음악행동을 수행하면서 소리정보를 반복적으로 처리하고 반응하기 때문에 다양한 인지기능의 활용이 지속적으로 일어나며, 전반적인 인지기능 활용에 영향을 준다. 따라서 음악치료사들에게 인지기능에 영향을 미치는 음악의 임상근거에 대한 이해는 중요하다.

보편적으로 인지기능과 관련해서 음악이 갖는 가장 큰 특징은 다음과 같다.

첫째, 음악은 시간적 배열의 구조적 특성을 갖는다(Large & Palmer, 2002; Levitin & Tirovolas, 2009). 시간이라는 구조 안에서 음악이 전개되고, 시간에 따른 전개 과정이 입력되는 정보를 구조화하거나 일정한 논리적 틀을 생성하는 데 용이하다. 예를 들어, ABC 노래가 영어 알파벳을 효과적으로 암기하는 데 효과적인 이유는 단순히 여러 개의 알파벳을 암송하는 것이 아니라 알파벳의 순서를 정확하게 인지하고 기억하게 해 준다는 점 때문이며, 이는 음악이 시간적 배열에 따라 전개된 노래의 멜로디와 리듬에 의해 음악적 구조화가 이루어지기 때문이다.

둘째, 음악은 시공간적 논리성을 갖는다(Sarntheim et al., 1997). 음악을 만드는 과정에서 신체의 움직임, 악보에 제시된 음의 배열 등은 직접 청각으로 입력되는 과정에서 공간적 움직임과 함께 입력되어 뇌에서 시공간적 논리성을 갖는다. 예를 들면, 악기를 배우는 동안 시각적으로 입력되는 악보의 정보를 특정 움직임과 공간, 방향 등에 연결해서 습득하기 때문에 악기연주에 대한 훈련을 오랫동안 지속한 경우 시공간적 이해력을 형성하는 데 도움이 된다(Rausher & Hinton, 2011).

셋째, 음악과 주의기능 간의 관계(Bolger et al., 2013; Drake et al., 2000)이다. 음악을 듣거나 악기연주를 하는 음악행동 모두 청각으로 입력되는 소리정보에 주의를 기울여야 가능하기 때문에 음악활동에서는 주의력을 지속적으로 주 인지기능으로써 활용한다.

넷째, 청각언어기억과 관련된 기능(Glassman, 1999; Ho et al., 2003)이다. 음악경험과 훈련을 통해 소리정보를 기억하는 과정이 함께 이루어지기 때문에 상대적으로 청각언어기억에 대한 수행력이 높은 것으로 보고되고 있다. 이는 일반화하기에는 무리가 있으나, 소리정보처리에 대한 훈련이라는 공통점을 고려해 볼 때 음악정보에 대한 처리능력이 청각언어정보처리에도 영향을 주는 것을 알 수 있다.

2. 주의력 조절을 위한 신경학적 음악치료기법

여기에서는 기존에 Thaut 박사에 의해 제시된 신경학적 음악치료기법 중 인지재활 내 주의기능 개선을 위한 기법을 소개하고자 한다. 주의력 조절 훈련(Musical Attention Control Training: MACT)으로 명명된 이 기법은 실제 임상에 적용할 때 주의력을 활용하도록 과제가 초점화되기 때문에 마치 모든 각 단계의 인지기능이 분리되어 있는 것으로 이해되기도 한다. 하지만 인지 과정은 앞에서 설명된 바와 같이 처리 과정에서 연속성을 가지고 이루어지는 과정으로, 주의를 목표로 하더라도 다른 인지기능 전체가 사용되고 있음을 기억해야 한다. 다시 말해서 치료에 참여한 내담자는 실제 주의를 초점화하거나 선택할 때 인지 과정의 전반이 활성화된다. 음악치료 중재안이 치료목표에 맞춰 구성될 때, 목표행동에 대해 명확하게 초점화되지 않으면 음악치료의 목표가 주의력이든 기억이든 모두 동일한 음악치료 중재 내용으로 구성되는 오류가 발생한다. 또한 재활에서 중요한 요인인 '과제의 반복' 수행이 청각자극으로 입력되는 음악소리가 반복되는 수준에서 이루어지기보다는 음악의 치료적 경험에 기반한 개인의 기능 변화 수준까지 유도하는 역할을 할 수 있게 구성해야 한다. 이에 여기에서는 각 기법을 이해하고 적용할 때 내담자가 실제 경험하는 음악의 수준과 방법에 대한 음악치료사의 정확한 이해를 돕고자 한다.

1) 주의력 조절 훈련의 개요

주의력 조절 훈련은 명칭에서 알 수 있듯이 훈련개념으로 제시된 기법으로, 뇌졸중 등과 같은 뇌손상 환자들의 주의 관련 뇌기능에 손상이 발생했을 때 해당 기능에 초점을 맞춰 반복적으로 음악자극을 활용하는 데 주안점을 두고 있다. 주의력은 정보가 입력되는 순간에 활용되기 때문에 음악을 주의 유도의 매개체로 활용한다.

'훈련'은 치료와 달리 특정 기능의 습득을 위해 집중적인 반복 수행을 요구하는 과정으로, 신경학적 음악치료 기법은 일반적인 음악치료 내 활동들과 달리 특정한 주의만 집중적으로 반복할 수 있도록 구성되어 있기 때문에 훈련이라는 용어를 사용한다. 또한 인지기능에서 주의는 입력되는 정보에 반응하는 속성을 가지므로 음악치료에서의 주의력 훈련은 음악이 청각을 통해 입력되는 하나의 주의 유도 과제로 구성되어야 하며, 이때 단순한 자극이 아닌 다양한 음악요소를 함께 가지고 있는 특징이 있다.

(1) 치료의 핵심원리

주의력 조절 훈련의 첫 번째 원리는 리듬패턴 지각을 통한 인지기능 활용이다. 리듬에 입력되는 정보에 대한 시간적 구조를 제공하고, 그루핑 및 조직화 등을 보다 용이하게 함으로써 주의를 유지하거나 적절하게 전환하는 과정에 도움이 된다. 두 번째 원리는 음악의 복합적 요소들을 활용하여 주의 종류나 수준에 따라 적절하게 변형할 수 있다는 것이다. 이는 멜로디, 리듬 등 음악정보가 가진 다양한 측면을 활용하는 것으로, 단순한 청각자극의 수준을 넘어 음악이 갖는 복합적인 소리자극으로서의 장점을 최대한 사용하는 것이다. 결론적으로 다차원적 측면을 가지고 있는 리듬 기반의 다양한 음악과제는 주의력 조절을 다양한 방식으로 훈련하는 데 효과적이며, 경험하는 음악의 특성에 따라 정서적 자극 및 동기유발 등의 이차적인 훈련효과도 함께 기대할 수 있다.

(2) 초점주의/지속주의의 연속성

초점주의와 지속주의는 개념적으로는 구분이 가능하지만, 인간기능의 활용 측면에서는 연속적으로 일어나는 하나의 과정이기 때문에 운동기능의 소근육, 대근육처럼 명확히 구분하는 것이 어렵다. 예를 들어, 공부를 위해 책을 펴고 내용을 읽는 과정에서 개인이 가진 청각, 촉각, 시각 등 다양한 감각기능으로부터 입력되는 정보 중 책 읽기에 꼭 필요한 시각에만 초점을 두는 것이 초점주의이다. 그러나 페이지를 넘기면서 계속해서 책을 읽기 시작하면 초점주의 이후 지속주의로 기능이 전개되면서 과제에 주의를 계속 유지할 수 있는가에 대한 관심으로 전환된다.

음악치료 세션으로 이 상황을 대입해 보면 내담자는 음악치료사가 제시하는 리듬패턴과 내담자 본인이 들고 있는 악기연주 소리, 옆 그룹 구성원의 악기연주 소리 등 여러 가지 청각자극을 동시에 받는 상황에 놓인다. 이때, 입력되는 여러 청각자극 중 음악치료사의 악기리듬패턴 연주 소리에 주의를 두는 것이 초점주의이고, 이후 변화하는 리듬패턴을 따라 연주하고 패턴이 바뀌거나 멈출 때 동시에 정확하게 이를 수행하는 것이 지속주의이다. 단순하고 반복적인 청각자극과 리듬패턴은 정보에 주의를 많이 기울이지 않아도 쉽게 연주할 수 있기 때문에, 동일한 패턴을 길게 연주하는 상황은 높은 집중력을 요하지 않는 과제로 변환된다. 따라서 주의력을 수행하고 있지만 여전히 과제 수행을 위한 개인의 노력과 과제참여에 대한 동기조절이 필요하다. 근본적으로는 과제에 대한 흥미가 없어지면 주의력에 문제가 없어도 주의를 기울이지 않거나 다른 자극으로 주의가 전환될 수 있다.

(3) 초점주의/지속주의 활용 음악과제 구성

① 초점주의 향상을 위한 음악과제 구성

초점주의는 다양한 음악자극 중 하나의 자극에만 반응하는가가 핵심이므로, 청각자극이 되는 음악자극을 다양하게 구성해야 한다. 리듬패턴을 활용할 경우 하나의 리듬패턴에 주의를 기울일 수 있는지, 패턴을 따라서 연주할 수 있는지를 본다. 여기서 기억해야 할 사항은 초점주의는 빠르게 확인이 가능하고 거의 모든 과제의 시작 단계에서 활용되는 기능이라는 것이다. 비교적 간단한 과제와 단계이므로 초점주의 자체가 치료목표로 설정되기보다는 어느 정도의 초점주의를 가지고 있는지를 평가하고 이를 기반으로 이후 단계의 주의력이나 인지 세부기능 등을 목표로 치료 회기를 운영하는 것이 더 효율적일 수 있다.

② 지속주의 향상을 위한 음악과제 구성

무엇에 대한 주의인가보다는 얼마나 오랫동안 주의를 유지하는가에 초점을 맞춘다. 이때 내담자의 진단명과 인지기능 수준에 따라 주의지속의 어려움이 인지기능의 문제인지, 심리 혹은 사회기능의 문제인지 면밀하게 살펴보아야 한다. 예를 들어, 지적장애아동이 과제에 집중하지 못하고 산만한 행동을 보이는 경우 단순히 입력되는 정보를 파악하지 못하거나 이에 대해 주의를 지속하지 못하는 문제인지, 아니면 심리적으로 이전에 경험한 실패감이나 과제 내용에 대한 이해가 어려워서 주의를 기울이지 않는 것인지 명확한 진단평가가 필요하다. 대개 지적장애인의 인지기능 문제는 이해나 추론의 어려움에 더 무게를 두기 때문에 초기 단계의 인지기능 문제가 실제로 주요 문제점인지를 파악해야 한다.

지속주의는 초점주의에 의해 얻은 반응행동을 얼마나 유지하는가를 평가하기 때문에, 음악치료 회기에서는 특정 음악과제를 얼마나 지속적으로 수행하는가를 관찰한다. 지속주의를 목표로 한 음악치료 활동에서 가장 중요한 부분은 주의능력을 강화하기 위한 음악과제 내 음악요소들의 조절 및 변형이다. 리듬패턴을 복잡하게 만들어 과제 수준을 변형하는 것은 실제 임상에서는 한계가 있다. 내담자가 듣고 모방해서 연주할 수 있는 수준의 리듬패턴의 변형에는 어느 정도 제한이 있기 때문에 리듬패턴의 복잡성 이외에도 친숙성, 반복의 용이성 등을 고려한 연주 내용의 변화가 필요하다.

다음은 지속주의 음악과제 구성의 예시이다. [그림 6-3]은 일련의 리듬패턴이 계속 연주되는데, 이때 첫 번째 리듬패턴을 정확하게 따라 연주하면 조금 다른 패턴으로 변형하고 내담자가 변형된 패턴에 맞춰 연주하는지, 적절한 타이밍에 맞춰 변형하는지 등을 살펴본다.

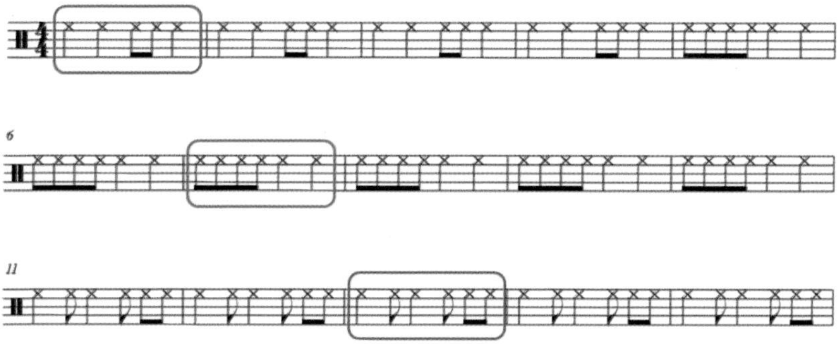

[그림 6-3] 지속주의 음악과제 예시

(4) 선택주의, 교대주의, 분할주의 활용 음악과제 구성

앞서 초점주의와 지속주의가 연속적인 과정으로 이해되고 제공되는 하나의 자극이 변형되는 개념이었다면, 선택·교대·분할주의를 목표로 하는 활동에서는 반드시 여러 개의 음악자극이 동시에 제공되어야 한다. 실제 음악치료 회기 구성 시 반드시 고려해야 할 점은 경쟁자극을 음악으로 제공하는 상황은 실제 여러 다른 음색, 혹은 다른 리듬패턴들을 동시에 제공하는 상황이기 때문에 환경 내 음량이나 음악자극의 수준이 높고, 때로는 내담자들에게 소음처럼 느껴질 수 있다는 점이다. 따라서 동시에 제공되는 악기들의 소리가 치료적 음악경험으로 적절한지 반드시 살펴보고 구성해야 한다. 이 때문에 선택·교대·분할주의 활동은 주로 음색이 구별되는 악기연주, 즉 리듬 중심의 활동으로 구성된다.

① 선택주의 향상을 위한 음악과제 구성

선택주의기능의 핵심은 입력되는 여러 감각정보 중 하나를 선택하는 것이다. 이는 초점주의와 유사한 개념이지만 '선택'이라는 기능이 확실히 작동될 수 있는 상황을 제시하는 것이 중요하다. 따라서 경쟁적으로 제시되는 다수의 자극이 있어야 하고, 이 중 하나를 선택하고 다른 방해자극을 얼마나 잘 무시하는가, 즉 동시에 2개의 자극이 제공되는 상황에서 하나에만 주의를 유지하는 능력을 의미한다. 이는 더 나은 지속주의 기능으로 볼 수 있으며, 주의자극을 얼마나 잘 선택하는지에 따라 해당 기능의 활용 능력을 평가한다.

이에 선택주의 목표의 음악치료에서는 음악치료 활동을 구성할 때 두 개의 경쟁적인 자극이 있고 그중에 하나를 '선택'하는 활동으로 구성해야 한다. 음악치료사가 선택하는 두 개의 경쟁자극이 소리를 듣는 내담자 입장에서 구별이 가능한지, 청각적 복잡성이 적절한지 등을 반드시 살펴보아야 하며, 치료사가 두 개를 동시에 어떻게 제공이 가능한가도 주요 고려사항이다. 한 명의 치료사가 두 개의 음악자극 제공이 어려우므로, 사전에 서로 다른 음악자극을 녹음하여 사용하거나 보조 음악치료사의 활용, 혹은 그룹인 경우 그룹 구성원 중 한 명을 활용하는 등 다양한 아이디어를 적용할 필요가 있다.

선택을 위한 서로 다른 음악자극 구성 시 음악치료에서 사용할 수 있는 음악요소는 리듬패턴이며, 내담자의 선택을 돕기 위해 다른 음색에서 제공되는 리듬패턴으로 구성하고, 내담자의 향상 정도에 따라 자극의 수준 조절을 위해 리듬패턴의 난이도를 높이거나 유사한 음색의 악기를 사용하는 방법 등을 사용할 수 있다.

다음은 선택주의 음악과제의 예시이다([그림 6-4]). 세 개의 다른 음색을 가진 악기로 연주되는 서로 다른 리듬패턴 중 하나를 선택해서 그 리듬패턴만 따라 연주하도록 한다. 이 그림 예시에서는 탬버린, 클라베, 젬베 중 클라베 연주 리듬패턴을 그대로 따라 연주하도록 한다.

[그림 6-4] 선택주의 음악과제 예시

② 교대주의 향상을 위한 음악과제 구성

교대주의기능은 선택주의의 확장기능으로 '선택'에 맞춰 주의를 상황이 번갈아 가면서 활용하는 능력이다. 기본적으로 앞에서 설명한 초점 · 지속 · 선택주의 등이 원활하지 않다면 교대주의를 사용하길 기대하기는 어렵다. 교대주의의 핵심은 하나의 정보에 주의를 기울이고 있다가 다른 정보로 주의를 옮기는 것인데, 두 개 이상의 자극이 있는 상황에서 두 개의 자극에 번갈아 가면서 주의를 바꿀 수 있는지가 핵심이다. 다시 말해서, 선택주의를 요구하거나 혹은 필요한 순서에 의해 효과적으로 활용하는 것을 의미한다.

교대주의의 핵심인 주의의 전환이 이루어질 수 있도록, 언제 전환을 해야 하는지에 대한 명료한 신호가 필요하다. 따라서 어떤 음악신호에 의해 하나의 주의자극에서 다른 주의자극으로 가는지, 어떤 악기소리를 따라 연주해야 하는지 등 여러 정보를 동시에 처리하는 과정이 요구된다.

예를 들어, 두 개의 드럼이 각기 다른 리듬패턴을 연주할 때, 내담자는 치료사의 청각 혹은 시각 신호에 따라 하나의 리듬패턴을 선택해서 연주하다가 또 다른 신호에 의해 다른 리듬패턴을 따라서 연주한다. 동일한 음색에서 제공되는 다른 리듬패턴이므로 하나의 리듬패턴을 따라 연주하는 과정에는 초점 · 지속 · 선택주의가 모두 활용되며, 이를 다른 리듬패턴으로 옮기는 전환과정이 번갈아 가면서 이루어질 때 교대주의의 활용이 촉진될 수 있다.

③ 분할주의 향상을 위한 음악과제 구성

분할주의기능은 동시에 제공되는 여러 개의 자극에 주의를 고르게 분할해서 배분하는 능력이다. 주의를 여러 곳에 동시에 기울일 수 있기 때문에 여러 업무를 동시에 수행할 수 있다. 예를 들어, 운전하는 동안 옆 사람과 대화하면서 도로정보를 확인하는 상황 등이 이에 해당된다.

주의기능에서 가장 복잡한 수행력을 요구하는 분할주의는 두 개 이상의 다양한 음악자극을 제공하는 모든 대상에 주의를 기울임으로써, 여러 개로 분할된 주의를 한꺼번에 활용하는 것이 핵심이다. 연주에 대한 신호와 멈춤과 시작에 대한 두 가지 신호가 동시에 다른 음악을 통해 제공되고, 두 가지 신호 모두에 지속적으로 주의를 기울여야 성공적으로 연주를 수행할 수 있다.

다음은 분할주의 음악과제의 예시이다. [그림 6-5]에서 제공되는 여러 가지 음악소리 중 클라베 소리를 따라 연주하다가 ♫♩ 소리가 들리면 멈추고, 다시 ♫♩ 소리가 들리면 클라베 소리를 따라 연주한다. 이는 생각보다 상당히 복잡한 자극으로 내담자가 연주를 멈추거나 시작하는 상황에서도 다른 악기들이 계속 연주되고 있어야 한다. 따라서 상당히 높은 수준의 난도를 가진 과제이며, 악기의 선택, 음량의 조절, 리듬패턴의 난이도를 통해 주의의 수준을 더 높거나 낮게 조절할 수 있다.

[그림 6-5] 분할주의 음악과제의 예시

3. 음악치료 회기에서 리듬 적용 시 유의점

1) 리듬연주

인지기능 향상을 위한 음악치료 중재에서 리듬연주를 사용할 때 음악치료사들이 유념해야 할 점에 대해 살펴보자. 일반적으로 음악치료 회기에서 가장 많이 사용되는 음악활동 형태인 리듬연주는 리듬패턴의 선택, 리듬산출하는 악기의 선택, 어떤 속도로 얼마나 오랫동안 연주할 것인가 등 여러 요인을 반영한다. 리듬인지와 리듬산출에 관한 많은 연구 결과를 살펴보면 연구 과정에서 리듬패턴을 엄격하게 통제하고 제공방식을 청각자극 수준에서 시행하기 때문에 인간기능과 연관된 명료한 연구 결과를 보여 주지만, 실제 음악치료 회기에서는 간단한 리듬연주라도 선택한 악기의 음색, 연주방법, 제공되는 방식 등 다양한 요인에 의해 내담자는 연주에 대한 난이도를 쉽거나 어렵게 느낀다.

2) 인지과제로서 리듬연주 적용 시 유의점

인지과제로 리듬이 사용되는 경우 리듬패턴은 내담자의 진단명, 교육배경, 음악훈련 배경 등에 따라 일반적인 인지정보에 비해 더욱 평가하기 어려운 과제가 될 수 있다. 다음의 요인은 저자가 연구와 임상현장에서의 경험을 바탕으로 음악치료사들이 회기 구성 전에 반드시 고려해야 할 점을 추려 본 것이다.

(1) 얼마나 새로운 리듬인가

인지정보로서 규칙적 혹은 불규칙적으로 들리는 리듬패턴은 소리 자체는 단순하게 경험되지만 처리해야 하는 청각정보로는 추상적인 정보이다. 내담자의 이전 음악경험을 고려했을 때 새로운 리듬인지, 익숙한 리듬인지의 여부는 수행력에서 많은 차이를 일으킨다. 기억과제나 주의과제로 리듬패턴을 새롭게 바꾸거나 복잡하게 만들려고 할 때 단순히 박의 수 증가, 혹은 부점의 배치를 하기 전에 리듬이 얼마나 잘 지각될 수 있는가에 더욱 초점을 맞춰 구성해야 한다. 반대로 비교적 익숙하고 쉬운 리듬으로는 내담자의 많은 주의나 기억기능을 요구하지 않고, 정확한 기능 수준을 파악하기 어렵다.

(2) 연주방법

내담자가 보다 명료한 리듬패턴을 산출하기 위해서는 리듬을 보다 명확하게 표현할 수 있는 나무로 된 타악기 혹은 북 종류를 선택하는 것이 좋다. 이 경우 악기를 잡는 방법, 울림이 발생하는 방식 등에 따라 리듬패턴을 파악하기 더 어렵거나 쉽게 조절할 수 있다. 우선 손으로 북을 두드리는 경우와 말렛을 사용하는 경우인데, 이는 실제 음향학적으로도 차이가 날뿐더러 내담자에게 촉각적 피드백이 어느 정도 필요한가에 따라 신중하게 악기를 선택해야 한다. 같은 드럼류이더라도 패들드럼과 젬베는 울림통의 유무에 따라 내담자가 받는 감각 피드백의 수준이 다르며, 리듬을 명료하게 산출할 수 있다면 두 악기 중에서 선택할 때 진동 피드백의 필요에 따라 판단할 필요가 있다.

(3) 음향학적 신호의 활용

악센트, 음고, 음의 길이, 다이내믹 등의 활용에 따라 리듬의 난이도 혹은 복잡성을 조절할 수 있다. 단순한 하나의 리듬패턴이라도 음향학적 신호가 적절히 활용된다면 충분히 주의나 기억과제로서의 난이도 조절이 가능하므로, 반드시 어렵고 복잡하고 긴 리듬패턴으로의 전개를 구성할 필요가 없다.

4. 기억력 향상을 위한 음악치료

앞서 주의력 조절 훈련 기법으로 Thaut 박사에 의해 제시된 핵심 기본 원리와 프로토콜을 소개한 반면, 기억력 향상을 위한 음악치료는 기억기능에 대한 이해를 기반으로 인지전략을 수행하는 데 있어 음악이 어떻게 활용되는지에 초점을 맞춰 설명하고자 한다. 임상현장에서의 연구와 음악치료 회기, 특히 음악치료사와 만나는 임상현장에서 내담자들의 필요와 적절한 음악치료 실행방법에 초점을 맞춰 원리와 실제를 소개하고자 한다.

기억기능의 향상을 위한 음악의 치료적 활용은 우선 기억이 어떻게 이루어지는가에 대한 원리이해를 바탕으로 이루어진다. 기억을 의도적으로 사용하는 환경은 주로 학습이나 목적이 분명히 있는 경우이고, 일반적으로는 기억이 필요로 하는 대상이 있을 경우 전략을 사용하여 기억하고자 하는 내용을 저장하기 위해 노력한다.

음악치료에서 기억을 목적으로 치료 회기를 진행할 때 가장 유의해야 하는 사항 중 하나는 바로 내담자가 경험하는 것이 치료인가 아니면 학습인가 하는 이슈이다. 치료사가 기억해야 하는 내용을 음악의 요소, 즉 리듬패턴이나 가사 등으로 정하고 즐거운 음악멜로디에 넣어서 반복하면 기억기능이 향상되는 것으로 간주하여 특정 가사로 반복해서 노래를 부르거나 리듬패턴을 연주하게 하는데, 이러한 행위 경험 자체는 교육적 접근이다. 음악치료 내담자의 대부분은 이러한 단순반복 전략만으로 기억기능을 적절하게 활용하는 데 한계가 있다.

일반적으로 기억의 과정은 정보의 등록과 저장, 인출의 세 가지 주요 단계를 거쳐서 이루어진다. 이 주요 단계에 따른 음악의 치료적 적용에 대해 설명하면 다음과 같다.

1) 기억정보의 부호화

정보를 등록하는 단계, 즉 입력하는 단계에서 음악은 하나의 기억해야 하는 정보의 내용이 된다. 이 과정은 일종의 부호화 과정을 거치는데, 일정 정보의 덩이짓기 혹은 범주화 등을 통해 정보를 보다 효과적으로 저장할 수 있도록 만들어 주는 것이 중요하다.

기존 음악치료 임상연구나 임상현장에서는 주로 리듬패턴, 노래의 제목, 악기 이름, 노래가사, 혹은 연주의 순서 등 음악치료 회기 내 음악을 기반으로 한 다양한 '정보'를 활용할 수 있다. 어떤 음악정보를 선정할 것인가는 내담자의 인지기능 수준과 연령, 치료사의 치료역량 등을 고려하여 선정한다.

기억정보 내용으로서의 음악정보들을 살펴보면 음악 세부요소, 즉 리듬패턴, 멜로디 등은 음악의 직접적인 정보인 반면, 악기 이름, 가사 등은 실제 비음악적 요소에 기반한 정보로 음악의 간접적인 정보이다. 내담자 입장에서 음악정보는 청각적 소리에 기반한 정보이기 때문에 추상성이 높은 반면, 가사, 노래곡목 등 비음악적 요소는 인지적으로 보다 구체화되어 비교적 쉽게 인지된다.

비음악적 정보, 즉 가사나 단어들을 기억정보로 사용할 경우 여러 가지 측면을 고려해야 한다. 서로 연관성이 있는 단어(연필, 볼펜, 지우개)와 연관성이 낮은 단어(컴퓨터, 언덕, 커피)는 동일한 3개의 단어지만 관련성 여부에 따라 혹은 단어의 유사성(지리산 vs. 팔공산)에 따라 지각되는 난이도가 달라질 수 있다. 어려운 단어나 많은 정보를 외우는 것이 아니라 방금 접한 새로운 정보를 잘 기억했다가 다시 인출할 수 있는지가 핵심이므로, 음악치료 회기에서는 새롭고 다양한 정보를 음악적 전략과 함께 입력하고 인출하는 과정을 많이 경험하는 것이 중요하다.

2) 기억전략의 적용

부호화된 정보, 즉 등록(registration)을 하고 이를 저장(storage)한 뒤 인출(retrieval)하는 과정을 거쳐 기억이 이루어진다. 효과적인 기억을 위해서는 정보를 등록하는 과정과 저장된 정보를 다시 인출하는 과정에서 다양한 전략의 활용이 필요하다.

음악치료에서 가장 활발히 사용되는 덩이짓기(chuncking) 전략은 청각정보인 음악을 하나의 그룹으로 묶어서 기억하는 데 도움을 준다. 반복시연(rehearsal)은 단순한 반복의 개념보다는 나중에 회상해 낼 것을 생각하고 미리 기억해야 할 대상이나 정보를 여러 번 되풀이 행동으로 옮겨 보는 것으로, 말로 해 보거나 여러 번 눈으로 보는 것 등을 포함한다. 음악치료에서는 챈팅

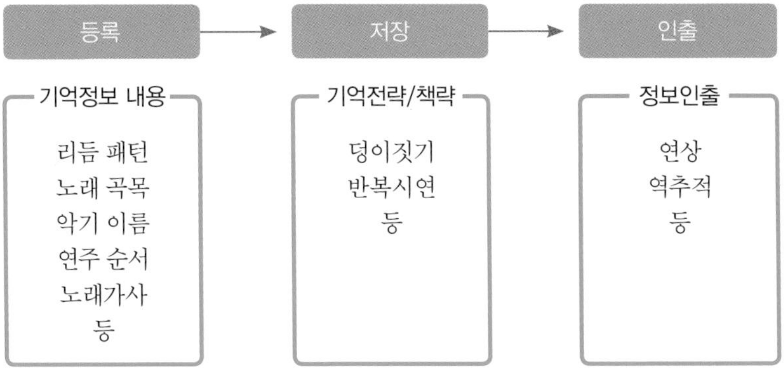

[그림 6-6] 정보처리 과정의 단계별 음악과제 구성 전략

중 리드믹 구(rhythmic phrase) 안에서 말을 반복적으로 되뇌면서 반복시연을 해 볼 수 있다.

이 외에도 정보의 인출 단계에서 활용할 수 있는 기억전략으로 순서에 따라 회상하기, 입력 당시로 돌아가 보기, 역추적하기 등이 있다. 이러한 방법은 음악치료 회기 중 음악치료사가 내담자들에게 잘 기억나지 않는 정보를 스스로 떠올려 보도록 유도하는 효과적인 전략이 될 수 있다.

3) 그룹음악치료 회기에서 단기기억과제 다루기

단기기억 향상을 목적으로 음악치료를 진행할 때 가장 이슈가 되는 부분이 무엇일까? 인지목적으로 치료에 참여하는 것 자체로 기억과제에 대해 질문을 받았을 때 본인이 모르는 것을 답해야 하는 상황에 심리적 불안을 유발할 수 있다. 또한 대부분 그룹활동으로 이루어지는 음악치료 회기에서 기억정보가 주어지고 기억하고 있는지를 질문했을 때 '맞고 틀리는지' 공개된다는 부담감도 더해진다. 이러한 속성 때문에 인지목표 회기는 음악치료사의 회기 구조화와 치료전략이 요구된다.

4) 기억과제로 리듬을 사용할 때 고려할 점

(1) 얼마나 새로운 정보인가

기억과제로서 얼마나 새로운 정보인가는 인지기능 활용의 수준을 얼마나 요구하는가와 연관된 문제, 인지기능이 저하된 내담자들에게는 중요한 이슈이다. 기억과제가 내담자에게 너무 친숙하면 기억에 대한 노력이 많이 필요하지 않다. 청각소리가 일정한 패턴으로 나열된 리듬은 어느 정도 일반적인 음악경험을 통해 친숙성이 형성되어 있으며, 복잡하게 만들어서 난이도를 높이는 데도 한계가 있다. 따라서 사전평가를 통해 내담자의 노래나 음악에 대한 선호나 친숙성을 충분히 파악해야 하며, 리듬만 쓸 것인지, 리듬에 가사도 함께 쓸 것인지를 결정해야 한다. 인출할 수 있는 정보를 하나의 덩이로 만들어 주는 역할로서 리듬은 매우 효과적인 역할을 하며, 여기에 악센트나 다이내믹과 같은 음악요소가 더해지면 보다 효율적인 덩이짓기가 이루어질 수 있다.

(2) 어떻게 연주하는가

타악기를 손으로 연주하는 것과 말렛으로 연주하는 것은 차이가 있을까? 기억을 위한 음악치료 중재에서 악기연주를 할 경우는 제시되는 기억과제가 청각으로 입력된 정보, 즉 소리를 기억하는 것이지만 리듬을 연주할 경우 운동기억, 즉 몸을 움직인 정보도 함께 기억되므로 복합적인 정보의 기억이 동시에 이루어진다. 경험에 대한 기억이라는 측면에서 말렛 혹은 맨손 연주의 여부를 결정하고, 보다 많은 다감각 피드백이 필요한 경우에는 맨손 연주를 우선 고려해야 한다.

5) 단기기억 전략을 적용한 음악치료 활동 구성의 예

악기연주 혹은 노래 부르기 등의 음악활동에서 음악의 구조를 활용하는 경우, 치료사와 내담자가 교대로 활동을 하는 형태로 구성할 수 있다. 즉, 내담자와 치료사가 시행하는 구간을 구분하여 주고받는 구조로 구성하며, 과제의 난이도에 따라 각 구간의 길이, 치료사가 제공하는 음악의 복잡성 등을 조정할 수 있다. 예를 들면, 내담자와 치료사가 한 마디씩 주고받는 구조로 만들어진 노래를 부르거나, 악기를 연주하도록 하여, 내담자 연주 구간에 제시되는 단어나 리듬패턴 등을 기억하도록 할 수 있다. 이때, 치료사는 음악의 템포, 리듬패턴 등의 조절 혹은 변형을 통해 내담자가 인지기능을 활용하는 수준을 조절하고, 치료사 연주구간을 점진적으로 소거함으로써 내담자가 과제에 대한 기억 전략을 만들 수 있도록 돕는다.

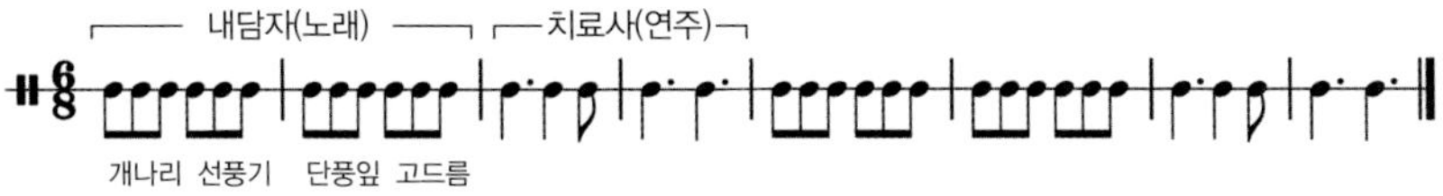

[그림 6-7] 연관성이 낮은 3음절 단어 기억과제를 위한 음악의 예시

[그림 6-7]은 계절에 따라 연상되는 3음절의 단어 4개를 리듬패턴에 맞춰 노래하는 활동으로, 악센트, 템포, 단어 당 할당되는 음의 길이 등을 조정하여 내담자가 덩이짓기 전략을 사용하도록 유도한다. 이러한 경우, 제시된 단어 간 연관성이 낮더라도 반복적인 리듬패턴과 음악에 제공되는 악센트의 위치에 의해 정보가 연합되도록 유도할 수 있다.

리듬패턴 외에 친숙한 노래를 활용하는 경우, 내담자의 연령 또는 선호도를 고려하여 선곡하는 것이 도움이 되기도 하는데, 예를 들면 외상성 뇌손상 아동의 단기기억을 위해 2~3음절의 단어를 가사로 넣어 노래 부르기를 시행하는 경우, 리듬패턴이 반복적으로 제시되는 아이돌그룹의 노래를 선곡하여 개사하여 사용할 수 있다.

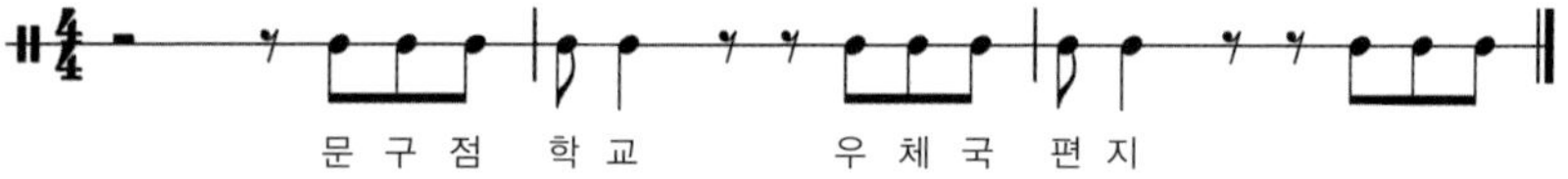

[그림 6-8] 외상성 뇌손상 청소년 대상 단기기억 과제의 음악 예시

[그림 6-8]은 2음절, 3음절 단어의 기억을 위해 각 단어 간 연관성에 따라 단어 쌍을 만들고 이를 가사로 넣기 적절한 노래의 리듬을 활용한 음악 예시이다. 내담자의 연령대 및 선호도를 고려하여 최신 유행곡 중에서 반복되는 리듬패턴과 선율을 활용하였다. 이때, 제시된 단어 간 연관성을 활용하기 위해, 연관되는 단어 쌍은 한 덩이의 정보로, 다른 연관성을 가진 단어 쌍은 쉼표나 쉼 구간 이후 제시되게 할 수 있는 노래를 선곡하는 것이 유용하다.

5. 집행기능 향상을 위한 음악치료

집행기능은 인지적 자원을 효율적으로 사용하여 본인의 행동을 조절하는 능력을 말하는데(Miyake et al., 2000), 선택한 목표를 달성하기 위해 필요한 행동을 선택하고 모니터링하는 것을 의미한다(Best & Miller, 2010). 집행기능과 연관된 다양한 기능, 즉 계획하기, 자기조절(self-control), 주의, 작업기억, 억제, 전환, 인지적 유연성 등은 어떤 정보를 우선시하고 사고의 균형을 유지하며 과제들을 어떻게 수행하고 최적화할 것인지를 생각해 행동에 옮기는 전 과정을 아우른다. 예를 들어, 길을 걷다가 갑자기 비가 쏟아질 때 우산을 사기 위해 빠르게 주변에서 편의점을 찾거나 어떻게 비를 피할지를 판단하는 것을 집행기능 활용의 예로 볼 수 있다. 이처럼 집행기능은 일상생활 속에서 끊임없이 활용하는 기능이라고 할 수 있다.

음악행동도 집행기능을 활용하는 하나의 복합 활동으로, 음악을 연주하고 음악을 만드는 것 자체가 하나의 복합적인 인지정보처리 과정과 행동(움직임)을 요구한다. 또한 다양한 하위인지기능을 활용하게 되는데, 어떠한 음악적 프로세스가 일어나는가에 따라 정서경험이 수반되고 음악행동의 형태와 방법에 따라 사회기능도 요구되어 하나의 총체적인 음악치료 중재방법으로 활용될 수 있다. 따라서 집행기능을 치료목표로 음악치료 중재안을 구성할 경우, 음악 만들기와 같이 하나의 음악적 결과물이 도출되는 과정을 통해 치료적 변화를 유도할 수 있다.

실제 성인 외상성 뇌손상 환자를 대상으로 한 음악중재연구에 적용된 중재안을 살펴보면(Thaut et al., 2009), 리듬동조화에 기반한 다양한 리듬패턴 연주, 주의력 조절 훈련에 기반하여 다양한 음악요소를 변형하면서 연주하는 주의력 훈련, 찬트나 노래를 사용하여 서로 상관없는 단어들을 덩이 짓는 기억전략을 사용한 기억훈련 등이 포함된 그룹즉흥연주 프로젝트를 구성하여 실행하였다. 음악의 활동 내용 구성에서 중요한 핵심은 음악과제의 수행 과정에서 내담자가 의사 결정에 참여하는 방식, 과제의 응용, 난이도의 조정 등을 다양화하여 인지의 전환이나 억제, 타이밍의 조절을 활용하도록 유도하는 것이다.

또한 음악이 갖는 가장 큰 특징 중의 하나는 청각뿐 아니라 촉각, 시각 등 다양한 감각기관을 활용하여 정보를 처리하는 것이다. 이는 음악경험의 폭을 넓혀 줄 뿐 아니라, 처리해야 하는 정보의 수준과 범위를 다양화하는 장점이 있어 뇌손상이나 정보처리에 제한이 있는 내담자들에게 효율적인 중재도구의 역할을 한다. 또한 최근 태블릿 PC 등 테크놀로지를 활용한 집행기능 향상 목표의 음악치료 중재사례가 지속적으로 보고되고 있다. 예를 들어, 태블릿 PC와 MIDI 키보드 등을 활용한 음악 만들기 과제의 경험을 확대하거나 난이도를 쉽게 조정할 수 있고, 무엇보다도 청각매체인 음악과제를 하나의 결과물로 만들어 내어 보다 완성도 있는 집행기능의 활용을 경험하도록 돕는다.

3 인지재활 목표 음악치료 회기 구성

운동재활이나 언어재활과 마찬가지로 인지재활을 위한 음악치료에서도 중재전략에 기반한 구조화된 회기 구성이 중요하다. 운동기능과 언어기능이 외부적으로 관찰이 용이하고 음악치료사들이 회기에서 상호작용을 통해 많은 정보를 파악할 수 있는 데 반해, 인지기능의 경우 관찰되는 행동으로 인지정보처리 과정 중 어느 부분에 문제가 있는지를 파악하는 데 한계가 있다. 따라서 인지재활이 필요한 환자를 대상으로 음악치료 회기를 구성할 때 가장 중요한 핵심은 객관적 진단자료(인지기능평가)와 인지기능 개선을 위한 전략

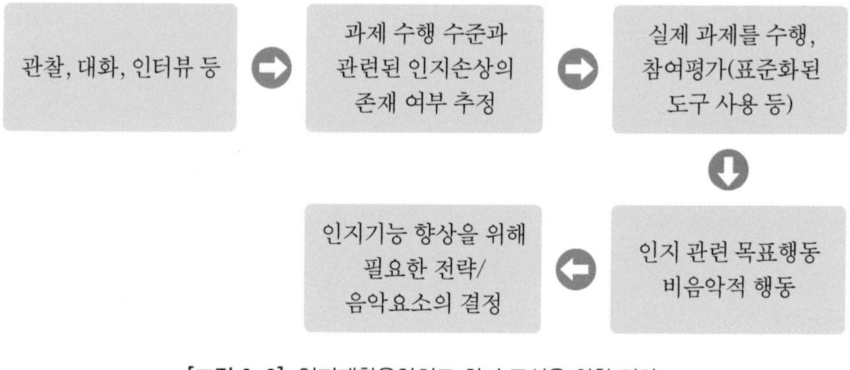

[그림 6-9] 인지재활음악치료 회기 구성을 위한 절차

을 음악치료 활동에 적용하는 것이다.

따라서 여기에서는 인지전략에 기반한 음악치료 회기 구성을 어떻게 할 것인가를 이해하는 데 초점을 맞추고, 세부 인지기능의 개선을 위한 치료전략, 음악과 인지기능 간의 연관성에 기반한 음악치료 적용방법, 추상적인 소리정보인 음악이 인지과제로 어떻게 구성되어야 하는가에 대한 이해를 돕고자 한다.

1. 진단평가 및 치료목표 설정

1) 인지기능의 특성

인지기능의 문제는 타 기능영역과 같이 행동관찰로 평가할 수 있을까? 인지기능은 개인에게 내재된 기능으로 특정한 환경이나 조건에서 과제를 수행할 때 비로소 평가가 가능하고, 일상에서의 반복적인 과제 수행 시에는 문제를 발견하기 어렵다. 따라서 체계적이고 구체화된 음악과제가 제시되지 않으면 수행 여부의 정확도만으로 인지기능의 수준을 알기 어렵고, 특히 뇌손상 환자의 경우 정확한 신경인지검사 결과를 통해서 인지기능 수준을 파악해야 한다.

진단평가의 핵심은 무엇을 수행하는 데 어려움이 있는지를 파악하기보다는 '~까지 할 수 있었다'를 파악하는 방식으로 접근하는 것이 더 적절하다. 진단평가의 주 관심사인 과제 수행력은 과제의 구성과 난이도에 따라 인지기능의 수준에 대한 정보가 제공되며, 일반적으로 표준화된 검사도구를 사용한 점수를 기반으로 파악하는 것이 바람직하다.

2) 진단평가 시 주요 고려사항

진단명, 연령 및 발달 수준, 관련 인지치료개입 여부 등은 반드시 고려되어야 할 사항으로 동일한 진단명이라 할지라도 연령이나 발달 수준에 따라 필요로 하는 개입의 기능영역이나 수준이 다르다. 특히 인지기능의 경우 내담자의 다른 기능영역을 고려해 볼 때 우선되어야 할 영역인지를 판단해야 한다. 뇌손상 환자들이 경험하는 인지기능의 어려움은 특정 뇌 부위의 손상에 기인하기 때문에 오히려 명료하게 기억의 어려움이나 주의력의 어려움을 나타나는 반면, 지적장애와 같이 발달장애에서 발현되는 인지기능의 저하는 보다 복합적인 형태로 나타나기 때문에 정서나 사회기능영역의 어려움과 함께 고려하여 치료목표 설정 여부를 판단해야 한다.

3) 재활환자 대상군에서의 고려점

인지기능 관련 표준화된 검사는 필수적으로 요구되며, 회기 시작 전에 가능한 한 많은 정보를 취합하는 것이 중요하다. 간단한 대화를 통해 사용할 수 있는 단어와 음악 관련 정보를 취합한다. 뇌손상 환자는 병변의 위치와 심각성에 따라 예후의 변동성도 커서 한 번의 진단평가에 의존하기보다는 매 회기 시작 시점에 지속적인 모니터링을 위한 내담자 관찰이 필요하다.

2. 인지재활음악치료에서의 음악자원

1) 음악 특성에 대한 분석

음악치료에서의 선곡은 목표기능영역에 맞추는 것이 원칙이다. 다시 말해서, 무조건 내담자 선호에 따라 선곡하는 것은 치료적 사용에서는 원리에 기반하지 않은 음악의 사용이므로, 이론과 원리에 기반한 음악의 목표영역에 따라 가장 주요한 음악요소를 최대한 잘 활용할 수 있는 음악이 무엇인지 고민해야 한다.

인지재활에서 음악이 갖는 가장 큰 혜택은 다양한 수준으로 인지자극이 이루어진다는 점이다. 인지를 자극하는 것과 인지를 쓰는 것은 다른 관점이다. 외부에서의 정보 입력을 통한 인지자극으로는 음악 이외에도 다른 외부자극이 끊임없이 제공되지만, 개인이 의지를 가지고 과제를 수행하면서 인지를 활용하면 보다 능동적으로 많은 하위기능을 사용할 수 있다. 따라서 단계적이고 적절하게 난이도가 조절된 과제로 음악과제가 구성되어야 한다.

2) 인지영역 내 하위기능 치료목표 설정에 따른 음악자원 구성

(1) 주의

주의 수준에 있어서 음악이 외부에서 입력되는 감각정보로서 사용되어야 하기 때문에 어떠한 청각적인 경험이 이루어지는가가 중요하다. 정보를 시간적 흐름의 관점으로 보고 한꺼번에 많은 정보가 제공되는지 아니면 단순한 정보가 제공되는지, 다시 말해서 복합적인 화성과 많은 음악요소가 한꺼번에 제공되는 것과 단순 드럼비트가 제공되는지에 따라 주의 수준의 차이가 크다는 점에 유의해야 한다. 내담자에게 음악 내용적 측면을 복잡하게 생각하지 않아도 하나의 악기와 다양한 악기, 단순 음색과 복잡한 음색 등 응용할 수 있는 음악특성이 다양하다는 것을 상기시켜 주어야 한다.

(2) 기억

음악정보를 외워야 하는 대상으로 생각해 볼 때, 주의를 위한 음악사용에 비해 구체화된 음악 내용이 필요하다. 기억목표과제에서 음악치료사들이 많이 경험하는 어려움 중의 하나가 내담자들의 '어렵다'는 피드백이다. 세 개의 단어를 친숙한 멜로디에 넣어 계속 부르는 것만으로는 실제 기억기능이 향상되기 어렵다. 기억전략으로써 외워야 하는 단어가 있을 때 멜로디에 단어들을 넣어 본인이 불러 보면서, 실제 기억을 도모할 수 있는 행동을 수행해 보아야 한다. 실제 기억전략을 음악과제로 수행해 보는 경험은 매우 중요하다.

(3) 집행기능

각 회기 내 음악경험도 중요하지만, 경험 과정에서 전체 결과물에 대한 기대나 계획 등은 내담자 본인이 선택하고 결정해야 하며 내담자의 참여에 의해 이루어져야 한다. 또한 음악 만들기나 악기연주 등이 내담자에게 충분히 동기유발을 일으켜 주어야 할 뿐 아니라, 수행방법도 다양화하는 배려가 필요하다.

3) 덩이짓기를 위한 음악자원

(1) 패턴을 이루는 음악 구

기존에 작곡가에 의해 만들어진 모든 음악은 적절한 음악적 구(phrase)를 갖고 있다. 다시 말해서, 모든 노래는 음악 구를 갖고 있기 때문에 기존의 노래들 중에 어떤 음악 구를 가진 노래가 기억활동에 적절할 것인지는 음악치료사의 전문적인 판단을 필요로 한다. 따라서 음악치료사는 내담자의 기능수준을 고려하여 지각적으로 명료한지, 따라 불렀을 때 구어적으로 간단하거나 내담자의 수행에 용이한지를 우선시하여야 한다.

(2) 리듬, 선율, 코드전개(Chord progression) 등을 활용한 그루핑

주어지는 리듬의 그루핑(grouping)을 위해 선율, 코드진행을 활용하여 덩이를 크게 만들거나 복잡성을 높일 수 있다. 회기 내 인지활용 수준을 다양화하기 위해 코드나 선율 등이 리듬과 함께 사용하여 다양한 음악과제를 구성할 수 있다.

(3) 악센트, 쉼표, 다이내믹을 활용한 그루핑

음악 내에서 표식 혹은 타이밍 역할을 하는 악센트, 쉼표 등은 음악 자체에서 의미는 없으나 이를 사용함으로써 음악을 지각하는 데 의미가 부여된다. 인지적으로 덩이를 짓기 위해 명료하게 전후를 구분하는 표식의 역할을 할 수 있고, 멜로디나 리듬이 충분히 구분이 되지 않을 때, 혹은 내담자가 덩이를 명료하게 인식하기 어려울 때 추가적으로 활용할 수 있다.

참고문헌

조주연, 이은정(2012). 뇌내 해마의 장기강화현상에 대한 이해와 교육적 시사점. **초등교육연구**, 25(2), 307-329.

이정모, 강은주, 김민식, 감기택, 김정오(2017). **인지심리학(3판)**. 서울: 학지사.

Ahn, H. J., Chin, J., Park, A., Lee, B. H., Suh, M. K., Seo, S. W., & Na, D. L. (2010). Seoul Neuropsychological Screening Battery-dementia version (SNSB-D): a useful tool for assessing and monitoring cognitive impairments in dementia patients. *Journal of Korean Medical Science, 25*(7), 1071-1076.

Alberini, C. M. (2005). Mechanisms of memory stabilitzation: are consolidation and reconsolidation similar or distinct process?. *Trends Neuroscience, 28*, 51-56.

Atkinson, R. C., & Shiffrin, R. M. (1968). *Human memory: A proposed system and its control process. The Psychology of Learning and Motivation: Advances in Research and Theory* (Vol. 2). New York: Academic Press.

Baddeley, A. D. (1986). *Working memory*. Oxford: Clarendon.

Baddeley, A. D. (2010). Working memory. *Current Biology, 20*(4), 136-140.

Baddeley, A. D., & Hitch, G. J. (1974). Working memory. In G. H. Bower (Ed.), *The psychology of learning and motivation vol.8* (pp. 47-89). New York: Academic Press.

Banich, M. T. (2009). Executive function: The search for an integrated account. *Current Directions in Psychological Science, 18*(2), 89-94.

Best, J. R., & Miller, P. H. (2010). A developmental perspective on executive function. *Child Development, 81*(6), 1641-1660.

Bolger, D., Trost, W., & Schön, D. (2013). Rhythm implicitly affects temporal orienting of attention across modalities. *Acta Psychologica, 142*(2), 238-244.

De Groot, A. D. (2014). *Thought and choice in chess*. De Gruyter Mouton.

Drake, C., Jones, M. R., & Baruch, C. (2000). The development of rhythmic attending in auditory sequences: attunement, referent period, focal attending. *Cognition, 77*(3), 251-288.

Erbay, F. (2013). Predictive power of attention and reading readiness variables on auditory reasoning and processing skills of six-year-old children. *Educational Science Theory and Practice, 13*, 422-429.

Exmaili, M., Farhud, D., Poushaneh, K., Baghdassarians, A., & Ashayeri, H. (2021). Executive functions: Inferences from behavior, brain, and genetics. *International Journal of Behavioral Sciences, 15*(4), 301-311.

Fischer, T., Langner, R., Birbaumer, N., & Brocke, B. (2008). Arousal and attention: self-chosen stimulation optimizes cortical excitability and minimizes compensatory effort. *Journal of Cognitive Neuroscience, 20*(8), 1443-1453.

Glassman, R. B. (1999). A working memory 'theory of relativity' elasticity in temporal, spatial, and modality dimensions conserves item capacity in radial maze, verbal tasks, and other cognition. *Brain Research Bulletin, 48*(5), 475-489.

Golden, C., & Freshwater, S. M. (1978). *Stroop color and word test.*

Grant, D. A., & Berg, E. (1948). A behavioral analysis of degree of reinforcement and ease of shifting to new responses in a Weigl-type card sorting problem. *Journal of Experiemental Psychology, 38*(4), 404.

Ho, Y. C., Cheung, M. C., & Chan, A. S. (2003). Music training improves verbal but not visual memory: cross-sectional and longitudinal explorations in children. *Neuropsyhology, 17*(3), 439.

Huntley, J., Bor, D., Hampsire, A., Owen, A., & Howard, R. (2011). Working memory task performance and chunking in early Alzheimer's disease. *The British Journal of Psychiatry, 198*, 398-403.

Kim, S. J., & Yoo, G. E. (2019). Instrument playing as a cognitive intervention task for older adults: a systematic review and meta-analysis. *Frontiers in Psychology, 151*.

Large, E. W., & Palmer, C. (2002). Perceiving temporal regularity in music. *Cognitive Science, 26*(1), 1-37.

Levitin, D. J., & Tirovolas, A. K. (2009). Current advances in the cognitive neuroscience of music. *Annals of the New York Academy of Sciences, 1156*(1), 211-231.

Lewis, A. S. (2008). *Learn faster remember longer*. 김성기 역. 매커니즘을 알면 간단한

기억의 원칙. 서울: 황금가지.

Kim, S. J., & Yoo, G. E. (2019). Rhythm-motor dual task intervention for fall prevention in healthy older adults. *Frontiers in Psychology, 10*, 3027.

Miyake, A., Friedman, N. P., Emerson, M. J., Witzki, A. H., Howerter, A., & Wager, T. D. (2000). The unity and diversity of executive functions and their contributions to complex "frontal lobe" tasks: a latent variable analysis. *Cognitive Psychology, 41*(1), 49-100.

Nes, A., Sundberg, K., & Watzl, S. (2021). The perception/cognition distinction. *Inquiry*, 1-31.

Pendleton, H. M., & Schultz-Krohn, W. (2006). *Pdetretti's occupational therapy: Practice skills for physical dysfunction*. St. Louis, MO: Mosby.

Rausher, F. H., & Hinton, S. C. (2011). Music instruction and its diverse extra-musical benefits. *Music Perception, 29*(2), 215-226.

Reed, S. K. (2014). *Cognition: theory and applications* (7th ed.). Cengage Learning.

Sarntheim, J., VonStein, A., Rappelsberger, P., Petsche, H., Rauscher, F., & Shaw, G. (1997). Persistent patterns of brain activity: an EEG coherence study of the positive effect of music on spatial-temporal reasoning. *Neurological Research, 19*(2), 107-116.

Simon, H. A. (1974). How big is a chunk? By combining data from several experiments, a basic human memory unit can be identified and measured. *Science, 183*(4124), 482-488.

Thaut, M. H. (2005). *Rhythm, music, and the brain: Scientific foundations and clinical applications*. NY: Routledge

Thaut, M. H., Gardiner, J. C., Holmberg, D., Horwitz, J., Kent, L., Andrews, G., ... & McIntosh, G. R. (2009). Neurologic music therapy improves executive function and emotional adjustment in traumatic brain injury rehabilitation. *Annals of the New York Academy of Sciences, 1169*(1), 406-416.

Thuat, M. H. (2010). Nueorologic music therapy in cognitive rehabilitation. *Music Perception, 27*(4), 281-285.

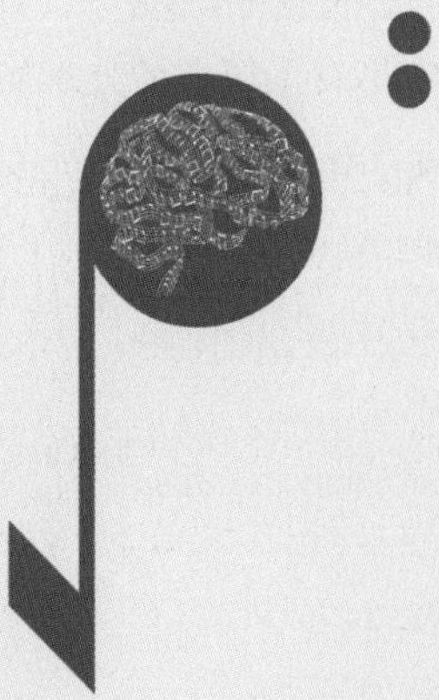

제7장

신경재활음악치료 연구

1 임상근거 음악치료의 중요성

1. 근거기반임상

음악치료 임상에서 근거는 왜 중요한가? 최근 의료보건 분야에서 중요한 키워드로 대두되고 있는 근거기반임상(Evidence-Based Practice: EBP)은 임상적 전문성과 환자 개개인의 선호, 활용 가능한 자원을 통합적으로 고려하여 임상전문가의 의사결정을 돕는 접근법으로, 실무자의 역량과 내담자 모두에게 긍정적인 영향을 미친다(Melnyk & Fineout-Overholt, 2011; Standley & Gutierrez, 2020). 이러한 EBP는 개별 현장에서의 음악치료 효과성에 대한 증명이자 학문 분야 전체에서는 전문성을 보여 주는 치료분야의 방향성이라 할 수 있다. 음악치료에 대한 인식이 높아지고 있는 현재 임상현장에서 치료 참여를 결정하고 변화를 기대하는 내담자들에게 어떠한 음악치료를 적용할지, 즉 음악을 어떻게 치료적으로 구성하여 적용하는가에 대한 음악치료사의 전문성이 중요해지고 있다. 이러한 맥락에서 신경재활음악치료는 다양한 기술과 연구방법을 적용하여 음악에 대한 인간반응 연구를 시행함으로써 음악치료 적용 후 기능 변화에 대한 객관적인 해석을 가능하게 하였다.

2. 지식의 실제 적용

임상현장에서 음악치료사들은 매 순간 중요한 임상적 '결정'을 해야 한다. 어떤 음악, 어떤 음악치료기법을 선택할 것인지, 언제 음악치료 내용을 변화해야 하는지, 데이터 측정방법이 적절한지 등 치료의 시작부터 종결까지 전문가로서 많은 결정을 내려야 한다. 이처럼 수많은 결정을 내리는 데 필요한 것이 바로 임상근거이다. 연구를 통해 확인된 근거하에 내담자에게 최상의 치료를 제공할 수 있는 역량이 바로 전문음악치료사의 가장 중요한 자질이다.

음악치료 교과 과정과 연구, 임상훈련 등을 통해 획득된 다양한 지식이 임상현장에서 실제 활용되어야 하는데, 이때 책 속에 존재하는 내담자가 아닌 음악치료사의 임상 회기에 의뢰된 내담자를 중심에 두고 다양한 임상문제에 접근하고 해결해야 한다. 엄격한 연구 수행을 통해 보고된 연구 결과는 음악치료사의 결정에 대한 신뢰를 높일 뿐 아니라, 기존에 늘 수행되던 통상적인 방식에만 의존하지 않고 최신의 새로운 근거에 바탕을 두고 치료를 계획하고 수행하도록 돕는다. 따라서 실제 적용에서 음악치료 연구에 대한 이해와 실행은 음악치료학문 발전 외에도 임상현장에서 음악치료사의 독립적 치료운영과 효과성을 도출하는 데 중요한 요소이다.

2 근거기반임상의 실행

EBP는 의료보건 분야를 관통하는 핵심어로 각 분야별 특성을 바탕으로 개념화되고 있다. 일반적으로는 "임상가가 활용 가능한 최상의 연구근거자료

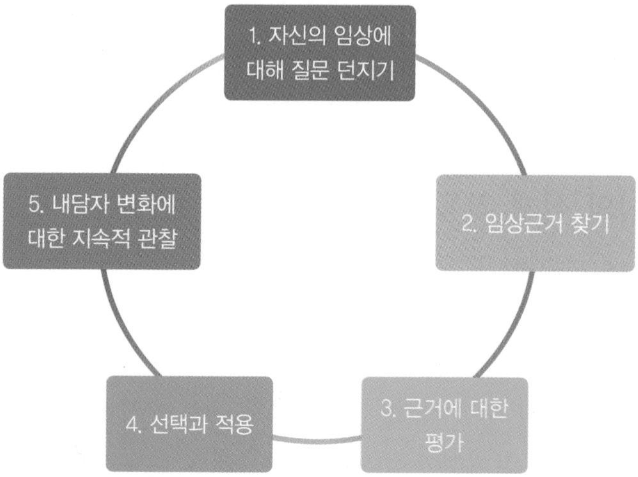

[그림 7-1] 근거중심 음악치료의 다섯 단계(Rubin, 2014)

를 자신의 임상전문성과 내담자의 필요, 가치, 선호, 상황에 맞게 통합 적용하는 과정"으로 정의하며(Rubin, 2014), 크게 다섯 단계로 진행된다.

1. 임상에 대한 질문 던지기

치료사의 임상현장에 상응하는 임상질문을 만들어 내는 과정이다. 일반적으로 체계적 고찰연구에서 사용하는 연구변인을 중심으로 PICO(Patient population, Intervention of interest, Comparison intervention, Outcome)를 설정한다. PICO 틀을 사용하여 치료사가 담당한 내담자의 가장 중요한 특성들을 검색 핵심어로 선정한다.

〈표 7-1〉 PICO

구분	내용
Patient population (대상자)	내담자 진단명에 기반한 대상군 특성을 반영한 핵심어, 내담자, 대상군, 대상군 내 하위그룹 등
Intervention of interest (중재)	중재 내용, 중재경험 수준, 중재 강도 등
Comparison intervention (비교군)	집단 간 비교, 표준화된 치료, 음악중재기법 등
Outcome (결과)	내담자의 변화, 기대하는 효과변인 등

2. 임상근거 찾기

선행연구를 검토하는 과정으로 다양한 데이터베이스를 검색해야 한다. PICO를 활용하여 선정된 검색어를 실제 데이터베이스에 넣고 검색을 실행한다. 일반적으로 음악치료사들이 활용할 수 있는 데이터베이스는 다음과 같다.

▷ Cochrane review: http:www.thecochranelibrary.com

▷ Google scholar: scholar.googole.co.kr

▷ KoreaMed: www.koreamed.org

▷ National institutes of health government medline: www.nlm.nih.gov

▷ Pubmed: www.ncbi.nlm.nih.gov/pubmed

▷ Koreamed: www.koreamed.org

▷ Riss: www.riss.or.kr

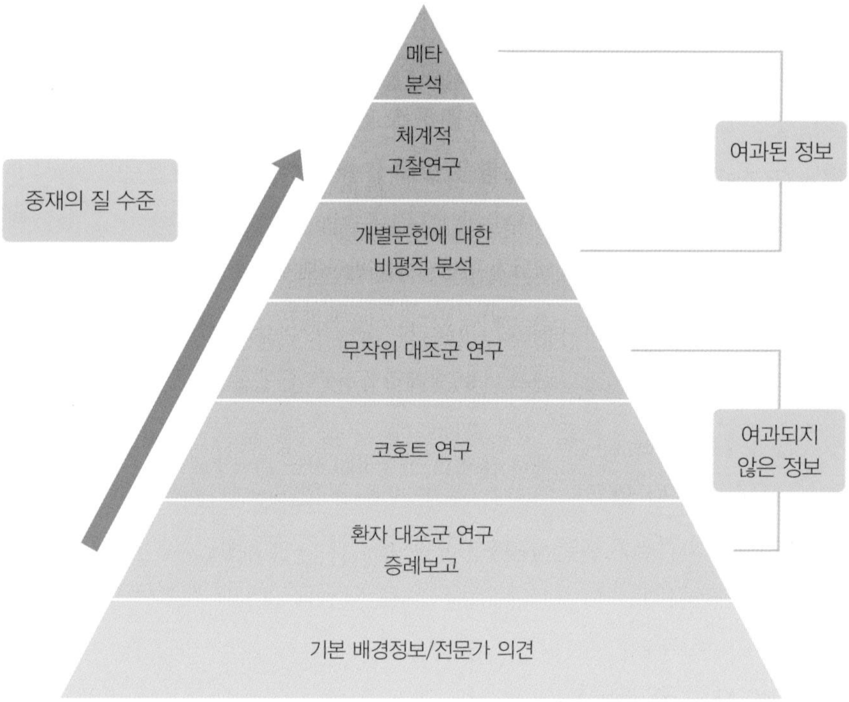

[그림 7-2] 임상근거의 유형과 중재의 질 수준

3. 선행연구에 대한 평가

핵심어를 사용해서 찾은 연구를 임상근거로 활용하려면, 연구에 대한 비판적 평가가 반드시 필요하다. 음악치료사들이 논문을 읽을 때 연구 내용보다 많은 관심을 갖는 부분, 즉 어떤 중재 내용을 했는지, 통계적 유의성이 있는가 하는 부분은 실제 연구 설계가 타당하게 되었는지, 논리적이고 적합한 음악치료 논거가 적용되었는지가 먼저 평가된 다음에 살펴봐야 하는 부분이다.

현재 음악치료 중재연구의 가장 큰 취약점은 연구에서 구성한 중재에 대한 논거의 타당성과 기술 내용의 부족이다. 이는 최근 다양한 논거분석을 실행한 고찰연구에서 공통적으로 발견되고 있는 사항으로(김지현, 2019), 연구에 대한 정확하고 전문적인 시각이 음악치료사들에게 얼마나 중요한지를 시사한다.

일반적으로 선행연구에 대한 평가는 얼마나 믿을 만한 결과인가에 대한 평가로도 해석될 수 있다. 모든 연구는 어느 정도 연구상의 오류나 편견이 존재하기 마련이지만, 그 오류가 연구 전체에 영향을 주는 무시할 수 없는 결정적 오류인지 아닌지 판단할 수 있어야 한다. 내담자에게 혜택을 줄 수 있을 것인가의 여부는 결국 선행연구를 선별해서 읽고 정보를 비판적으로 수용할 수 있는 전문가적 태도에서 시작된다고 할 수 있다.

4. 선택과 적용

찾아낸 여러 연구근거를 평가한 뒤에는 얼마나 많은 연구를 계속 찾아서 읽어야 할지를 결정하고, 확인한 논문들을 통해 적절한 임상근거를 선택하고 적용하는 단계가 이어진다. 치료사는 선택된 근거가 내담자, 특히 내담자의 문제에 어떤 의미가 있고 얼마나 중요한가를 살펴봐야 한다. 또한 의미가 있다면 치료사의 음악치료 회기에 어떻게 적용할 것인가에 대한 적용 및 응용을 고민해야 한다. 따라서 임상에서의 근거 적용을 위해서는 개별 연구의 공통점, 차이점, 특성을 파악하고, 이와 더불어 보고된 결과가 실제 치료사의 임상현장과 임상대상군에게 적용 가능한지 파악해야 하며, 마지막으로 음악치료사로서의 개인적인 임상경험, 내담자 특성과 기관의 특성 등을 종합적으로 고려해야 한다.

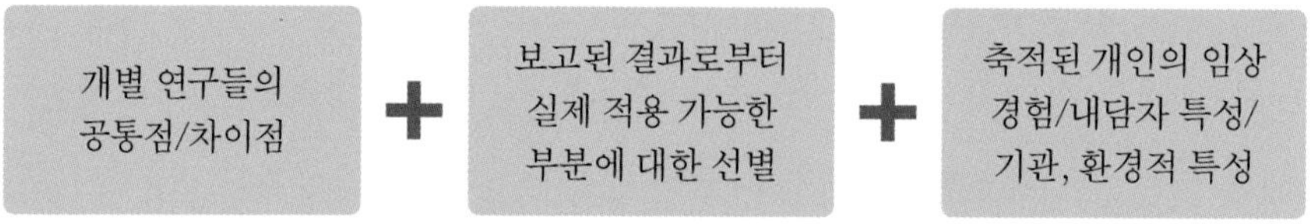

[그림 7-3] 선행연구와 임상현장의 접목

5. 내담자 변화에 대한 지속적 관찰

근거기반임상의 마지막 단계는 내담자를 지속적으로 관찰하는 것이다. 음악치료 분야는 통상적으로 중간평가와 최종평가 등의 평가를 시행하고 있으며 이는 내담자를 지속적으로 관찰할 수 있는 기본적인 구조를 갖고 있음을 의미한다. 치료 과정을 지속적으로 평가하는 것은 기능상의 어려움을 갖고 일상생활에서 다양한 문제에 직면하고 있는 내담자들에게 매우 필수적인 과정이다.

중간 및 최종 평가는 표준화된 검사도구, 관찰보고, 질적 평가가 함께 이루어져야 하며, 내담자에 대한 객관적인 분석과 기술이 필수적이다. 변화의 유무와 변화 방향성을 점검하는 것은 모든 치료에서 요구하는 과정이지만, 특히 음악치료와 같이 주관적 예술경험이 치료에서 변화를 일으키는 주 도구로

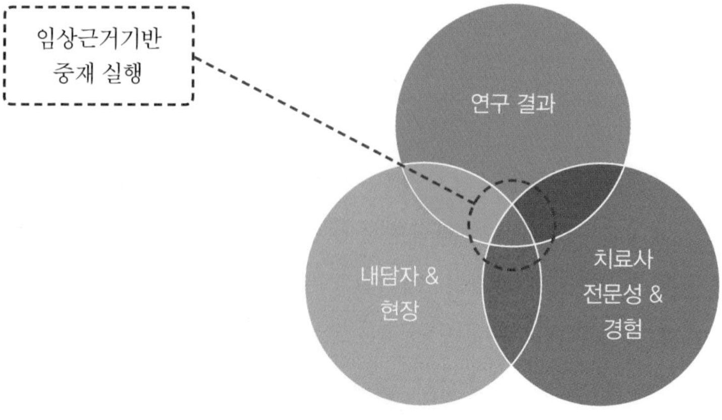

[그림 7-4] 임상근거기반 음악치료 중재 실행 모형

적용되는 분야에서 이러한 평가는 객관적 근거와 설득력을 확보할 수 있는 가장 중요한 과정이다.

3 신경재활 내 음악치료 연구 수행

여기에서는 이화여자대학교 이화음악재활센터(Ewha Music Rehabilitation Center)를 기반으로 국내에서 실행된 신경학적 음악치료 연구에 대해 소개하고자 한다. 2012년에 설립된 이화음악재활센터는 신경학적 음악치료 연구센터 구축 및 프로토콜 개발 연구를 시작으로 신경재활음악치료 기법의 기초 및 응용 연구를 실행하면서 국내 임상현장의 필요와 음악치료사들의 전문성 강화라는 큰 틀에서 운동재활, 언어재활, 인지재활에 걸쳐 다양한 연구를 수행하고 있다. 여기에서는 수많은 연구성과 중 음악치료 임상현장에서 의미 있고 유용한 연구를 중심으로 소개하고자 한다.

1. 운동재활 내 신경재활음악치료 연구

1) 보행

(1) RAS와 신경발달치료/보바스기법과의 비교

국내 운동재활에서 가장 보편적으로 적용되고 있는 신경발달치료(NDT)와 비교하여 실제 각 기법의 변별적 차이가 무엇인지를 구체화하고 과학적 근거를 제시한 연구이다. 이 연구에서는 성인뇌성마비 환자들을 보행 훈련에 RAS를 적용한 그룹과 보편적인 신경발달치료를 받은 그룹으로 나누고, 두 그룹의 3D 보행분석 결과를 비교하여 보행지표와 보행 시 움직임에 대한 차이, 변별적 효과성을 확인하였다. 연구 결과, RAS 치료를 받은 그룹이 보행지표에서 속도의 향상과 보행대칭성이 향상된 반면, 빨라진 속도만큼 보행 시

관절 움직임의 변이성이 커졌고, NDT 그룹은 보행지표의 변화보다는 보행 시 관절 움직임의 변이성이 작은 것으로 확인되었다. 이는 속도가 빨라지면서 움직임이 커지고 변이성이 높아진 것을 의미하며, 성인 뇌성마비 환자들의 기능적 향상과 움직임 패턴의 향상 중 치료의 필요가 요구되는 영역에 따라 기법의 선택이 가능함을 보여 주었다.

(2) 리듬청각자극 vs. 음악동조화자극

RAS가 적용된 선행연구를 살펴보면 실제 적용된 음악요소의 범위가 다양함을 알 수 있다. 이는 단순한 메트로놈 비트음부터 음악 안에 내재된 강박에 이르기까지 연구에서는 크게 구분되지 않고 RAS라는 용어로 통일되어 사용되고 있다. 이를 분석한 선행연구(Kim & Yoo, 2016)를 살펴보면, 실제 사용되는 음악요소의 수준과 다양성에 따라 효과성에 어떠한 차이가 있는지에 음악치료사들의 관심이 필요함을 제기하였으며, 이후 화성적 요소가 반영된 RAS 적용 시 보행패턴에서의 변화에 대한 분석을 실시하여 음악의 고유성, 즉 단순 비트음이 아닌 음악으로서의 경험이 중요함을 보여 주었다(Kim et al., 2020).

연구와 임상에서 RAS가 외부청각자극 수준의 소리와 혼용되어 사용되기 때문에 음악치료사의 역할에 대해 불분명하게 여겨지기도 한다. 음악치료기법으로서 RAS는 치료적 음악경험의 일부이며, 다수의 음악요소가 내담자의 진단명과 문제점에 맞춰 음악치료사의 전문적인 음악치료계획에 의해 실행되어야 한다. 따라서 음악동조화자극이라는 보다 넓은 개념의 용어가 사용되어야 할 시점으로 사료되며, 이화음악재활센터에서는 2020년 척수손상 환자의 보행기능 향상을 위한 RAS연구에서 음악동조화자극이라는 용어를 사용하였다. 해당 연구에서는 내담자의 선호에 기반한 음악을 RAS 음악으로 변환하였고, 적절한 화성패턴의 구성과 보행안정성을 고려한 화성전위를 통해 적합한 음악구성을 하여 긍정적인 보행지표 개선 결과를 확인하였다(김세민 외, 2020).

2) 상지기능

(1) MIDI 키보드의 치료 도구화

음악치료에서 사용하는 많은 악기가 상지기능의 활용을 기반으로 하기 때문에 악기의 선택, TIMP의 적용범위나 과학적 데이터의 취합은 음악치료 임상발전에 중요한 부분이다. 건반악기를 손기능 재활에 적용하는 시도가 꾸준히 이어져 왔으나 이를 보다 과학적으로 접근하기 위해 MIDI 활용과 이를 통한 손기능 간의 상관성 등을 분석하고 음악치료에서의 악기 적용범위를 확장하였다.

MIDI 키보드를 통해 얻은 숫자 데이터는 실질적으로 속도 데이터(velocity data)로, 이는 얼마나 건반이 빠르게 눌려졌는가에 대한 데이터이다. 빠르게 눌렀을 때 청각적으로 얻는 피드백이 바로 큰 음량이고 이는 다시 힘의 요소로 해석될 수 있다. 이러한 논리를 기반으로 실제 기초연구와 응용연구들이 시행되었다. 그 결과, 첫째, MIDI 키보드의 일반인 대상 표준화된 데이터 취합(한인희, 김수지, 2013), 둘째, 이를 기반으로 뇌손상 환자들의 수행력에 대한 평가(Chong, Cho et al., 2014), 셋째, 키보드 연주와 표준화된 손기능도구들 간의 상관관계연구(Chong, Han et al., 2014)가 수행되었다.

(2) 키보드 연주 시 손가락의 개별적 움직임과 손기능 재활

MIDI 키보드 연주가 재활에서 적용되는 과정에서 가장 중요한 부분은, 첫째, 상체의 자세와 손목의 위치, 둘째, 연주 내용의 다양성이다.

상체 자세의 경우, 실제 해부학적으로 손가락 움직임에 상체의 근육부터 팔, 손목, 손, 손가락 등이 서로 연계되어 있음을 고려해 볼 때, 상체를 바르게 하고 손목의 지지대를 사용하여 독립적인 손가락 움직임만을 유도해야 한다. 지지대가 적절하게 적용되지 않으면 실제 손가락의 사용이 아닌 팔 전체를 움직이거나, 경우에 따라 상체 전체를 움직여 목표한 기능을 위한 재활에 초점화하기 어렵다.

연주 내용 측면에서 선행연구는 간단한 동요 멜로디를 연주하거나 단순 상행 혹은 하행 음들을 연주하게 하였는데, 이는 손가락의 개별적 움직임을 통해 얻을 수 있는 여러 운동혜택을 제한적으로 제공할 뿐이다. 따라서 연주 내용과 구성을 다양하게 하여 난이도 조정을 통해 순차적 연주, 무작위 순서로 된 연주, 코드 연주 등을 번갈아 사용할 필요가 있다.

(3) 손기능 재활에서의 악기선택과 연주방법

손타악기는 기본적으로 가볍게 손으로 쥐는 형태로 연주하는 악기이다. 운동재활 측면에서 경직이나 마비의 문제를 가진 내담자들에게는 악기를 잡는 형태나 연주하는 방법의 차이가 재활에서 큰 차이를 만들 수 있기 때문에 음악치료사들의 치료도구에 대한 정확한 이해를 높이기 위한 EMG 연구가 시행되었다. 연구 결과, 상지 EMG 활성화 수준의 차이가 악기 종류와 연주 템포에 따라 다름을 알 수 있었다.

건강한 노인 12명을 대상으로 서로 다른 세 가지 유형의 손타악기 연주 시 상지의 표면근전도(surface EMG)의 활성화 정도를 측정한 연구(Chong et al., 2015)에서는 사용한 악기의 잡기 유형과 연주속도에 따라 근활성화 수준이 다름을 확인하였다. 연구 결과, 에그쉐이커, 패들드럼말렛, 클라베의 세 악기 중 에그쉐이커 연주 시 근활성화가 많이 나타났으며, 연주 템포별 비교에서 빠르게 연주할 때 근활성화가 유의미하게 높음을 알 수 있었다. 이 연구 결과는 치료적 악기연주에서 악기의 선택과 연주방법에 대한 객관적 근거를 제시하고, 손기능 재활에서 악기의 특성과 악기연주의 템포 등이 중요한 치료요인임을 시사한다.

A. 악기별 잡기 유형 특성

악기	지름(cm)	무게	잡기유형	손가락이 사용되는 패턴
에그쉐이커	4.2	29	 작은 구형잡기	손가락의 굴곡과 신전이 많이 필요함. 엄지의 대립이 포함됨
패들드럼말렛	0.9	58	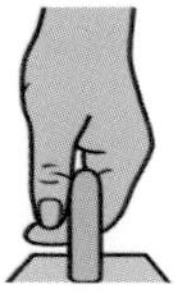 갈고리잡기	엄지의 대립이 포함되지 않음
클라베	2.54	45	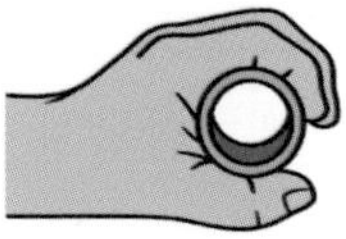 작은 원통잡기	엄지의 대립이 포함됨

B. 손타악기의 잡기 유형과 속도 조건에 따른 활성화 수준 비교

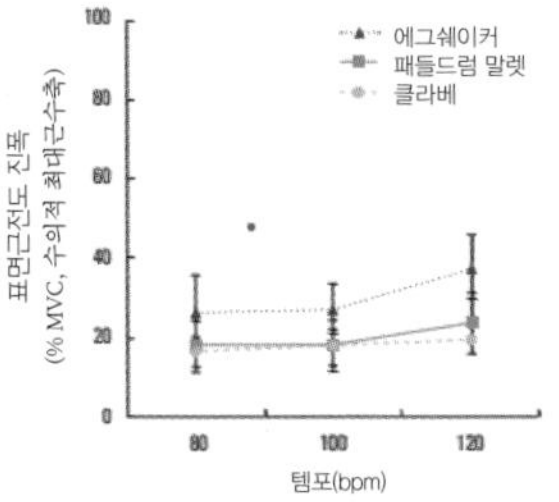

FOS EMG 활성화 수준 비교

(천지굴근, Flexor digitorjum superficialis)

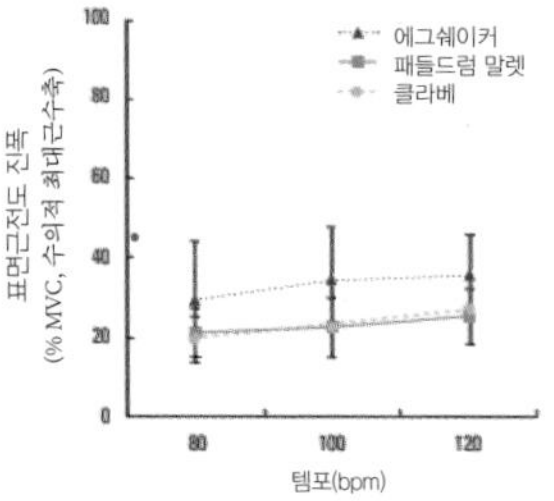

EO EMG 활성화 수준 비교

(장지신근, Extensor digitorum)

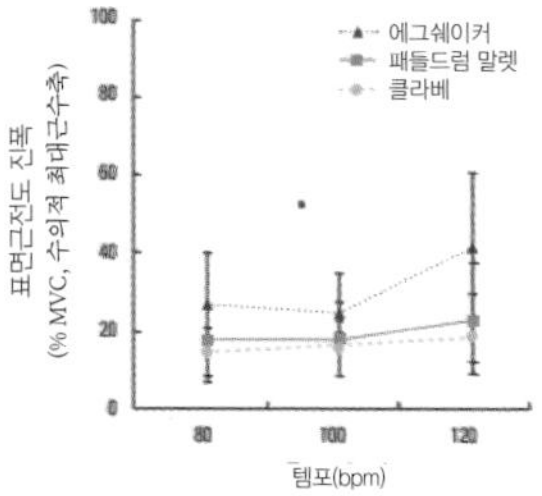

FPB EMG 활성화 수준 비교

(단수무지굴근, Flexor pollicis brevis)

[그림 7-5] 에그쉐이커, 패들드럼, 클라베 세 가지 악기는 음악치료에서 빈번히 사용되는 손타악기로 잡기 유형에 따라 악기특성이 다르며(A), 각 악기별 잡기 유형과 연주 속도에 따라 상지의 근활성화 수준에 차이가 있다(B).

2. 언어재활 내 신경재활음악치료 연구

1) 말산출기능 개선과 노래 부르기

언어재활음악치료 분야에서는 말 명료도 향상을 위해 마비말장애 환자들이 보이는 호흡, 발성 혹은 조음의 문제들에 접근하기 위한 음악치료 연구가 활발히 진행되었다. 크게 신경언어장애의 문제를 말산출과 말지각의 문제로 구분하고 산출 과정에서의 문제에 접근하기 위한 찬트나 노래 부르기의 구조적 적용과 말지각의 문제 개선을 위한 리듬요소와 멜로디 억양 치료 기법 등의 적용으로 구분된다.

파킨슨 환자나 뇌졸중 환자들의 음성 및 말산출기능의 문제에 접근하기 위한 치료적 노래 부르기 프로토콜은 긴장이완/보컬워밍업에 이어 발성과 노래 부르기가 내담자의 문제에 기반하여 구성된다. 치료적 노래 부르기 프로토콜의 구성은 다음과 같다.

1단계는 목 부분을 중심으로 한 호흡근 이완 및 준비운동을 시행하는데, 이는 목, 어깨, 양팔의 움직임과 호흡과 관련된 근육의 전반적인 이완 및 준비 상태를 유도하기 위함이다. 주로 PSE 기법을 적용하여 템포 및 강도 등을 조절한다.

2단계는 주로 성대에 초점을 맞춘 발성훈련으로, 긴장된 성대의 이완과 날숨을 길게 산출하여 하품하듯 소리 내기, 혀의 위치를 낮게 하기 위한 /아/ 발성을 하며 성대근육을 움직이고 후두를 이완하기 위한 다양한 허밍과 소리내기를 시행한다.

3단계는 주 치료목표 성취를 위해 구성되는 노래 부르기 단계로, 이때 말명료도를 위한 가사 구성, 반복구의 설정, 성대내전을 유도하기 위한 악센트 활용 등 내담자의 필요에 맞춘 노래 부르기를 구성한다. 이때, 선곡은 주로 목표 성취에 적합한 노래의 일부 혹은 편곡된 노래를 사용하므로 일반적인 노래 부르기와는 완전히 차별화된다(김주희, 김수지, 2018; Jo et al., 2021; Yeo et al., 2021).

2) 연하기능 개선을 위한 음악치료 프로토콜 개발

연하기능은 말산출체계의 해부학적 구조물과 동일한 기관을 사용하지만 구강에서 발성 단계 이후 순간적인 후두덮개의 여닫이 기능을 통해 음식물이 기도로 들어가지 않도록 구조물의 타이밍과 호흡 조절이 정교하게 요구되는 기능이다. 따라서 호흡 및 발성 기능과도 연결되어 음성의 산출뿐 아니라 생명에도 영향을 줄 수 있다. 특히 흡인의 위험성은 연하중재에서 전문가의 지속적인 모니터링의 중요성과 밀착관찰 및 평가가 핵심적으로 요구되는 요인이 된다.

일반적으로 의료환경에서 제공되는 직접치료는 음식물을 직접 구강을 통해 제공 후 다양한 연하기법을 적용하여 즉각적인 개선효과를 유도하며, 이에 반해 간접치료는 음식물을 사용하지 않고 연하 관련 근육 강화나 촉진을 시키는 운동기법을 중심으로 적용된다(범재원, 한태륜, 2013). 음악치료의 적용은 간접치료에 속하여 구강, 안면근육의 움직임, 발성연습으로 구성된 연하기능의 증진방법을 핵심으로 한다. 간접치료는 결과 변인인 연하증상에 직접적인 역할을 규명하는데, 아직 많은 연구가 요구되며 진단명의 심각성을 고려해 볼 때 대규모의 과학적 연구가 필요하다.

저자가 2009년부터 연구하고 있는 연하장애 개선을 위한 음악치료 프로토콜 개발 연구에서는 뇌손상으로 인한 연하장애 발생 후 노래 부르기 기반의 프로토콜을 적용하고 있다. 뇌졸중 환자를 포함하여 신경학적 손상에 의한 연하기능 저하에 접근하는 음악치료 프로토콜의 개발과 효과성에 대한 연구들을 수행하고 있으며, 프로토콜에서 강조하는 발성, 호흡, 음정 간격의 이동과 악센트 등의 음악요소를 활용한 노래 부르기가 임상현장에서 꾸준히 긍정적인 결과를 도출하고 있다.

이 프로토콜의 핵심은 구강근육 전반의 워밍업을 위한 다양한 모음발성과 소리 만들기로 충분한 근육 움직임을 활성화하고, 이후 발성 단계에서 음정 간격을 이동하면서 소리를 내고, 이 과정에서 다이내믹과 악센트 등의 음악요소를 결합하여 성대의 닫힘, 그리고 후두의 상승 등을 반복적으로 연습하는 것이다. 이때, 호흡과 발성의 길이와 강도의 조절이 타이밍에 맞게 변화하는 것이 핵심이며, 이후 사용한 근육 움직임의 이완을 위한 가벼운 노래 부르기로 마무리된다(Kim, 2010 참조).

참고문헌

김세민, 여명선, 김수지(2020). 척수손상환자의 보행기능 향상을 위한 음악동조화 자극 적용 사례. **재활복지, 24**(4), 235-256.

김주희, 김수지(2018). 치료적 노래 부르기를 통한 두경부암 환자의 말산출 기능 향상 사례. **재활복지, 22**(3), 189-208. http://doi.org/10/16884/JRR.2018.22.3.189

김지현(2019). 국내 노인 대상 음악중재연구 내 치료 논거 세부 분석. **인간행동과 음악연구, 16**(2), 53-77.

범재원, 한태륜(2013). 뇌질환 환자의 연하곤란 치료법. **대한의사협회지, 56**(1), 7-15.

한인희, 김수지(2013). 일반 성인의 키보드 연주 손가락 타력 MIDI 표준치 연구. **인간행동과 음악연구, 10**(2), 79-97.

Chong, H. J., Cho, S. R., & Kim, S. J. (2014). Hand rehabiltiation using MIDI keyboard playing in adolescents with brain damage: a preliminary study. *NeuroRehabilitation, 34,* 147-155. Doi.10.3233/NRE-131026

Chong, H. J., Han, S. J., Kim, Y. J., Park, H. Y., & Kim, S. J. (2014). Relationship between output from MIDI-keyboard playing and hand function assessments on affected hand after stroke. *NeuroRehabilitation, 35*, 673-680. DOI:10.3233/NRE-141166

Chong, H. J., Kim, S. J., Lee, E. K., & Yoo, G. E. (2015). Analysis of surface EMG activation in hand percussion playing depending on the grasping type and the tempo. Journal of Exercise *Rehabilitation, 11*(4), 228-235. http://dx.doi.org/10.12965/jer.150216

Jo, S. M., Yeo, M. S., Shin, Y. K., Shin, K., H., Kim, S. H., Kim, H. R., Kim, S. J., & Cho, S. R. (2021). Therapeutic singing as a swallowing intervention in head and neck cancer patients with dysphagia. *Integrative Cancer Therapies, 20*, 1-12.

doi:10.1177/15347354211065040

Kim, S. J. (2010). Music therapy protocol development to enhance swallowing training for stroke patietns with dysphagia. *Journal of Music Therapy, 47*(2), 102-119.

Kim, S. J., & Yoo, G. E. (2016). Rhythmic auditory cueing in motor rehabilitation for stroke patients: Systematic review and meta-analysis. *Journal of Music Therapy, 53*(2), 149-177.

Kim, S. J., Yoo, G. E., Shin, Y. K., & Cho, S. R. (2020). Gait training for adults with cerebral palsy following harmonic modification in rhythmic auditory stimulation. *An nals of the New York Academy of Sciences* (2020), 11-19.

Melnyk, B. M., & Fineout-Overholt, E. (Eds.) (2011). *Evidence-based practice in nursing & healthcare: A guide to best practice*. Lippincott Williams & Wilkins.

Standley, J. M., & Gutierrez, C. (2020). Benefits of a comprehensive evidence-based NICU-MT program:Family-centered, neurodevelopmental music therapy for premature infants. *Pediatric Nursing, 46*(1), 40-46.

Rubin, A. (2014). *Practitioner's guide to using research for evidence-based practice*.

Yeo, M. S., Yoo, G. E., Cho, S. R., & Kim, S. J. (2021). Does etiology matter? Comparative analysis of a singing-enhanced swallowing protocol for patients with neurological impairment versus head and neck cancer. *Brain Sciences, 11*, 997. https://doi.org/10.3390/brainsci11080997

찾아보기

인명

내용

저자 소개

김수지(Kim Soo Ji)

연세대학교에서 바이올린을 전공한 후 미국 캔자스대학교에서 음악치료학 석 · 박사학위를 취득하였다. 음악치료 학문 내 신경재활음악치료와 노인음악치료 분야의 전문가로서 전국음악치료사협회 음악중재전문가 및 미국공인 음악치료사(MT-BC) 자격을 보유하고 있다. 노인학전문가 과정을 수료하였고 캔자스의 Colmery-O'Neil Veterans Affairs Medical Center에서 음악치료 인턴십, 신경재활환자 대상 임상 및 연구를 수행하였다. 박사학위 취득 후 명지대학교 사회교육대학원 음악치료학과 조교수를 거쳐, 현재는 이화여자대학교 교육대학원 음악치료교육전공 교수이며 대학원 음악치료학과 교수도 겸직하고 있다. 최근 예술교육치료연구소 소장을 맡아 치매고위험군 대상 음악치료 프로그램 개발 및 실행연구를 수행하고 있으며, 이화음악재활센터를 중심으로 신경재활음악치료 임상 및 연구를 주도하고 있다. 한국학술진흥재단 등재학술지『인간행동과 음악연구』의 편집위원장을 맡고 있다.

신경재활음악치료
원리와 실제
Music Therapy in Neurorehabilitation:
mechanism and practice

2022년 9월 10일 1판 1쇄 인쇄
2022년 9월 20일 1판 1쇄 발행

지은이 • 김수지
펴낸이 • 김진환
펴낸곳 • ㈜학지사
04031 서울특별시 마포구 양화로 15길 20 마인드월드빌딩
대표전화 • 02-330-5114 팩스 • 02-324-2345
등록번호 • 제313-2006-000265호

홈페이지 • http://www.hakjisa.co.kr
페이스북 • https://www.facebook.com/hakjisabook

ISBN 978-89-997-2760-3 93180

정가 20,000원